스포츠 파이데이아

아레테의 스포츠 교육

최의창

PAIDEIA

Rainbow BOOKS

스포츠 파이데이아: 아레테의 스포츠 교육

인쇄일 | 2026년 02월 19일 인쇄
발행일 | 2026년 02월 23일 발행
저 자 | 최의창
펴낸곳 | 레인보우북스
주 소 | 서울특별시 관악구 신림로 75 레인보우 B/D
전 화 | 02-2032-8800
팩 스 | 02-871-0935
이메일 | min8728151@rainbowbook.co.kr

값 20,000원
ISBN 978-89-6206-583-1 (93690)

SPORT PAIDEIA

A Sport Pedagogy for Arete

Euichang Choi, PhD

사랑의 허기

나는 사랑하였다.
체육을.
교육을.

모든 것을 불사른
절절한 사랑이었는지는 모르겠다.
그치만 나는,
가진 것을 거의 다해 사랑했다.

나의 수많은 하루들을 바쳤고,
나의 무수한 시간들을 선물했다.
나의 온 마음을 쏟았으며,
나의 전 지력을 퍼부었다.

그치만 너희는,
전부를 보여주지 않았다.
조금씩, 조금씩만
간신히 배고픔을 달래주었다.

그래도, 나는
참으로 행복했다.
그 조금씩 조금씩으로
사랑의 허기를 채워내서.

계속 사랑하겠다.
체육을,
교육을.

너희를 주욱 알아가면서
사랑의 포만감으로 가득가득
나는 더욱 행복해질 테다.

– 최의창

| 프롤로그 |

파이데이아로서의 스포츠 가르치기

1

스포츠 천하입니다. 축구, 야구, 배드민턴, 골프, 테니스, 수영 같은 운동을 안 하고 계신 분들이 있을까요? 피트니스 운동은 더 말할 것도 없습니다. 스포츠가 사람들의 일상과 일생에 넓고도 깊게 물들어 있습니다. 어린이는 물론이고 성인과 노년 분들까지, 남녀와 노소를 불문하고 한국인의 전 인생 자체가 스포츠와의 동행이 된지 오래입니다.

이제 우리는 평생 동안 스포츠를 배우고 행합니다. 학령기를 넘어, 성인기와 노년기까지 줄곧 스포츠 행하기와 배우기를 놓지 않습니다. 건강과 사교는 물론, 자기 개발과 수명 연장까지, 수많은 이유로 전 생애에 걸쳐 스포츠를 손에서 놓지 않습니다. 아니, 오히려 나이를 먹어갈수록 더욱 더 스포츠에 몰입하거나 새로이 몰두하는 성향을 보입니다.

스포츠 교육에 대한 우리 모두의 각성된 관심이 요청되는 이유입니다. 스포츠를 잘 배우고 잘 가르치는 것이 각자의 행복에 직접적 영향을 미치기 때문입니다. 스포츠 교육을 통해서 온 나라 사람들의 삶의 질이 좌우될 수 있기 때문입니다. 스포츠교육으로 개인 각자의 하루하루 일상은 물론이고, 국민 전부의 생애 전반, 일생을 즐거움과 행복감으로 채워질 수 있습니다.

물론 21세기 한국에서 스포츠 교육은 이미 사방에 흔하게 널려있습니다. 청소년은 학교, 일반인은 스포츠센터, 선수층은 운동부에서 스포츠를 배웁니다. 우리 스포츠 교육의 시설과 프로그램, 그리고 지도자는 넘쳐나는 수준에 이르렀습니다. 손쉽고도 신속하게 스포츠 교육의 다양한 서비스를 받을 수 있는 기분 좋은 상황인 것입니다. 스포츠 천국입니다.

정보와 지식도 넘쳐납니다. 스포츠가 높은 시청률과 구독률을 확보하는 최고의 콘텐츠라는 사실이 증명되어 있습니다. 이제는 지상파 TV와 종합편성 채널은 물론이고, OTT 플랫폼과 유튜브에서도 스포츠와 스포츠 교육은 가장 인기 있는 주제요 콘텐츠가 되었습니다. 전직 선수와 현직 아마추어들이 스포츠를 소개하는 수많은 내용들이 온라인에 흘러넘칩니다.

참으로 환영할 만한 현실입니다. 그런데, 스포츠교육자로서는 아쉬움이 가시지 않은 상황입니다. 스포츠의 천국, 스포츠 교육의 왕국이 되어 가면 갈수록, 특별한 걱정이 가중되고 심화되어 갑니다. 외화내빈의 함정에 더욱 깊이 빠져가기 때문입니다. 겉은 화려하나 안은 척박해지는 함정 말입니다.

바깥의 치장에 올인하는 속도를 조금 줄이며 내부의 건강에 조금 더 관심을 기울여야 할 때입니다. 피부가 아무리 촉촉하고 매끈거려도 심한 골다공증 상태라면, 사상누각에 불과할 뿐입니다. 뛰어난 외모는 피폐한 정신을 지탱할 수 없습니다, 잠시 살짝 가릴 수는 있을지 모릅니다만. 지금 우리의 스포츠 교육이 바로 이런 상태로 더욱 진입하고 있는 중입니다.

2

그런데 우리의 스포츠 교육에 대한 성찰적 탐구는 매우 빈약합니다. 학교에서 체육수업하기를 위한 학술적 연구가 지난 한 세대 약 삼십 년 전부터 겨우 진행되고 있습니다. 반면에 전문 운동선수를 위한 스포츠 지도하기와 일반 여가인을 위한 스포츠 가르치기에 대한 공부는 매우 척박한 상태입니다.

학교체육에서의 스포츠 교육은 전문체육과 생활체육의 장면에 그대로 활용하고 적용하기 난처한 상황입니다. 학교와 운동부와 센터에서 스포츠를 가르치고 배우는 수준과 이유가 서로 다르기 때문입니다. 그래서, 스포츠 교육에서는 이 세 분야가 마치 한 지붕 세 가족처럼 지내고 있는 상황이 지속되고 있습니다. 일부는 아예 딴 지붕들이라고 간주하기도 합니다.

스포츠를 가르치고 배우는 것이 표층적으로는 각각 다른 이유와 구별되는 방식으로 진행되는 것처럼 보이는 것은 사실입니다. 하지만, 저 안쪽에 들어가서 보면 한 뿌리와 한 근원으로부터 흘러나오고 자라나오는 것이라고 생각합니다. 심층적으로 볼 때, 스포츠 교육은 하나의 동일한 유전자를 공통으로 나누어가지고 있다는 말입니다.

저는 연구자로서 이것을 학술적으로 탐색해왔습니다. 그렇지만, 학술연구는 일반과 일상으로부터는 멀리 떨어져있습니다. 현장에서 일하는 스포츠 교육자들과 스포츠 학습자들에게는 거의 전혀 와 닿거나 가닿지 않습니다. 그 언어가 이해하기 쉽지 않고 그 대화가 일방적이기 때문입니다. 학문의 글은 현장인과 일반인과의 소통을 위한 적절한 문자가 못됩니다.

지난 세월동안 제가 이 난관을 다소라도 극복하고자 채택한 글쓰기는 에세이였습니다. 가능한 일상의 언어로서 스포츠 가르치기와 배우기를 전달하려는 노력을 기울였습니다. 기존에 오랫동안 학술적으로 사용되어왔던 개념과 용어들을 가능한 평이하게 찾아내는 것이 첫 번째 노력입니다. 그리고 그것을 편이한 일상의 문장들로 설명하는 것이 두 번째 노력입니다.

지난 동안 그런 노력을 여러 권의 책으로 펴냈습니다. 이 책도 그 일부분입니다. 이 책의 특별한 점은 보다 무르익은 스포츠교육 이야기라는 것입니다. 책의 내용들을 살펴보시면 알게 되시겠지만, 저는 스포츠를 가르치고 배우는 일에 대해서 상당히 다양한 방면과 각도에서 바라보고 이해할 수 있게 되었습니다. 한 가지를 수 십 가지로 살펴볼 수 있게 된 것입니다.

『스포츠 파이데이아』는 저의 변변치 못한 인문적 스포츠 교육론, 또는 호울 스포츠 교육론을 다른 어떤 책들보다도 다채롭게 풀어낸 글들로 묶어내었습니다. 그 핵심은 "파이데이아*Paideia*"라는 단어에 담겨져 있습니다. 그리스어로 단순히 "교육"이라는 뜻이면서 동시에, 교육사적으로 특별한 "그리스적 자유교육"의 개념을 두드러지게 강조하고 있습니다.

그리스적 자유교육은 인류사에 있어서 하나의 전범이 되는 교육 패러다임을 완성시켰습니다. 인간을 온전한 존재로 완성시켜주려는 궁극적 노력으로서의 교육입니다. 이 교육에서는 스포츠가 핵심교과로서 존중받고 소중하게 여겨졌습니다. 저는 그리스적 자유교육의 이상에 담겨져 있는 가치와 태도를 현대적 맥락 속에서 최대한 분명하게 우리말과 글로 풀어내려 하였습니다.

이 책에 담은 작은 글들의 모자이크로 만들고자 한 큰 그림은 교육의 부록이나 덧붙임이 아니라 주인공적 의미에서의 스포츠 교육이었습니다. 저는 단순한 신체건강과 오락여흥을 돕는 피지컬 에듀케이션을 넘어서는 스포츠 파이데이아를 그려내려고 하였습니다. 그럼으로써 한국 스포츠 교육의 지향점을 새롭게 찾아보려고 하였습니다. 외화내빈의 결함을 벗어던지고 안과 밖이 모두 충실한 문질빈빈의 아레테 스포츠 교육을 희망하면서 말입니다.

3

빈 수레가 요란하다 했습니다. 제게 딱 어울리는 말입니다. 저의 수레는 스포츠 교육이고, 에세이 글로 그 수레를 채워보려 애써왔습니다. 저의 수레는 경차 크기의 소형임에도 여전히 큰 소리로 덜컹거립니다.

삼십년 공부가 참으로 미흡하기 그지없습니다. 다만 동양적이고 한국적인 생각과 언어로 풀어낸 글로 수레의 무게중심을 견고히 하려 최선을 다했다는 것이 약간의 변명이 될 수 있으면 좋겠습니다.

스포츠를 가르치고 배우는 일이 일상과 일생이 되었다고 했습니다. 개인 각자는 물론, 우리나라 국민 전체에게도 매우 중요한 일이 되었다고 말입니다. 스포츠 교육을 올바로 이해하고 그 이해를 바탕으로 제대로 실천하는 것에 집단적, 국가적 관심이 집중되기를 간절히 바랍니다. 이제 독자께서 읽어보실 글들로 그 희망을 먼저 노크해 봅니다.

최의창

2026. 2.

차 례

차 례

제3부 스포츠 파이데이아

제4부 스포츠 페다고지

제5부 스포츠 페다고그

제 1 부

아레테 스포츠

아레테 스포츠 1

"아레테"라는 단어가 있다. "*arete*"로 적는다. 그리스어인데, 영어처럼 그냥 쓰는 경우가 많다. 이 단어는 영어로 번역할 때, 일반적으로 excellence와 virtue의 두 의미로 옮겨진다. "탁월성"이라는 뜻, 그리고 "덕(선)"이라는 뜻으로. 얼핏 보기에 서로 상관이 적은 두 단어가 한 단어의 의미로 쓰여진다는 것이 다소 의아하지만, 그리 쓰이고 있다. (서양 고대교육사의 대가 앙리 마루는 "덕"으로 번역되는 것에 반대하였다)

대부분의 역사가와 교육학자들이 인정하듯, 고대 그리스 교육의 이상은 "아레테"의 함양이었다. 각 개인이 각자에게 가장 적합한 상태로 "아레테"를 획득하거나 개발하는 것이었다. 함양이나 개발이란, 각 개인이 지닌 훌륭함을 최고 수준으로 끌어내는 것, 키워내는 것, 자라도록 하는 것을 의미한다. 물론 이 훌륭함의 최고 수준은 전적으로 개인적인 특징만을 띠는 것이 아니다. 최고 수준의 훌륭함은 각 개인의 특징에 맞도록 발현되지만, 아테네 사회에서 추구하는 공적 기준을 반영하면서 진행되어야만 했다.

나는 아레테라는 단어가 갖는 이 두 가지 의미(탁월성과 올바름)와 이 두 가지 특성(사적 뛰어남과 공적 훌륭함)을 이렇게 해석해왔다. 아레테는 뛰어남과 올바름 두 가지 의미를 앞면과 뒷면, 또는 왼쪽 날과 오른쪽 날처럼 한꺼번에 지니고 있는 최고의 개념이다. 그래서 아레테는 최고의 수준을 올바른 방식으로 성취하는 것, 또는 그 상태를 의미한다. 뛰어난 상태를 올바른 방식으로 도달하는 것을 의미한다. 즉, 아레테는 목적과 방법이 하나로 뭉쳐져 있는 개념인 것이다.

각 개인에게 아레테를 개발하는 일로서의 교육은 바로 각 개인이 지닌 타고난 본성을 최고 수준(목적)까지 가장 올바른 방식(방법)으로 길러내는 노력이다. 그 일을 위한 꺼리로서 재료(내용)가 활용되는 것이다. 체육에서는 바로 스포츠(운동)가 그 일을 위한 재료다. 그런데, 사람의 아레테를 불러일으키기 위해서 섭취되는 교육내용은 아무 것이나 선택되어서는 안된다. 그 자체가 좋은 내용이어야 한다. 그 자체에도 아레테가 담겨져 있는 내용이어야 한다는 말이다.

이런 상태의 스포츠를 "아레테 스포츠"라고 부를 수 있을 것이다. 나는 "참좋은 스포츠" 또는 "진선미 스포츠"라고도 부른다. 아레테의 의미를 "참좋은(참되고 훌륭한)" 또는 "진선미眞善美"로서 풀이한 결과다. 참좋은 농구, 참좋은 축구, 참좋은 야구를 습득해야만, 우리 학생과 선수들은 참좋은 사람이자 선수로 성장할 수 있다. 진선미 농구, 진선미 축구, 진선미 야구를 학습해야만, 우리 학생과 선수들은 참되고 올바르고 아름다운 사람이자 선수가 될 수 있다.

"진선미 농구(아레테 농구, 참좋은 농구)"라는 것은, 조금 쉽게 이야기하여, 농구기능, 농구지식, 농구정신을 모두 갖춘 농구다. 농구기籠球技, 농구식籠球識, 농구혼籠球魂이 세 차원 모두를 올바른 방식으로 배우는 농구다. 사람이 육체, 정신, 영혼으로 되어있는 것처럼, 스포츠도 기능, 지식, 정신으로 되어있다(또는, 심신, 영육으로 되어있는 것처럼, 기와 도로 되어있다고 말할 수도 있다). 이 세 차원 각각을 기, 식, 혼이라고 지칭하는 것이다.

농구가 지닌 기, 식, 혼을 올바른 방식으로 최고 수준까지 학생과 선수가 습득하도록 하는 것이 바로 진선미 농구, 참좋은 농구다. 기능만 최고 수준이 아니다. 지식과 정신까지 최고 수준excellence에 다다라야만 한다. 그리고 그것을 올바른 방식virtue으로 가르치고 배워야만 한다. 목적과 방법 중의 양자택일이 아니라, 둘 모두를 만족시켜야만 진정한 아레테가 학생과 선수에게 축적된다(길러진다, 키워진다).

공자의 가치가 "인仁" 하나로 집약되듯이, 스포츠의 가치는 "아레테" 하나에 모두 담겨져 있다. 통상적으로 탁월성이나 좋음(덕, 선)으로 옮겨지기는 하지만, 스포츠의 맥락에서 나는 "진선미", "참좋음"으로 번역해서 쓰고 있다. 아레테 스포츠의 개념 안에 도달하고자 하는 구체적 지점과 그것에 도달하는 과정을 동시에 충족시켜야 하는 교육론의 개념이 담겨져 있다. 스포츠교육에서 추구해야하는 가치로운 스포츠는 "아레테 스포츠 arete sport"다. 나는 어떤 스포츠를 추구하는가?

(2021. 4. 26.)

아레테 스포츠 2

“재덕겸비”라는 사자성어가 있다. “才德兼備”로 적는다. 어떤 이가 재능과 인품을 모두 (높게) 지니고 있다는 뜻이다. 가장 좋은 것 두 가지를 모두 장착하고 있다는 말이다. 동양의 옛 사람들이 궁극으로 바라던 상태다. 어떤 분야에 최고의 뛰어난 자질(기술이던 지식이던)을 지녔는데, 함께 살아가는 이들로부터 존중받는 방식으로 발휘할 수 있는 사람이다. 문무겸전, 지행일치, 또는 문질빈빈 등이 유사한 의미를 지닌 단어들이다. 영문으로는 “영혼이 담긴 탁월함excellence with soul”이라는 표현도 있다.

사실 재능과 인품은 두 개의 실체가 아니다. 재능을 덕스럽게 발휘하는 것이 바로 인품이다. 인품은 재능을 덕스럽게 실행하는 방식이다. 덕은 재능(또는 지식, 실력, 정서)과 독립된 자질이 아니다. 지식이나 기능을 맥락과 대상에 맞추어 올바르게 구사하는 스타일이다. “재능과 덕을 함께 지니고 있다”는 말은 재능을 인의예지롭게 발휘한다는 말이다. "재능은 있으되 덕은 없다"는 말은 전문능력을 바람직한 방식으로 구사하지 못하거나, 나쁜 방식으로 수행한다는 말이다. "재능은 없는데 덕이 있다"는 말은 낮은 수준의 재능을 발휘하되 매우 인의예지롭게 한다는 것을 뜻한다(재능이라는 단어부분은 행동, 지식, 태도 등으로 치환될 수 있다).

그러니, 인품이나 덕성이란 어떤 행동, 지식, 정서를 밖으로 드러내어 표현하는 올바른, 적절한, 지혜로운, 예의있는 방식이나 스타일을 말한다. 이것은 이미 이천 오백 년 전 아리스토텔레스가 간파한 점이다. 이런 의미에서 재덕겸비란 재능의 뛰어남이 성품의 훌륭함에 실려서 밖으로 드러난 상태라고 할 수 있다. 예를 들어, 뛰어나면서 훌륭하기도 한 농구 선수는 농구 게임을 탁월하게 수행하되 그것을 농구 규정과 정신에 어긋나지 않고 올바른 방식(덕스러운 방식)으로 구사하는 사람이다.

아레테 스포츠는 스포츠가 이 두 가지를 동시에 갖춘 것이다. 뛰어남才과 훌륭함德이 갖추어진 스포츠를 아레테 스포츠라 하지 않았던가? 이러니, 재덕겸비한 사람 보기가 어렵듯 재덕겸비한 스포츠 찾기가 어려운 것이 당연하다. 쉽사리 눈에 띄거나 편하게 펼쳐 보일 수 있는 스포츠라면, 우리가 이렇게 간구하면서 또 갈구하지도 않았을 게다. 페어플레이니 스포츠맨십이니 하는 표현들은 사실, 아레테 스포츠에게 담긴 재덕겸전의 특성이 온전히 발휘되는 방식에 대해서 붙여진 이름이라고 할 수 있다.

재덕겸전excellence with virtue의 "아레테 스포츠"를 추구하는 이유는 무엇인가? 스포츠에 들어있는 좋은 것들이 멋진 것들과 함께 맛보여지면 좋기 때문이다. 예를 들어, 최근 "스포츠가치센터(국민체육진흥공단)" 또는 "생활 속 스포츠가치 실천(서울시교육청)"처럼, "스포츠 가치"를 주목하며 촉구하는 경우가 빈번해졌다. 공정, 협동, 화합, 도전, 창의, 정의 등등 다양한 사회적, 윤리적 가치들이 스포츠 안에 들어있음을 주장하고, 이 가치들이 모든 사람들과 우리 사회 속에 전이되도록 도모한다.

참 좋은 생각이며, 참 기특한 노력이다. 그런데, 이 가치들은 그냥 실현되지 않는다. 스포츠를 열심히 한다고 해서 저절로 생기지 않는다. 스포츠를 올바른 방향으로 올바른 방식으로 실천해야만 맛볼 수 있다. 협동, 단합, 도전 등의 가치들을 먼저 정해놓고, 농구나 축구나 야구를 열심히 한다고 해서 쉽사리 얻어지지 않는다. 선후가 뒤바뀌었다. 이것은 아레테 농구, 아레테 축구, 아레테 야구를 펼쳐내려고 노력했을 때 결과물로 (그것도 항상, 매번이 아니고, 최고의 상황이나 운이 닿을 때에 한하여) 얻어지는 귀한 열매다.

"아레테 스포츠"의 개념은 스포츠 가치를 습득하고 실천하는 올바른 방식을 깨닫기 위해서 필요하다. 스포츠를 습득하는 과정 자체, 또는 스포츠를 실행하는 과정 자체가 아레테적이어야만 스포츠 가치라는 성과를 얻을 수 있다. 협동심은 협동적으로 행동함으로써 길러진다. 공정하게 농구기술을 연습하고 게임 속에서 발휘함으로써 공정한 농구선수가 된다. 진선미 농구, 참좋은 농구를 펼쳐낼 때, 우리는 선수의 땀방울에서, 관중의 환호 속에서, 심판의 판정에서 성실, 열정, 공정 등의 스포츠 가치들을 느끼고 목격할 수 있게 된다.

"스포츠가치"를 강조하기 이전에 "가치스포츠"에 먼저 주목해야만 한다. 스포츠가치들은 가치스포츠가 지닌 낱개의 속성들에 다름 아니다. 미국 프로농구선수와 상원의원을 지낸 빌 브래들리는 그의 저서 『농구의 가치Values of the Game』에서 열정, 규율, 이타심, 존중심, 바른 시간, 용기, 리더십, 책임감, 인내심, 상상력 등 10개의 가치들을 이야기하였다. 틀림없이 농구에는 이런 가치들(농구정신, 농구혼)이 잠재되어있다. 하지만, 아무런 농구나 이런 가치를 낳는 것은 절대 아니다. 이것들은 참좋은 농구, 진선미 농구, 즉 아레테 농구를 실천해야만 맛볼 수 있고 내 것으로 할 수 있다. 아레테 스포츠라는 특정 모습의 가치로운 스포츠를 구체화하고(농구기, 농구식, 농구혼), 그것을 온전히 실천하려는 노력을 통해서만 스포츠가치 하나하나를 실현하고 성취하는 최선의 길임을 명심하자.

(2021. 4. 29.)

스포츠 셰프 1

스포츠를 가르치는 일은 요리하는 일(과 식사하는 일)과 닮아 있다. 요리하기란 무엇인가? 식재료를 가지고 맛난 음식을 마련하는 일이다. 직접 조리 가능한 음식이라곤 볶음밥과 떡라면이 전부인 내가 주장할 비유는 아니다. 그렇기는 해도, 이 둘 사이에 유사성이 매우 높다는 사실은 부정하기 어렵다.

무엇으로 만드는가, 어떻게 만드는가, 그리고 왜 만드는가? 이 세 가지가 요리하기의 삼대 질문이다. 김치찌개라는 음식을 만들 때, 어떤 식재료들로, 어떤 레시피를 가지고, 어떤 의도로 조리할 것인가? 스포츠교육의 삼대 질문도 마찬가지다. 축구라는 스포츠의 어떤 기술을 어떤 방식을 가지고 어떤 목적으로 가르칠 것인가?

요리를 위해서 필요한 기본 재료, 요리를 만들어내는 구체적 조리법, 그 요리를 만드는 중요한 이유. 이 세 가지는 스포츠 가르치기의 내용, 방법, 목적의 세 가지와도 일치한다. 특정 스포츠의 구체적 내용, 그것을 지도하는 독특한 방법, 그리고 그것을 배우는 목적과 정확히 연결을 이룬다. 정성을 다하는 마음과 최상의 방식으로 스포츠를 가르치면 훌륭한 맛을 낼 수 있다. 잘 가르칠 수 있게 된다.

우선, 내용의 측면이다. 김치찌개를 만들기 위해서는 익은 김치, 돼지고기, 두부 등 주재료들이 필요하다. 이외에 파, 마늘, 양파 등등 부재료들이 함께 어우러져야 한다. 축구는 기능(전술), 지식, 정신의 세 가지 핵심 내용으로 되어있다. 나는 각각을 축구의 기技, 식識, 혼魂이라고 부른다. 축구를 제대로 배웠다면, 이 세 가지 내용들을 반드시 습득해야 한다. 당연히 재료는 최상의 품질로 준비되어야 한다. 그래야 최고의 요리가 준비된다. 각 주재료와 부재료를 얼마만큼 넣을 것인지도 맛을 좌우하는 요인이다. 유인물, 용기구, 부대시설 등이 부재료다.

다음, 방법의 측면이다. 김치찌개의 맛을 내는 주된 과정이다. 물(육수 등)을 붓고 양념을 넣고 어떻게 끓여야 할지를 결정한다. 주재료들을 어떤 상태로 만든 후에 요리할 것인지가 중요하다. 식재료들을 그대로 넣고 끓일 수도 있지만, 개별적으로 조리를 한 후에 하나로 섞어 끓여낼 수도 있다.

축구의 기, 식, 혼을 가르치는 방법에는 생生레시피, 과학레시피, 인문레시피가 있을 수 있다. 기술만을 가르침으로써 그 과정에서 식과 혼을 깨우치는 방식이 바로 "생으로, 날 것으로" 가르치는 방식이다. 경험으로부터 얻어진 "손맛"에 의존하여 가르친다. 과학레시피는 운동생리학, 생체역학, 스포츠영양학 등 스포츠 과학적 지식을 덧붙여서 강조하며 기능을 가르치는 방식이다. 운동정신(혼)은 스포츠심리학적으로 접근한다. 합리적이고 체계적인 지도방식을 선호하며, 경기력을 향상시키는 데에 효과적이다.

인문레시피는 기능연습과 함께 축구에 들어있는 인문적 차원을 덧붙여서 지도하는 방법이다. 시합기술을 익힐 때 축구를 소재로 한 시, 소설, 영화, 그림, 음악 등을 함께 감상하면서 축구의 기, 식, 혼을 마음에 심어나가는 것이다. 축구를 통하여 자아 성찰, 인생의 발견, 세계의 통찰 등을 일구어낼 수 있도록 해준다. 운동안眼을 더욱 심화시키는 데에 도움이 된다.

마지막으로 목적의 측면이다. 김치찌개를 끓이는 이유는 크게 세 가지다. 허기를 달래기 위해서, 건강을 챙기기 위해서, 그리고 음식을 맛보기 위해서다. 모든 동물은 배가 고파지면 식욕을 채워야만 하는 것이 숙명이다. 또한 건강해지고 그 상태를 유지하기 위해서 알맞은 염분과 열량을 포함한 영양 식사를 섭취한다. 맛있는 음식 그 자체를 즐기고 음미하려는 목적도 있다. 삶을 보다 풍요롭게 만들어 준다.

스포츠교육자는 이러한 요리준비와 조리과정을 거쳐 완성된 음식을 스포츠학습자에게 내어드린다. 요리과정이 가르치는 이의 준비단계를 일컫는다면, 본격적 지도과정은 테이블 세팅과 음식을 먹으면서 식사가 진행되는 과정 전체를 의미한다. 어떤 장소, 어떤 분위기에서, 어떤 식기 세트 등으로 누구와 실제 식사를 하는가도 매우 중요하다. 식사의 환경과 맥락도 음식 그 자체만큼이나 중요한 요소들이다.

준비된 요리를 차리고 음식을 먹는 일食事은 다양한 상황으로 진행된다. 냉장고의 반찬들로 가볍게 먹거나, 구내식당에서 정해진 메뉴를 식판에 담아서 먹거나, 일류 레스토랑에서 스스로 선택한 코스메뉴를 개인별 식사 취향에 맞추어 먹거나 등등. 체육수업은 많은 학생들을 대상으로 동일한 메뉴를 대량 조리하는 구내식당에서의 단체 식사하기와 유사하다. 엘리트 선수들이 받는 개별 코칭은 미슐랭 별표가 붙은 고급 식당에서의 개별 메뉴 식사다.

실제 스포츠교육은 요리하기(와 식사하기)와 유사하다. 그러니 스포츠교육자는 스포츠 셰프다. 스포츠를 조리하여 배우는 이들이 맛나는 스포츠를 넉넉히 먹도록 해주는 스포츠 조리장이다. 허기 달래기, 건강 챙기기, 음식 맛보기에 맞추어서 말이다. 식사를 즐겁게 만들어주는 요소는 복합적이지만, 음식이 가장 중요하다. 스포츠 식사의 팔 할은 스포츠 셰프의 손에 달렸다. 스포츠 가르치기는 스포츠교육자의 손으로 창조되는 조리예술이라고 할 수 있다.

나머지는 손님, 즉 배우는 이의 몫이다. 배우는 이가 실제로 무엇을 얼마만큼 배우게 되는지는 식사 후 "소화" 단계에 대한 고려로 넘어가야 한다. 입으로 잘게 부순 음식물을 목으로 넘겨 소화를 시킨 후, 어떤 영양분들을 흡수하게 되었는지 말이다. 축구라는 음식을 조리하여 최고의 서비스로 손님에게 내어드렸지만, 식사 후 그 소화물로부터 최상의 자양분을 얻어내는 일은 사람마다 각자 다른 소화능력의 탓이다. 저 쪽 테이블에서 "최방장~"하고 부르는 20년 단골손님의 호출이 들린다(셰프는 언제나 되려나?). 아쉽지만, 소화는 다음 요리강의의 주제다.

(2022. 4. 4.)

스포츠 셰프 2

스포츠 가르치기와 요리하기는 매우 유사하다고 하였다. 그 유사성에 대해서 조금 더 이야기해 보자. 무엇을, 왜, 어떻게 가르칠 것인지와 무엇을, 왜, 어떻게 요리할 것인지가 서로 닮아있다고 하였다. 조리와 교육의 목적, 내용, 방법 측면들이 많이 흡사하다고 말이다. 그 밖에 서로 닮아있는 점은 또 무엇인가? 철학 또는 가치관이다.

셰프는 자신만의 조리 철학이나 가치관을 가지고 있는데, 그것은 그가 추구하는 요리의 맛, 영양, 멋에 담겨져 있다. 작가가 작품 속에 자신의 가치관과 세계관을 담아내듯이, 셰프도 자신의 요리 안에 자신의 철학을 담아 넣는다. 우리가 보통 "장인匠人"이라고 부르는 수준의 전문가들은 모두 그렇다. 자신의 일 철학이 없는 장인이란, 말 그대로 어불성설이다. 장인이란 그런 일꾼에게 부여하는 명칭이 아니다.

셰프라는 호칭도 마찬가지다. 요리를 업으로 하는 모든 이에게 붙일 수 있는 일반명사가 아니다. 일정 수준 이상의 실력과 철학을 동시에 갖추었을 때, 우리는 그런 조리장을 셰프라고 칭한다. 주방장이나 쿡이라는 호칭보다는 한 수 위의, 영예와 명예가 동반되는 명칭인 것이다. 셰프의 레시피에는 요리 기예와 철학이 함께 들어 있기 마련이다. 지난번에는 기예에 초점을 맞추었다면, 이번에는 철학 측면에서 가르치는 일과의 유사성을 찾아본다.

위에서 간단히 내비추었듯이, 셰프는 자신의 요리에서 맛과 영양과 멋을 모두 중요시 여긴다. 요리의 양과 질을 모두 소중히 여긴다는 말이다. 이런 표현이 잘 어울릴지는 모르겠으나, 외화내빈外華內貧이 아니라 문질빈빈文質彬彬의 요리를 추구하는 것이다. 맛과 영양과 멋이 모두 들어 있는 나만의 요리를 구현해내는 것이 모든 셰프들의 궁극의 지향이라고, 감히, 말할 수 있다.

일차적으로, 당연히 맛이 있어야 하겠다. 이것은 모든 음식의 기본 중의 기본이다. 맛은 수 만 가지가 있고 먹는 이마다 그 좋아하는 맛은 다르지만, 음식이 맛이 있어야 한다는 사실은 변치 않는다. 맛없는 음식을 만드는 이, 또는 맛있는 음식을 못 만드는 이를 요리사라고, 더 나아가 셰프라고 부를 수 있을 것인가?

이차적으로, 영양이 가득 들어있어야 한다. 식사는 허기를 달래는 것을 넘어서, 건강을 챙기기 위한 필수활동이다. 건강은 맛으로 얻을 수 있는 것이 아니다. 필요한 영양분의 적절한 섭취로 이루어진다. 지방, 단백질, 탄수화물, 무기질, 비타민 등 생존과 활동을 위한 필수 영양요소들을 음식으로 섭취하는 것, 셰프는 여기까지 고려해야만 한다. 길거리 노점상이나 싸구려 분식집이 아닌 이상, 영양적 요인을 고려하지 않는 쿡에게 셰프란 호칭은 언어도단이다.

삼차적으로, 멋이 듬뿍 풍겨져 나와야 한다. 요리에 있어서 멋이란 무엇인가? 맛이 그 한 부분일 수도 있지만, 그것보다 훨씬 더 큰 개념이다. 맛이 조금 덜 하더라도, 그 셰프가 만드는 음식에서만 찾아지는 특징, 아니 스타일이라고 할 수 있다. 음식이 만들어지는 과정과 그 결과로 고객에게 내어지는 최종 작품으로서의 요리 말이다. 그 밥에 그 나물이 아닌, 눈에 보일 듯 말 듯 한 각자의 스타일이 담겨져 있다, 셰프의 요리에는.

스포츠 셰프의 경우도 마찬가지다. 자신의 가르침에 있어서 재미, 효과, 그리고 스타일을 추구한다. 첫째로, 재미없는 스포츠 배우기란 단물 빠진 껌 씹기나 마찬가지다. 턱만 아프듯 몸만 피곤할 뿐이다. 지금 배우는 과정이 흥미롭게 진행되어야 하는 것이 첫 번째 조건이다. 둘째로, 기능증진이나 체력향상의 효과가 드러나야 한다. 이것이 효율적으로 진행되면 더욱 좋다. 적은 인풋으로 많은 아웃풋을 만들어내는 것이 효율이다. 지도하는 이의 능력에 달려 있다.

셋째로, 이 둘에 덧붙여, 가르치는 이는 자신만의 스타일로 재미와 효과를 성취해내야만 한다. 사실, 모든 스포츠교육자는 자신의 스타일로 이 일을 해낸다. 예외가 없다. 스타일이 없는 것조차도 무스타일의 스타일이다. 본인은 잘 모른다. 그러나 배우는 사람이나 옆에서 지켜보는 이는 안다. 내 걸음걸이나 말투를 나 스스로가 자각하기는 어렵다. 하지만 보는 이나 듣는 이들은 캐치해낸다.

스포츠 셰프로서의 스포츠교육자는 재미와 효과와 스타일 모두를 자신의 지도행위 속에서 구현해내야 한다. 식사를 하루 세 번 하듯이, 운동도 주 3회가 기본이다. 오랜 기간 동안 반복해서 하게 된다. 어떤 음식을 먹느냐가 그 사람의 건강에 영향을 미치듯이, 어떤 방식으로 가르쳐지는 스포츠를 섭취하느냐가 배우는 이가 어떤 사람으로 성장하는가에 직접적 영향을 끼친다. 재미와 효과 측면만을 이야기하는 것이 아니다. 스타일이 중대하다.

스포츠 셰프는 자신의 철학을 가다듬으며 완성시켜 나가야 한다. 내가 추구하는 운동재미란 어떤 종류의 재미인지, 내가 얻고 싶은 운동효과는 어떤 방면의 효과인지, 그리고 내가 갖추고 싶은 운동스타일은 어떤 모습의 스타일인지, 성찰하면서 만들어나가야만 한다. 일차원적이고 단순하고 표피적인 맛과 영양과 멋에서부터 시작하되, 거기에 머물러서는 곤란하다. 최고 수준의 맛과 영양과 멋을 추구해나가야만 장인은 장인이되 달인을 넘어서 명인이 될 수 있다.

최셰프라는 호칭은 언감생심인 최방장은 이 중에서도 "멋"에 눈길이 간다. 맛과 영양도 놓칠 수 없지만, 나만의 스타일이 때로는 은 근히, 때로는 강력히 풍겨나는 스포츠 교육을 펼치고 싶은 게다. 스포츠교육자의 철학(가치관, 세계관, 인생관, 인간관)이 가장 분명하게 묻어나는 측면이기 때문이다. 나의 스타일은 인문적 스포츠라고 불리는 것이다. 아직 완성은 어림없고 꾸준히 연마해서 더욱 세련된 것으로 만들기를 희망할 뿐이다. 스포츠 셰프 철학의 화룡점정은 스타일이다. 완성하면 나도 최셰프라고 불릴 수 있으려나? 나로서는 오늘도 묵묵히 조리실(연구실)로 향할 뿐이다.

(2022. 4. 8.)

전모

"알다가도 모르겠어!" — 반평생을 같이 살아온 아내나 남편에 대해서 배우자가 한숨 섞인 목소리로 가끔 넋두리 하듯 쏟아내는 말이다. 배우자만이 아니다. 오랫동안 같은 직장에서 동고동락해온 동료에 대해서도 스스로 놀라면서 토해내는 말이다. 이런 사람 같았는데, 저런 모습과 그런 면모를 지닌 줄 갑작스럽게 깨닫게 되는 상황에 당면하게 되는 것이다.

한마디로, "전모全貌"를 몰랐던 것이다. 전체의 모습, 온전한 모양, 실제 그대로의 전체 말이다. 전체가 아니라 어느 한쪽이나 단편의 모습만으로 상대나 대상을 이해하고 있었던 게다. 온전한 전부가 아니라, 부분적 파편으로 전모를 대체했던 것이다. 우리는 일상에 있어서 "다 알았다, 또는 잘 알고 있었다."고 생각하고 있었지만, 대게는 그렇지 못한 경우가 일반이다.

사람의 전체를 알아보는 최선의 방법은, 흔히 하는 비유로, 그이를 "입체적으로" 파악하는 것이다. 앞과 뒤(전후), 왼쪽과 오른쪽(좌우), 위와 아래(상하)로 말이다. 1차원이나 2차원이 아니라, 3차원 입체로 말이다. 그리고 "입체적으로, 종합적으로, 또는 총체적으로" 파악하는 현실적 방안은 다양한 방향과 각도에서 바라보는 것이다.

그런데, 사람만 이런 것이 아니다. 중요한 모든 것들이 그러하다. 내게 있어서는 특히 스포츠가 그렇다. 스포츠도 그 전모가 단순하지 않다. 단면적이지 않다. 나만이 아니다. 스포츠애호가들은 오랫동안 골프, 축구, 테니스, 수영 등을 해오고 있다고, 스스로 그것의 전모를 다 안다고 착각해서는 곤란하다. "알다가도 모르겠다!"는 태도가 정상이다. 스포츠의 전모는 입체적으로만 파악될 수 있는 게다.

"스포츠를 입체적으로 파악한다." 이것은 무슨 뜻인가? 나는 이렇게 생각한다. 입체적이라는 말은, 글자 그대로, 높이, 넓이, 깊이를 갖추고 공간을 차지한다는 뜻이다. 점, 선, 면으로 확장되는 삼차원적 상태라는 말이다. 스포츠의 삼차원은 무엇인가? 나는 이렇게 풀이한다.

스포츠(글프, 축구, 테니스, 수영 등 모든 유희적 신체활동, 즉 運動)는 고와 저, 광과 협, 그리고 심과 천의 삼차원으로 구성된다. 스포츠의 삼차원(높이, 넓이, 깊이)은 고저高低, 광협廣狹, 심천深淺이다.

높고 낮음의 차원은 스포츠의 기능적 측면을 드러낸다. 운동기술은 기능수준이 낮으냐 높으냐로 파악된다. 오랜 시간에 걸친 연마와 실행으로 높아지는 차원이다.

넓고 좁음의 차원은 스포츠의 지식적 측면을 드러낸다. 운동과 관련된 철학, 역사, 사회학, 생리학, 영양학 등의 학술적, 전문적 지식의 폭이 얼마나 넓으냐 좁으냐로 파악된다. 다양한 종류의 지식 습득으로 넓어지는 차원이다.

깊고 얕음의 차원의 스포츠의 심법적 측면을 드러낸다. 스포츠 체험을 통하여 자신과 세계, 타인과 사회, 자연과 우주 등에 대한 이해가 얼마나 얕으냐 깊으냐로 파악된다. 체험과 지혜를 바탕으로 하는 성찰과 통찰로 깊어지는 차원이다.

우리 각자가 좋아하는 스포츠의 전모는 운동기능 수준의 높고 낮음만으로 파악되는 것이 아니다. 오히려 왜곡되는 수가 생길 가능성이 높다. 스포츠의 전모는 고저, 광협, 심천의 삼차원적으로만 파지된다.

1차원적 스포츠는 고저/광협/심천 어느 한 차원만의 추구, 2차원적 스포츠는 고저×광협, 고저×심천, 또는 광협×심천 등 두 차원의 동시 추구, 그리고 3차원적 스포츠는 고저×광협×심천 세 차원을 함께 추구하는 스포츠라고 이해할 수도 있다. 그리하여, 예를 들면, 3차원적 축구야말로 가장 올바르고 정확한 축구의 전모를 드러나게 해줄 수 있는 것이다.

내가 강조하는 "호울 스포츠whole sport"는 바로 이러한 입체적, 삼차원적 스포츠를 말한다. 호울 스포츠는 두 수준으로 존재한다고 말할 수 있다. 미숙한 수준의 호울 스포츠인 "저협천 스포츠低狹淺"에서 성숙한 수준의 호울 스포츠인 "고광심 스포츠高廣深"로 성장한다.

하지만, 구분을 위하여, 후자 즉 고광심 스포츠를 호울 스포츠의 이상적 모습으로 상정한다. 저협천 스포츠는 모든 면에서 미숙하여 호울 스포츠로 불리기에 부족하기(그래서 혼돈을 일으키기) 때문이다.

나는 온전한 스포츠를 의미하는 호울 스포츠에 대해서 기능, 지식, 정신의 세 측면이 성숙한 스포츠라고 말해왔다. 스포츠는 (사람의 신체, 정신, 영혼에 대응하는) "기·식·혼技·識·魂"으로 이루어져있다. 스포츠의 기·식·혼이 저협천의 미숙한 수준에서 고광심의 성숙한 수준으로 나아가는 것이 바로 호울 스포츠의 교육이다.

그러데 현실 속에서는 기·식·혼 전 측면의 고광심 스포츠가 되어야 하는데, 거의가 기의 측면만을 높은 수준으로 추구하는 기형적인 모습으로 진행된다. 마치, 오른쪽 팔과 주먹만이 거대한 주먹대장이나, 한쪽 집게발만 몸집만큼 커다란 농게와 같은 모습이 된다(농게야 미안!).

농게도 게의 한 종류인 것처럼, 기·식·혼 가운데 기만 기형적으로 높게 발달된 축구도 호울 축구라고 할 수 있을까? 즉, 기는 고인데, 식과 혼은 협과 천의 낮은 수준에 있는 축구의 경우 말이다.

이것은 발전의 가능성에 달려있는 문제다. 만약, 이 상태에 머무른다면 이것은 호울 축구라고 부르기 어렵다. 하지만, 식과 혼이 뒤이어서 늦은 속도라도 광과 심의 방향으로 함양된다면, 그것은 호울 축구로 성장해나가는 것이다.

자기가 좋아하는 스포츠의 전모를 제대로 알고 싶은 이라면, 3차원적 스포츠, 즉 호울 스포츠에 대한 관심, 그리고 그것을 성취하려는 열망을 피할 수 없다. 그를 위해서는 운동 행하기만으로는 부족하다. 기의 높이기에 집중하는 행하기만으로는, 예상컨대, 농게 스포츠(?)로 성장할 가능성이 높다.

진정한 축구팬이라면 축구에 대한 관심이 기에만 집중되지 않고 기·식·혼 전체에 골고루 쏟아져야 할 것이다. 축구의 전모를 속속들이 알고 싶어 해야 할 것이다. 그리고 그 관심의 수준이 저협천에 머물지 않고 고광심으로 성숙되어야 할 것이다. 기의 높아짐에만 경도되지 않고 말이다. 진심으로 사랑하는 이를 외모를 넘어 내면 전체까지 온전히 알고 싶은 것이 인지상정이듯이 말이다.

축구를 사랑하는 이라면 운동 기량 높이기에 덧붙여, 식과 혼의 측면에 대한 넓히기와 깊게 하기가 함께 진행되어야만 한다. 식의 넓히기는 과학적 지식의 습득과 혼의 깊게 하기는 인문적 지혜의 성찰이 유용하며 필수적이다. 축구 기·식·혼 전체의 고광심을 지향하고 실천노력을 기울여야 한다.

거대해진 농게의 한쪽 집게발은 일상생활 중에는 무용하며, 오직 먹이와 생식을 위한 싸움에만 사용된다고 한다. 내가 좋아하는 스포츠를 싸우기 위한 게임 도구로만 취급할 것인지, 아니면 자신의 삶 전반을 행복하게 이끄는 소중한 반려 활동으로 대우할 것인지 한번 고민해보자. 그리고 자문해보자. "나는 내 스포츠를 얼마나 잘 알고 있는가?"

(2023. 6. 23.)

반려스포츠

"결혼은 당사자들만의 결합이 아니다." 흔히 듣는, 뻔한 이야기다. 어느 누가 모를까? 그런데 결혼 전에는 머리로 이해했다면, 결혼 후에는 온 몸과 마음으로, 피부 속까지 파고들어 살과 뼈로 절절히 깨닫게 된다. 결혼은, 참으로, 남편과 아내라는 두 사람만의 만남, 그 이상인 것이다.

이 말의 의미는 무엇인가? 다시 흔한 답변이지만, 그것은 가족과 가족의 만남, 더 나아가 가문과 가문의 만남이다. 실제적, 그리고 가시적으로는 당사자 둘 간의 맺음이지만, 관계적, 혈연적으로는 당사자의 직계가족, 더 나아가서는 일가친척들 간의 네트워킹의 한 매듭이 되는 것이다. 경우에 따라서 그 매듭의 굵기가 두껍거나 얇거나의 차이만 있을 뿐이다.

뜬금없는 이 결혼의 비유는 무엇을 위한 것인가? 나와 스포츠와의 만남에 빗대기 위함이다. 어떤 스포츠를 만난다(배운다, 행한다)는 것에는 어떤 의미들이 들어있는가? 운동을 한다는 말은 무엇을 뜻하는가? 뻔한 대답들이 즐비하다. 대표적이고 상식적인 것은 "기능을 구사할 수 있게 된다, 시합을 뛸 수 있게 된다" 등이다. 스포츠란 운동기술의 집합체다. 스포츠를 만난다는 말은 그것을 몸에 익힌다는 말이다. 결국, 스포츠를 배운다(행한다)는 말은 스포츠와 나 개인의 일대일 만남, 그 이상도 그 이하도 아니다. 스포츠가 무슨 인간적 존재도 아니고 말이다. 그리하여 혹자는, 이 비유 자체를 받아들이지 않기도 한다.

결혼에 빗댄 보다 구체적 이유는 무엇인가? 결혼이라는 행위 속에 담겨진 삼중의 의미가 운동에도 적용되기 때문이다. "운동을 배운다(한다)"는 말은 삼중의 의미를 갖는다(더 많을 수도 있지만, 이 세 가지가 대표적이고 포괄적이다). 첫째, "운동기능을 습득하게 된다"는 뜻이다. 테니스 게임을 할 수 있게, 배영과 접영을 할 수 있게, 축구경기를 할 수 있게 된다는 말이다. 이것이 기본이다. 이것 이외에 다른 뜻이 있겠는가라고 되물을 수도 있겠지만, 있다는 것이 내 주장이다. 운동과의 만남은 기능습득과 숙달을 기본으로 하지 않은가?

둘째, "운동소양을 함양하게 된다"는 뜻이다. 운동소양은 스포츠를 잘 하고能, 잘 알고智, 잘 느낄 수 있는心 자질이다. 운동을 배우는 것은 이 종합적 자질을 몸과 마음에 차곡차곡 갖추게 되는 것이다. 운동기능만 습득하는 것이 아니다, 다른 측면의 소양들도 함께 흡수하게 된다. 결혼은 시댁과 처가를 자동적으로 만들어준다. 누구네 집 아들과 누구네 집 딸이 맺어지기 때문이다. 축구기능에 함께 달라붙어있는 축구지성과 축구정신의 측면들이 함께 갖추어지고 배워진다. 무의식적으로, 또는 의식적으로 습득하게 된다.

셋째, "운동세계에 입문하게 된다"는 뜻이다. 이것은 이해하고 수긍하기가 쉽지 않다. 무슨 뜻인가? 축구를 하는 이는 축구라고 하는 하나의 문화세계(실천전통)의 거주민이 되는 것을 의미한다. 축구를 배움으로써 나는 (축구팬을 넘어) "축구인"이 된다. FIFA나 대한축구협회에 선수등록이 되어야만 축구인이 아니다. 축구를 좋아하고 행하는 모든 사람들이 축구인이다. 축구게임을 할 수 있는 것, 축구소양을 갖추게 되는 것은, 축구라는 하나의 세상 속으로 들어가는 것이다. 다른 축구팬들과 함께 축구문화를 공유하게 되는 것이다. 축구문화를 섭취하는 사람은 누구나 축구인이다. 축구세계의 주민이자 주인이다. 주변인이나 관람객이 아니다. 관광객이나 제삼자가 아니다. 모두가 거주민이요 당사자다. 풋볼 나라, 싸커 국가의 국민이 되는 것이다. 축구를 배우는 것은 축구나라의 국적을 취득하고 민족의 일원이 되는 것이다.

이렇듯 운동(배우기와 행하기)의 의미도 표층, 내층, 심층이라는 세 겹의 층으로 되어있다. 표층으로는 운동기능을 습득하고 발휘하는 행위다. 내층內層으로는, 눈에는 보이지 않으나, 운동소양을 쌓아가는 과정이다. 심층으로는, 보이지도 않고 의식되지도 않지만 존재하는, 운동문화에 입문하는 여정이다. 운동의 표층적 의미는 바로 이해된다(당사자간 결합). 내층적 의미도 어느 정도 이해된다(시댁과 처가의 일원되기), 그런데, 심층적 의미는 쉽게 와 닿지 않는다(가문의 일원되기). 적어도 그냥 취미로 운동하는 나하고는 상관없이 들린다. 아들하고 가끔 공놀이하고, 프리미어 리그, A매치 시합, 또는 K리그 경기관람이 전부인 내가 무슨 축구인, 또는 축구문화에 입문하는 일을 하고 있는 것인가? 너무 거창하고, 한참 거리가 멀다.

결혼의 경우도 이와 비슷하다. 특히 요즘처럼 본인들 간의 사랑이 제일 중요한 시대에 시댁과 문중이 무슨 의미가 있는가? 그냥 본인 당사자 간의 관계가 핵심이지. 맞는 말씀이다, 대략만. 현실은, 본인이 아무리 거부하여도 정상적인 결혼생활은 시댁과 처가의 맥락, 더 나아가 친척과 문중의 맥락을 전혀 무시할 수는 없다. 앞에서 살짝 언급했지만, 네트워크의 망이 그 두텁기가 얼마나 굵으냐 가느냐의 차이가 있을 뿐이다. 다행히도, 현실에서 피부로 체험하는 일반적인 결혼 상황은 본인들 두 명이 중심이 되는 일상생활이다. 처가와 시댁, 그리고 친척과 문중은 가끔만 만나며 멀리 떨어져 있다. 매번 느껴지는 것이 아니고, 명절이나 집안행사 시에 그 존재를 느끼게 될 뿐이다.

스포츠 삼중 의미도 이 같은 상황이다. 나와 축구는 통상적으로 게임적 관계맺음으로 운동기능 습득과 발휘에 머문다. 그러다가, 조금 진지하게 의식할 때가 되면, 운동소양의 측면에 대해서 생각하게 된다. 운동능, 운동지, 운동심의 총체적 내용을 고려하며 통합적 성장에 대해서 고민하게 된다. 그리고 월드컵이나 올림픽 축구 경기가 펼쳐질 때에는 내가 진정으로 축구를 좋아하고 사랑하고 있음을 확인, 즉 축구인이면서 축구세계에 깊이 발을 들여놓았음을 깨닫게 된다. 그 기간이 지나면, 어떤 이는 다시 표층적 관계로 돌아가며, 또 어떤 이는 심층적 관계에 대해서 조금 더 진지한 태도를 가지게 되기도 한다.

축구(배우기와 행하기)에 대해서 이렇게 다중적, 다층적으로 이해해야 하는 이유는 무엇인가? 무엇 때문에 축구를 "축구기능의 습득, 축구소양의 함양, 축구세계에의 입문"이라는 세 수준으로 받아들여야 하는가? 왜 겉에서 안으로, 또 안에서 속안으로 들어가야 하는가? 축구의 중층의미에 대하여 관심이 없는 분은 이런 질문조차 던질 필요가 없다. 그냥 표층적 차원에서 축구를 하고 보면 된다. 그러나 축구에 대해서 좀 더 진지한 자세를 취하고 싶은 분들은 한 번 이런 질문을 던져보고 답을 찾아보는 것이 나쁘거나 무용하지는 않을 것이다. 나는 이런 입장에서 지금 이 글을 작성하고 있는 것이다(결혼의 경우도 마찬가지 아닐까?).

결혼상대자를 반려자伴侶者라고 한다. 평생을 함께 옆에서 보내는 짝, 소중한 이를 부르는, 매우 적절하고도 아름다운 표현이다. 상대를 단지 생물적 필요와 정서적 욕구 충족을 위한 존재로만 바라본다면, 이런 표현은 있을 수가 없다. 진정으로 자기와 동일한, 나의 부족한 부분을 채워주며, 함께 하나의 인생을 만들어나가는 사람으로서 생각하였을 때에만 가능한 단어다. 이런 연유로, 우리가 애완동물, 애완견, 애완묘를 이제는 반려동물, 반려견, 반려묘로 부르고 있지 않은가. "애완愛玩"이란 아끼고 귀여워한다는 뜻이다. 애완의 대상인 완구玩具는 장난감이다. 애완동물과 반려동물의 차이는 하늘과 땅 차이인 것이다.

나는 우리가 좋아하고 사랑하는 스포츠를 애완의 차원이 아니고, 반려의 차원에서 이해해야 함을 강조하기 위해서 결혼의 비유, 그리고 중층의미를 설명한 것이다. 축구는 즐기는 공놀이愛玩球이지만, 그것을 넘어선다. 축구는 반려운동, 반려스포츠伴侶球다. 축구는 그냥 내가 가지고 노는 애완놀이에 그치지 않는다. 축구는 내 옆에서 나의 인생을 보다 온전한 것, 보다 행복하고 즐거운 것으로 만들어주도록 내게 다가온 선물이다. 나의 반려운동이다伴侶運動. 축구는 나의 운동반려자, 스포츠반려자다. 애완축구이자 반려축구다. 그러니 당사자는 물론, 가족과 일가친척까지도 고려하고 고민해야 하는 것이 당연하다. 내 가족이 되었고 문중이 되었기 때문이다(현실에서 가족반려자보다 운동반려자를 더 선호하는 우는 절대 범하지 마시기를!).

내가 축구를 존중하고 제대로 대하지 않거나 축구에 대해서 부정적 실수를 했을 경우, 나는 축구라는 가족, 축구라는 문중을 욕되게 하는 것이다(너무 지나친, 말도 않되는 생각인가?). 물론, 표면적으로는 그냥 공놀이를 잘못했을 뿐이다. 그런데, 조금 넓은 시점에서 보면, 축구소양에 흠집을 낸 것이며 축구문화를 오염시킨 것이 된다. 내가 그것을 의식하든 못하든, 축구를 삼중적, 다층적 관점에서 볼 때는, 실수를 넘어 흠집과 오염이 반드시 생겨난다. 당사자로서 내가 그것을 느끼거나 의식하지 못할 뿐이지만, 그 파장은 이중삼중, 일파만파로 번져나가게 되는 것이다. 아내나 남편, 즉 반려자를 천대하거나 박대하면 당사자뿐만이 아니라, 그 시댁 또는 처가, 더 나아가 일가문중一家門中 모두에게 영향이 미치게 된다.

그리하여, 스포츠를 사랑하는 우리는 스포츠의 다층적 의미에 대해서 관심을 가져야만 한다. 표층적, 내층적, 심층적 의미에 관해 알고 있어야 한다. 애완스포츠를 넘어서는 반려스포츠의 차원을 인정해야만 한다. 직접적으로 느껴지지 않는 관계라고 해서, 또는 너무 막연하고 지나친 해석이라고 해서 스포츠를 단층적 수준에 제한시켜서는 안 된다. 적어도 스포츠를 진심으로 사랑하고 애지중지하는 애호가들은, 이러한 단순한 인식으로 스포츠를 행해서는 곤란하다. 이제는 일반인과 경기인을 막론하고, 모든 스포츠 애호가들이 스포츠의 다층적 의미에 대한 이해를 갖추어야 하는 시점이다. 스포츠는 그만한 가치를 지닌 인류의 문화유산이다.

나비효과라는 개념이 있다. 중국 북경에서 펄럭인 나비 날개 짓이 미국 캔사스에서 토네이도를 일으킨다. 나와 축구의 관계가 표층에서 한 번 출렁이면, 축구의 내층과 심층에 다다라서는 쓰나미가 되어 큰 파괴력을 가지게 된다. 표층에서는 전혀 인지하지 못한다. 오늘날 한국스포츠의 하늘에는 회색빛 미세먼지층이 점차 두터

워지고 있다. 스포츠 숨쉬기를 어렵게 만드는 이 희뿌연 하늘의 정체는, 마치 장마 뒤 작은 강들에 실려 내려와 서해 바닷가에 몰리듯 쌓인 쓰레기 더미처럼, 우리 각자가 개인적 수준에서 벌인 자그만 일들이 내가 사랑하는 그 종목, 나아가 한국 스포츠 전체에까지 영향을 미친 것이 아닌지 돌아볼 일이다.

(2022. 1. 21.)

종·일·벗·삶

나는 체육 분야 직업을 지닌 사람이다. 스포츠 분야라고 해야할까나? 뭐, 체육이든 스포츠든 그리 큰 차이가 있지는 않을 듯하다. 직업 생애의 후반부로 접어든 나는 요즈음 이런 저런 생각들을 한다. 바쁠 적에는 하지 않던 그런 생각이다. 그중 한 가지 — "나와 스포츠의 관계는 무엇인가?" 사람에 따라서, 뜬금없다는 생각이 들 수도 있겠다. 아닌 밤중에 홍두깨 같은 이 질문은 무엇인가? 스포츠 분야에 몸담고 있는 사람으로서, 자신의 수입원이 되어준 스포츠(운동)를 어떻게 생각하는지를 묻는 게다.

여전히 무슨 질문인지 이해되지 않는 이들이 많을듯하다. 그렇지만, 나는 한참동안 생각해왔다. 지난 세월, 띄엄띄엄하게 말이다. 제대 말년인 근자에 좀 더 빈번하고 분명하고 크게 머릿속에서 울려퍼진다. 나는 지난 시간 내 직업의 맥락에서 스포츠(운동)를 어떻게 이해하고 상대하며 취급해왔는가? 내 직업적 삶에서 스포츠는 어떤 위치, 가치를 차지하고 있었는가? 이런 의미로 스스로에게 물어보고 있는 것이다. 체육학자, 스포츠교육연구자, 스포츠애호가 등등의 직업적 생애 속에서 스포츠의 의미는 무엇이었는가?

이런저런 생각을 요모조모로 해보았다. 복잡한 이야기를 간단히 해보겠다. 나는 내 직업적 생활 속에서 스포츠(운동)를 종, 일, 벗, 그리고 삶으로서 대해왔다. 지금도 그렇게 응대해오고 있다. 뻔한 이야기지만, 예상컨대, 앞으로도 그럴 것이다. 지난 수 십 년간 나는 내가 좋아하는, 내게 소중한 스포츠를 하인, 업무, 친구, 인생으로 여기며 상대하고 처리해왔던 것이다. 읽는 분께서는, 두괄식으로 결론만 먼저 이야기하니 이해하기가 쉽지 않은 점, 충분히 이해된다 — 이게 뭔 말이고?

조금 쉬운 부연 설명을 해보자. 내 직업은 스포츠라는 상품을 다루는 일이다. 나는 이 상품을 직접 제작, 생산, 유통, 관리에 관여한다. 내 직함은 대학교수이지만, 탁 까놓고, 다 벗겨놓고 이야기하면, 내가 하는 일은 본질상 역시 이런 일이다. 나는 스포츠에 관련된 학술적 지식을 생산, 유통, 관리하는 전 과정에 관여하는 것이다. 아무튼, 스포츠라는 원 재료가 있으므로 내가 밥을 먹고 살아가는 것임은 명백하다. 나의 생계를 가능토록 해주는 스포츠, 나는 스포츠를 어떻게 이해하고(이해해서) 취급하는 것인가?

먼저, 이해하는 방식에 따라서 그것을 취급하는 양상이 결정될 것이다. 내 질문은 이해에 관련된 것이었고, 그에 대한 답이 바로 종·일·벗·삶이었다. 어떻게 이런 답이 나오게 되었는가? 자신의 직업적 영위를 가능케 하는 중요한 핵심, 또는 개념은, 어떤 분야이든간에, 두 가지 차원에서 이해할 수 있다. 한 차원은 목적—수단의 관계적 관점이다. 상품을 순수하게 목적적으로 이해하는가, 아니면 순전히 수단적으로 이해하는가이다. 다른 차원은 사적—공적 범위의 관점이다. 자기만의 개인적 범위 내에서 관련짓는가, 아니면 타인과의 사회적 범위 내에서 관련짓는가이다.

전자를 Y축에 놓고 후자를 X축에 위치시켜서, 사분면을 구획하고 4개의 박스를 가진 사간표四間表를 만들어보자. 아래 그림 같은 것이다. (오른쪽 윗부분부터 시계반대 방향으로) 1·2·3·4분면의 내용은 각각 벗·삶·일·종이다(종·일·벗·삶은 읽기의 용이함과 기억의 편리함에 따른 표기다. 이하 종·일·벗·삶).

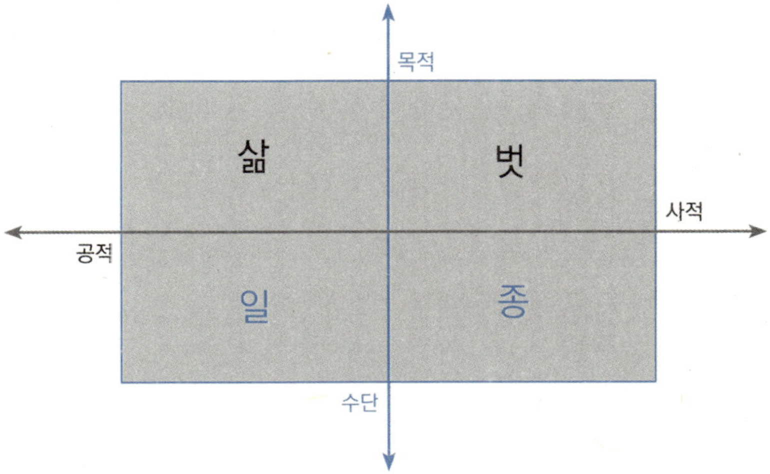

설명의 편의상, 4, 3, 1, 2분면 순으로 살펴보겠다. 먼저, 4, 3분면에서는 모두 스포츠가 수단적으로 취급된다는 공통점이 있다. 제4분면(우하)은 스포츠를 개인적 수준에서 수단적 관점으로 제한하여 취급하는 것이다. 내 직업적 일을 수행하는 데에 있어서, 스포츠는 단순한 물건이나 도구일 뿐이다. 스포츠는 내가 발휘할 줄 아는 운동기술, 잘 하는 시합게임 이상도 이하도 아니다. 그냥 즐거움이나 돈벌이를 위하여 플레이하거나 거래하거나 사용하는 내용물에 불과하다. 스포츠는 내가 부려먹는 종이다. 나의 직무가 완수되도록 이용되는 머슴이다. 내 작업을 대신해서 해주는 노복에 불과하다.

제3분면(좌하)은 스포츠를 사회적 수준에서 수단적 관점으로 이해하며 응하는 것이다. 나는 사회적 서비스를 제공하는 전문가로서 스포츠와 관련되는 임무를 수행한다. 이 일은 우리 사회에서 공적으로 인정받은 분야이며, 사회적 제도의 맥락과 배경 속에서 진행된다. 물론, 나는 일차적으로 생계를 유지하기 위해서 일(전문직)을 한다. 일을 해야만 보수가 생기며 그것을 가지고 생존을 지속할 수 있게 된다. 일은 생업인 것이다. 일은 나에게 수단적 관계 속에 있지만, 공적인 차원에서 진행되기 때문에 내 멋대로 내 식대로만 할 수는 없다.

반면에, 1, 2분면에서는 모두 스포츠를 목적적으로 우대한다. 스포츠가 다른 무엇을 성취하기 위한 도구나 수단으로서만 취급되는 것을 넘어서, 하나의 독립된 총체로서 인정받는 것이다. 제1분면(우상)은 스포츠를 개인적 수준에서 목적적 관점으로 대우한다. 나는 내가 좋아하는 스포츠(야구 등)를 나의 친구로서 사랑한다. 친구는 나와 주종적 사이나 사무적 관계가 아니다. 친구는 나와 동급이다. 나의 분신이다. 평생을 함께 하는 우정의 반려자다. 허물없는 사이면서도 서로 존중해주는 관계이기도 하다. 함부로 대하지 않으며 물건처럼 취급하지도 않는다. 나만큼이나(때론 나보다 더) 소중한 존재가 바로 벗이다. 직업적 나에게 있어 스포츠는 그런 존재다.

제2분면(좌상)은 스포츠를 공공적 수준에서 목적적 관점으로 바라본다. 스포츠는 내 삶의 일부분이다. 나를 규정하는 나의 한부분이다. 내가 사랑하는 스포츠는 바로 나다. 그리고 나의 삶이다. 나의 생활과 삶 속에서 스포츠는 그만큼 소중한 존재다. 일에 불과하고 사무적 처리로만 상대하는 대상이 아니다. 스포츠를 종, 노비로 대하는 것은 있을 수 없는 일이다. 스포츠는 벗만큼 소중하고 친구 이상이며, 바로 나 자신과 동급으로 간주하고, 나의 삶을 평생 함께 하는 존재다. 스포츠가 내 삶이므로, 최선을 다해 온전한 스포츠를 펼친다.

이런 생각은, 갑작스러운 것은 둘째 치고, 황당하기까지 한 아이디어다. 스포츠를 의인화하는 것은 지나친 비약 아닌가? 그저 오락이나 놀이에 불과한 운동(수영, 배구, 육상 등)인데, 왜 이렇게 살아있는 존재처럼 생각해야 하는가? 이런 생각은 갑작스러울 것도 황당할 것도 없다. 서양이든 동양이든 "장인"들은 자기가 하는 일을 이런 식으로 생각했다. 하찮은 기예나 작업을 넘어서는 대상으로서. "장인정신"은 바로 이렇게 자기 일을 이해하는 것이다. 현대에 와서는 이것이 "프로정신"의 형태로 탈바꿈하였다. 일의 모습만 강조된 결과다.

스포츠를 이렇게 여러 모습으로 이해하는 것의 중요성은 명백하다. 각각의 모습으로 이해된 스포츠를 한 번 상상해보자. 일상에서 우리가 이 각각을 수식하는 표현은 이렇다 — 종을 부린다, 일을 처리한다, 벗을 사귄다, 삶을 산다. 자, 각각의 방식으로 우리가 스포츠를 다룰 적에 어떤 방식과 태도를 취할 것인지는 불을 보듯 뻔하다. 눈에 선하다. 내가 어떻게 스포츠를 종으로 부릴 것인지, 일로 처리할 것인지, 벗으로 사귈 것인지, 삶으로 살아낼 것인지 말이다 (그냥 각각 나열과 함께, 종/벗, 또는 일/삶의 두 그룹으로 묶어 대비시켜도 보라).

물론, 우리는, 어린 아이가 아닌 이상, 잘 알고 있다. 모든 이들이 주구장창 평생 어느 한 가지 방식으로만 스포츠를 대하지 않는다. 시기와 상황, 때와 의도에 따라서 이 4가지 모습들 전체로 스포츠를 대하며 다룬다. 이해의 수준, 역량의 정도, 가치의 경중에 따라서 그때그때 적절하게 처신하려고 노력한다. 하지만 분명히 그런 면이 있기는 해도, 내가 경험해온 현실은 이와는 사뭇 다르다. 직업적 재료로서 스포츠(운동)를 도구적, 수단적으로 간주하는 스포츠전문인들이 다수, 주류, 일반이 되어가고 있다. 나는 이 점이 우려되고 안타깝다.

한 편으로는 체육전문인과 스포츠의 이같은 다양한 관계맺음을 배운 적이 없어서, 모르기 때문에 그럴 것이다. 또 한 편으로는, 매일매일 발등의 불을 꺼야 하는, 목구멍이 포도청인 체육관련된 직업을 지닌 사람으로서는 벗과 삶으로서의 스포츠를 사귀며 살아내는 여유가 허락되지 않기 때문이다. 취미와 직업의 차이를 한 번 떠올려보라. 그러나 이런 상황은 우리만 겪는 것은 아니다. 생활의 영역에서 하루하루를 견뎌내며 생계를 영위해야 하는 모든 직업인들에는 다 같이 닥치는 일이다("금강산도 식후경" 속담의 이면에는 이런 의미도 있다).

"종과 일"로서의 스포츠 이해는 따로 배우지 않아도 일상과 훈련과 시합 속에서 절절히 깨닫게 된다. 하지만, "벗과 삶"으로서의 이해는 특별히 교육받아야만 한다. 체계적이고 지속적인 스포츠교육이 절실히 요구된다. 스포츠훈련만으로는 습득되기 어려운 관점이자 가치다. 스포츠교육이라는 스페셜한 조처가 필수적이다. 어떤 종류의 스포츠교육이 필요한가? 종을 잘 부리기 위해서는 현장체험만 있으면 된다. 일을 잘 처리하기 위해서는 스포츠과학이나 경영 등 전문지식이 요구된다.

벗을 잘 사귀고, 삶을 잘 살기 위해서는 인문적 지혜와 서사적 체험이 기본이다. 축구, 농구, 배구, 수영, 육상, 스키, 자전거 등 스포츠를 벗으로 삼고, 삶으로 살기 위해서는 스포츠를 익히고 행할 적에 스포츠 시, 소설, 연극, 영화, 회화, 조각, 노래, 연주, 공연, 신앙, 기도 등이 함께 배워져야 한다. 문학, 예술, 종교, 역사, 철학 등 스포츠를 소재로 하는 인문적 지혜와 체험이 함께 주어져야만, 종을 부리고 일을 처리하는 와중에도 분명한 인식과 의도 속에서, 여전히 벗으로 대하며 삶으로 여길 수 있는 마음과 태도, 습관과 습성이 형성된다.

나는 이러한 마음과 태도와 습성과 습관을 "스포츠 리터러시"라고 부른다. 체육직업인으로서 내가 갖추고자 한 것은 바로, 스포츠 리터러시다. 나는 스포츠 리터러시를 제대로 구비함으로써, 내가 사랑하는 스포츠를 종·일·벗·삶으로 온전히 구가하고 구현하려고 한다. 스포츠 리터러시는 제대로 일하며 살아감에 있어 필수불가결한 실천적 지혜, 즉 중용中庸과 시중時中의 역량이다. 스포츠 리터러시를 위한 스포츠교육의 핵심내용은 스포츠인문학과 인문적 스포츠다. 이제, "나에게 스포츠는 무엇인가?"를 물어야할 시간이다.

(2023. 2. 10.)

목적이 이끄는 코칭

얼마 전 저녁 야참으로 치킨을 시켜 먹었다. 예상하듯, 배달 주문할 때는 같이 먹는 이들의 다른 입맛 취향이 항상 문제다. 대개 타협의 지혜를 발휘하는 것이 일반적이다. “양념 반, 후라이드 반” 5:5 양분계의 절충안으로 합의에 이른다. “반반”의 균형으로 문제를 해결한다. 우리가 누군가? 짬뽕이냐 짜장면이냐의 실존적 난제를 “짬짜면”이라는 “한 그릇, 두 메뉴”의 독창성으로 해결한 국민들 아닌가. 치킨 문제도 “1 주문, 2 메뉴”의 양시론兩是論으로 정리한 것이다.

여기 반반의 창의력이 요긴한 곳이 또 있다. 청소년 스포츠 코칭의 영역이다. 청소년을 지도하는 코치들은 (대개) 딜레마에 놓여있다. 스포츠 선수로서 운동기량이 알파요 오메가이지만, 아직 자라나는 십 대의 아이들이기 때문에, 사람으로서의 자라남도 함께 중요시되기 때문이다. 승리와 우승의 측면, 그리고 인성과 품성의 측면이 함께 고려되는 스포츠 코칭을 고민해야 한다. 간단히 말하여,

"선수냐 사람이냐"의 선택의 기로에 놓이는 상황 속에 거주한다는 것이다.

물론, 농구나 축구나 수영 등 스포츠 종목의 기술을 지도하는 코치가 선수의 사람됨 교육까지 맡아야 한다는 생각에 모두가 동의하는 것은 아니다. 특히 현장의 코치들은 그 두 가지 막중한 일을 모두 떠맡는 것에 대해서 적극적이지 않은 것이 현실이다. 우승과 승리를 위한 훈련과 시합도 힘겨운 과업인데, 인성과 성품을 어찌 도맡아서 기를 것인가? 이것은 가정과 부모, 그리고 학교의 몫이라는 의견이 일반적이다.

일견 맞는 말이고, 완전히 틀리지는 않은 생각이다. 코치의 제 일차적 임무는 선수들로 하여금 운동기량을 높여 시합에서 이기도록 만드는 일이다. 특히 우리나라에서는 엘리트 선수들의 진학과 진로까지도 연계되어있어서, 코치로서는 우승의 횟수와 종류가 더욱 급한 불이다. 이점은 학부모와 선수, 그리고 관계하는 학교와 협회의 행정가들도 모두 묵묵히 인정하는 사실이다.

사정이 이렇지만, 동양 사회에서 자라고 운동하고 일하는 코치들은 당연히, 아이들의 인성적 측면도 완전히 배제하지는 못한다. 다만, 현실이 현실인 만큼, 매일 매일의 일과 속에서는 기량과 인성을 (예를 들어) 8:2 또는 9:1로 배분하여 팀을 운영하고 선수를 지도하지 않을 수 없다는 입장이다. "선수 키우기"와 "사람 기르기" 각각의 비율을 (최소) 5:5로 삼는 것은, 이상적이며 비현실적이라는 말이다.

목구멍이 포도청이란 옛말대로, 우승이 통행증인 (스포츠) 세상에서 살기 때문이다.

그렇기는 해도, 스포츠 코치들 중에는 여전히 사람 기르기의 측면이 중요하며, 청소년 스포츠에서는 이 측면이 더욱 강조되어야 함을 이야기하는 이들도 많다. 동서양을 막론하고, 자라나는 아이들은, 엘리트 스포츠이던 생활 스포츠이던 관계없이, 일상적 생활을 영위하는 성인으로서 필요한 기초 자질, 특히 성품적 측면에서의 정상적 발달이 절대적으로 필요함을 강조한다. 우승지향적, 승리제일주의적 운동기량 높이기는 그것에 부정적 작용을 가할 가능성이 높음을 우려한다.

내가 보기에, 청소년 스포츠 코칭에서 선수 키우기와 사람 기르기는 반드시 함께 진행되어야만 한다. 굳이 그 비중을 이야기하라면, 나는 5:5 즉 반:반의 비율을 견지할 것을 주장한다. 당연히, 내가 말하는 "반반"이라는 것은 비유적 표현이다. 분량적으로, 또는 시간적으로 기술 훈련과 인성 교육을 50대50으로 나누어 가르치라는 말이 아니다. 둘 중 한 편으로 편향되지 않도록, 어느 것에도 소홀하지 않도록 애쓰라는 말이다. 그만큼 이 둘은 청소년 스포츠 코칭에 있어서 필수적이기 때문이다.

그런데, 사실, 이 두 가지가 실제에 있어서 서로 다른 일이 아니다. 이 둘을 서로 다른 성격의 활동으로 생각하기 때문에, 같은 때에 실행하기 어려운 일로 간주하는 것이다. 청소년 스포츠 코칭에서 선수 키우기(기량향상)와 사람 기르기(자아성숙)는 한 가지 통로를 경유해서 이루어진다. 그것은 운동 가르치고 배우기, 즉 스포츠 코칭이다. 코치 입장에서는 축구 가르치기를 통해서, 선수 입장에서는 축구 배우기를 통해서 기량도 높이고 인성도 넓히는 것이다.

선수 키우기와 사람 기르기는 단 하나의 활동, 즉 그 종목의 코칭을 통해서 동시에 함께 이루어진다. 이것이 정상적이며 올바른 방식이다. 코치는 그것이 한 번에 진행되도록 최선의 노력을 기울여야 한다. 사람의 심성은 실천을 통해서, 생활을 통해서 매일 매일, 반복적으로 습관적으로 실행함으로써 성숙한다. 이것은 아리스토텔레스를 필두로, 모든 덕 교육자들이 갈파하고 확인한 바다. 운동선수가 매일, 가장 많이, 가장 오랫동안 하는 것은 무엇인가? 자기 운동의 연습과 시합이지 않은가?

그러니, 운동선수의 심성(자아)은 기량을 향상하는 과정 중에, 그 속에서 길러지는 것이 현실이며, 사실이다. 운동과는 상관없는 내용을 배우는 교실에서 또는 집에서 길러지는 것이 아니다(이런 부분이 전혀 없다고 할 수 없지만, 본격적인 운동을 하게 되면 그 영향이 매우 축소되거나 사라지는 것은 분명하다). 운동부의 가장 어른인 코치나 감독, 그리고 선배, 동료와의 운동 훈련과 운동 생활 과정 중에서 보고 듣고 겪는 모든 것들이 바로 사람 기르기의 자양분으로서 작용한다.

이를 위해서 무슨 특별난 코칭방법론을 시전示展해야만 하는가? 청소년 스포츠 코칭의 세계에는 그런 아이디어들이 난무한다. 실제로 넘쳐흐른다. 그런데 현장의 상황은 점점 더 난감해지는 것이 현실이다. 문제가 해결, 또는 감소되기 보다는, 악화되고 증가되어가고 있는 실정이다. 효과를 보거나 신뢰를 얻는 코칭 방법들도 있으나, 항시적이고 전면적인 약효를 발휘하지는 못한다. 소규모적이거나 국지적일 뿐이다. 코칭의 두통을 말끔히 없애는 스포츠 타이레놀은 아직 개발되지 않았다.

결국, 문제는 코치 스스로가 개인적으로 해결해야만 할 뿐이다. 내가 맡은 선수아이들을 대상으로 나의 코칭방식으로 사람 기르기와 선수 키우기를 성취시켜 내야만 하는 것이다. 나라고 무슨 특별한 방도가 있겠는가? 나로서도 대단한 묘수를 지니고 있지 않다. 다만, 한 가지 코치들에게 주지시키고 싶은 것이 없지 않다. 그것은 자기가 가르치는 스포츠를 "호울 스포츠whole sport"의 관점에서 바라보고 이해하며 지도해야 한다는 점이다("호울"에는 기와 도, 기술과 정신의 통합이 가정되어있다).

나의 스포츠, 즉 나의 축구, 야구, 수영, 테니스, 육상, 체조 등은 그냥 운동기술 모음덩어리에 그치지 않는다. 나의 스포츠는 하나의 오래된 실천 전통이며 커다란 문화 세계다. 이 안에는 그 운동을 지금까지 가꾸어 온 사람들의 집합적 가치 체계와 행동 양식이 다양하게 응축되어 들어있다. 선수가 된다는 것은 그 가치 체계와 행동 양식에 입문하는 것, 발을 들여 놓는다는 것을 의미한다. 우리 아이들은, 한마디로, 축구인, 야구인, 수영인, 테니스인, 육상인, 체조인이 되는 것이다.

"스포츠인"이 된다는 말은, 종목의 기술만이 아니라, 그 종목에서 가치 있게 여겨지는 생각, 태도, 행실을 모두 몸과 마음속에 녹여 지니게 되었다는 것을 의미한다. 축구인이 된다는 말은, 축구의 기술과 정신이 선수의 피가 되고 살이 되는 상태, 즉 내면화되어간다는 말이다. 스포츠코치인 나는 선수아이들에게 "스킬 스포츠skill sport" 이상을 지도하는 것이다. 축구라는 문화 세계로 안내해서 들여보내는 일을 하는 게다. 일차적이고 표층적으로는 운동을 기능적으로 잘 하도록 가르치지만, 본질적이고 심층적으로는 그 운동이 추구하는 삶의 양식 속으로 인도하는 중인 것이다. 이 두 가지 과정은 동시에 벌어진다. 가시적인 측면에서는 전자만 두드러지는 것이 현실이지만 말이다.

호울 스포츠로서 코칭 해야만 선수 키우기와 사람 기르기가 같은 때에 진행될 수 있다. 호울 스포츠는 참된 스포츠다. 그 종목의 진선미가 온전히 담겨진 스포츠다. 호울 축구, 호울 수영, 호울 테니스, 호울 체조 등등. 한 번 입으로 여러 번 되뇌어보라. 그리고 축구의 진선미, 테니스의 진선미 등이 어떤 것인지 떠올려보라. 어려울 것이다. 이런 것을 코칭 받은 적이 거의 없기 때문이다. 운동기량에 더해서, 기껏해야 스포츠맨십이니 기본예절이니 지칭하는 것들만 배웠기 때문이다.

축구의 진선미는 축구(의 모든 것)를 다룬 소설, 자서전, 시, 회화, 영화, 사진, 조각, 노래, 연주, 건축, 패션 등의 작품들을 축구하기와 같이 체험함으로써 발견할 수 있다. 이 작품들은 호울 축구, 온전한 축구 안에 담겨진 참됨, 바름, 아름다움을 선수아이들이 스스로 맛보고 느낄 수 있도록 만들어준다. 선수아이들은 슛과 드리블과 패스 같은 운동 기량의 반복적 숙달과 경쟁적 시합의 와중에서, 참되고 바르고 아름다운 축구를 펼쳐내고 싶은 마음의 바탕을 가다듬게 된다. 멋진 축구에 대한 자신의 판단과 의지와 정서가 길러지게 된다. 그에 걸맞는 행동과 행실을 갖추려고 노력하게 된다.

한 때 『목적이 이끄는 삶』이라는 초베스트셀러가 있었다. 그 제목을 차용하여 "목적이 이끄는 코칭"이라고 불러본다. 내가 따르는 목적이 이끄는 청소년 스포츠 코칭은 "호울 코칭"이다. 호울 스포츠로 얻고자 하는 목적은 기량과 심성, 둘 모두이다. 기량 향상 또는 자아 성숙, 어느 하나만이 아니다. 코칭은 트레이닝이면서 교육이다. 청소년 스포츠 코칭에서 이점에 예외는 없다. 호울 코칭은 선수 키우기와 사람 기르기를 동시에 희망하는 일석이조의 코칭이다. 선수 육성과 사람 교육을 하나의 코칭에서 모두 도모하는 문질빈빈의 코칭이다. 양념 반, 후라이드 반의 실천적 지혜를 좇는 반&반의 코칭이다.

(2023. 7. 17.)

제 2 부

스포츠 리터러시

세 번째 리터러시

디지털 리터러시와 스포츠 리터러시

운동맹이란 무엇인가

운동 즐기기

필로스포터, 애체자?

애체자의 교육

세 번째 리터러시

요즘 거실의 주인공은 단연코 스포츠다. 좌우 양쪽으로 꽉 차 있다. 좌 게임, 우 예능이다. 한편에는 국내 프로스포츠, 영국 프리미어리그, 미국 프로야구 등 오랜 안방마님이 자리를 차지하고 있고, 다른 한편에는 골신강림, 골 때리는 그녀들, 축구 야구 말구, 뭉쳐야 찬다 등 새로운 손님들이 시청자의 볼거리를 위해 스포츠예능으로 자리잡고 있다. 축구, 골프, 야구 등의 인기 종목을 소재로 연예인이나 스포츠 스타들은 물론, 올림픽 스타들을 초대하여 국민을 바보상자 앞에 붙잡아두고 있다.

코로나19로 밖에서 여가를 즐기거나 직접 스포츠를 할 기회가 급격히 줄고 재택시간이 길어진 탓이 크다. 아무튼, 스포츠 예능 전성시대가 열린 것은 분명하다. 스포츠 게임은 승부를 겨루며 팽팽한 긴장감을 즐길 수 있도록 해주며, 스포츠 예능은 스타들의 실수를 지켜보며 즐거운 웃음을 선사해준다. 긴장과 여유의 양 극점을 왕복하면서 오락의 최대치를 경험할 수 있도록 해준다.

한마디로, 국민의 "스포츠 리터러시"가 높아진다고 말할 수 있다. 좋은 징후다. 선진국의 징표다. 스포츠 리터러시Sport Literacy는 "신체활동(스포츠, 운동)을 잘 하고, 잘 알고, 잘 느낄 수 있는 자질"을 말한다. 전 세계인이 인정하다시피, 스포츠는 이제 현대인의 필수능력(또는 자질)이 되었다. 스포츠라고 불리는 유희적 신체활동을 할 수 있는지 없는지에 따라, 문화자본을 얻는 사람도, 그렇지 않은 사람도 생겨난다. 그리고 그에 따른 사회적 이득과 혜택을 득하거나 실하게 된다. 최근에는 "스포츠자본Sporting Capital"이라는 보다 구체적인 개념을 주장하며 실증적 증명을 해나가고 있는 연구자 그룹도 있다.

나는 스포츠 리터러시를 세 번째 리터러시로 간주한다. 현대를 살아가는 우리에겐 3대 리터러시가 필수적이다. 첫 번째는 문해력으로서의 리터러시literacy이며, 두 번째는 수리력으로서의 뉴머러시numeracy, numeral literacy다. 세 번째는 방금 언급한 "스포러시sporacy"다. 현대인으로서 신체활동, 운동, 스포츠를 할 줄 모르면, 그는 운동맹運動盲으로 취급받는다. 글자를 모르는 문맹이나 숫자에 깜깜한 수맹과 같이 생활과 일에서 어려움을 겪게 된다. 운동맹은 선진국일수록 적다. 운동하기가 읽고 쓰기나 셈하기처럼 반드시 갖추어야 하는 기본기능에 속하기 때문이다. 국가에서 국민복지와 기초교육 차원에서, 그리고 국민들 스스로 문화와 생활 차원에서 적극적으로 마련한다. 나는 21세기의 새로운 3R의 하나로 스포츠를 주장한다. 그것들은 wRiting, aRithmatic, spoRting이다. 리터러시, 뉴머러시, 스포러시가 3대 리터러시인 이유다. 각각 읽고 쓰기, 셈하기, 운동하기다.

리터러시, 뉴머러시, 스포러시는 낮은 수준의 경우 각각 문자력, 계산력, 운동력으로 부를 수 있다. 그냥 단순한 수준에서 글자를 읽고 쓰는 기능, 계산을 하고 돈을 세는 기능, 운동 기능을 구사하는 기술 등의 수준이다. 그런데, 이보다 높은 수준의 경우는 문해력, 수리력, (운동)향유력이라고 부른다. 나는 수준 있는 스포러시를 "향유력享有力"이라고 부른다. 운동동작을 수행하거나 스포츠 경기를 실행하는 것을 포함하여, 유희적 신체활동을 다양하게 즐길 수 있는 자질과 능력을 동시에 표현하는 말이다. 내가 지금 하려는 말은, 지금 안방의 스포츠 열기는 한국 국민으로 하여금 향유력보다는 운동력(경기력)으로서의 스포츠 리터러시를 길러준다는 것이다. 안보다 밖, 속보다 겉에 주목하면서 말이다.

물론, 겉과 밖이 중요하지 않은 것은 아니다. 하지만 그게 전체이자 전부, 그리고 전모全貌가 아님을 분명히 인지하는 것은 매우 중요하다. 화씨지벽和氏之璧의 고사를 언급하지 않아도 될 것이다. 좋은 것의 더 좋은 차원을 깨닫고, 그 차원을 획득하도록 노력하는 것은 문명인에게 떨어진 지상명령이다. 표피적으로 좋은 것에 만족하고 마취되어 그것이 전모인 것으로 착각하면, 그 안쪽에 숨겨져 있는 "진짜(참 진짜)"를 발견하지 못하게 되어버린다. 운동력으로는 부족하다. 향유력 수준까지 스포츠 리터러시를 심화시켜야만 한다. 물론, 향유력은 운동력의 안쪽(뒷편)에 숨겨져 있으므로, 운동력을 먼저 만나고 체험해야 하는 것이 현실이며 사실이다. 그러나 운동력을 통달하고 난 이후일 필요는 없다.

스포츠 리터러시의 구성요소는 운동능, 운동지, 운동심이다. 신체활동을(에 대해서) 잘 하고能, 잘 알고智, 잘 느끼는心 기본자질이기 때문이다. 기본자질이므로 "운동소양(능소양, 지소양, 심소양)"이라고 부르기도 한다. 뮤직 리터러시, 사이언스 리터러시 등을 음악소양, 과학소양 등으로 번안하고 있는 것과 같은 맥락이다. 이 자질 또는 소양이 밖으로 드러나서 활성화가 되어 다양하게 발휘될 때는, "운동향유력"이라고 부른다. 동일한 것이 사람의 몸과 마음에 쌓여있을 때는 운동소양으로 불리며, 그것이 신체활동을 하는 것, 읽는 것, 보는 것 등에 적용되어 발휘될 때에는 운동향유력이라고 불려지는 것이다(그리고 이 향유력의 가장 낮은 수준을 운동력이라고 부른다). 운동소양과 운동향유력은 스포츠 리터러시라는 동전의 앞뒷면이다.

운동을 즐기는 것이 운동을 향유하는 것이다. 즐기는 것은 다양한 방식으로 이루어진다. 그것은 하는 것은 물론, 읽기, 쓰기, 보기, 듣기, 말하기, 그리기, 부르기, 모으기, 생각하기, 응원하기 등등 수도 없이 많은 방식으로 이루어진다. 사람들은 각자 자기가 좋아하고 자기에게 적합한 방식으로, 때와 장소와 상황에 맞춰서 스포츠를 즐긴다. 다양한 방식(즉, 능, 지, 심의 모든 방식)으로 즐길 수 있게 되는 것이 바로 스포러시를 높이는 것이 된다. 단순히 운동할 수 있는 운동력을 넘어서, 운동의 모든 차원들을 가능한 다채롭게 맛보고 즐길 수 있도록 되는 것이다. 스포츠 음악, 회화, 조각, 영화, 소설, 시, 칼럼, 에세이, 연극, 건축 등등 우리가 문화라고 부르는 다양한 영역들에 포함되는 방식이 일반적이다.

그래서, 제3의 리터러시로서 스포러시의 개념은 스포츠를 게임이나 운동의 수준이 아니라, 문화의 수준에서 이해하고 실천할 것을 요청한다. 우리 삶과 일 속에서 다양한 방식으로 우리에게 드러나고 체험되는 문화의 양식들로 표현되는 스포츠를 향유할 때에만, 스포츠 리터러시는 운동력을 넘어서는 의미를 가질 수 있다. 문화활동이나 문화현상으로서의 스포츠는 경기나 게임 이상의 모습으로 우리에게 나타난다. 스포츠를 문화의 컨텐츠로 하거나(축구가 영화나 만화의 내용이 된다), 스포츠가 문화의 컨텍스트가 되거나(올림픽 개막식에서 무용공연이 진행된다), 더 나아가 스포츠가 컬쳐 그 자체(미국의 베이스볼은 미국문화 그 자체다)가 된다. 컨텐츠, 컨텍스트, 컬쳐로서의 스포츠는 스포츠 리터러시로서만 향유할 수 있다. 경기력이나 운동력만으로는 가능하지 않다.

최근 휘몰아치는 스포츠 예능의 강풍은 반갑기도 하면서 우려되기도 한다. 스포츠를 오락거리로 더욱 고정시킬 것이 명약관화하다. 오락 자체가 나쁜 것은 아니다. 하지만 스포츠(신체활동, 운동) 자체가 오락거리에 그치지 않는 문화자산이다. 그런데 그동안 우리가 스포츠 경기나 예능 프로그램이 아니라 스포츠 문화 프로그램을 본 적이 있는가? 스포츠작가와의 대화, 스포츠미술전시회 안내, 스포츠 역사 탐방 등등. 게임놀이나 오락거리의 차원을 넘어(뚫고) 스포츠의 문화적 차원을 체험하고 이해하기 위해서는 스포러시가 필수적이다. 그것도 운동력에 불과한 단순 스포러시에서 몇 걸음 더 나아간 운동향유력으로서의 복합 스포러시가 요청된다. 스포츠 예능화를 넘어선 스포츠 문화화가 시급한 시점이다. 방송계와 체육계의 협업, 문화체육관광부의 지원을 촉구한다.

우리 삶에 있어서 스포츠(신체활동과 운동)의 습득은 이제 회피하거나 무시할 수 없다. 현대 생활을 위한 기본 중에서도 가장 중요한 소양이 되어버렸기 때문이다. 정상적인 경우라면 유년기, 소년기를 지나 성년기, 장년기, 노년기로 접어들수록 그 필요성을 더욱 절감하는 기본소양이다. 스포러시는 건강관리, 인간관계, 자기실현 등 그 어떤 것을 위해서도 가장 기초적이고 긍정적인 자질로서 작용한다. 내가, 비록 두서없지만, 이렇게 현대의 3대 리터러시로서 인정해야만 한다고 강변하는 이유다. (후진국형, 20세기형) 3R이 국민기본교육에서 지원되었듯이, (선진국형, 21세기형) 뉴3R도 새로운 국민교육에서 확고히 지원되어져야만 한다.

운동맹(운맹)을 벗어나지 못해서 겪는 손해와 곤란은, 비록 당장 느끼지 못하더라도, 문맹과 수맹의 경우에 버금간다. 한 개인이 자신의 전 인생에서 운동소양을 제대로 갖추지 못할 때, 그가 누릴 수 있는 양질의 삶으로부터 엄청나게 멀어져 있게 될 것이다. 국가나 지역사회는, 비의도적이더라도, 이것을 허용하거나 조장해서는 결코 안된다. 지금부터라도 전 국민의 스포러시 증진을 위한 체계적이고 적극적인 지원이 더욱 강화되어야 한다. 스포러시는 건강, 여가, 행복 등이 최고선으로 인정받는 현대인에게 국가와 사회가 (학교와 생활에서) 반드시 제공해주어야만 하는 국민기초소양이다. 세 번째 리터러시를 주목하자. 스포러시를 함양하자. 경기수행과 오락유희를 넘어 운동향유를 가능케 하는 행복소양을 확보하자.

(2021. 10. 1.)

디지털 리터러시와 스포츠 리터러시

국내 코로나방역이 대폭 완화되었다. 4월 18일 오전 5시부터 마스크 착용을 제외한 사회적 거리두기 방역 조처가 종료되었다. 다중이용시설의 영업시간 제한, 회식 인원 제한, 그리고 행사 및 집회 인원 제한도 사라졌다. 25일부터는 영화관이나 농구장 등 실내 경기장에서의 음식 섭취도 가능하게 된다. 이제 정말로 이 지긋지긋한 2년 1개월만의 사회적 제한에서 풀려나는가 보다. 반갑고도 환영할만한 일이다.

이 제한기간 동안 분명히 깨달은 것이 두 가지 있다. 하나는 "디지털 리터러시digital literacy"의 필요성이다. 디지털 리터러시는 "디지털 플랫폼의 다양한 미디어를 접하면서 명확한 정보를 찾고, 평가하고 조합하는 개인의 역량"을 말한다. 인터넷 플랫폼, 모바일 기기, 그리고 소셜 미디어를 효과적으로 다룰 수 있는 기본 능력이다. 대면 소통과 거래가 막히면서 남녀노소를 막론하고 인터넷을 통한 온라인 교류 능력이 절대적으로 필요하게 되었다. 디지털 테크놀로지를 활용할 수 있는 능력이 없으면 사회생활 자체가 어려워지게 변했다.

다른 하나는 "스포츠 리터러시sport literacy"라는 새로운 개념의 필요성이다. 스포츠 리터러시는 "신체활동을 잘 하고 잘 알며 잘 느끼는 기초 소양"을 말한다. 달리기와 수영을 즐기며, 축구와 농구 경기 응원과 시청을 즐기며, 골프 에세이와 야구 영화를 즐기는 능력을 말한다. 한 마디로, 스포츠를 다양하게 향유할 수 있는 종합적 자질이다. 적극적 활동을 제한한 코로나로 인해서 신체활동을 즐기는 일의 소중함을 뼈 속까지 느꼈다. 또한 하기 이외 다른 방식의 스포츠 즐기기가 이미 주변에 널려있음을 인식하고, 실제로 맛볼 수 있었던 지난 2년이었다.

그런데, 우리 사회는 스포츠를 즐기는 이 중요한 자질을 그리 대수롭지 않게 생각한다. 디지털 리터러시라는 용어는 일반화가 되었으나, 스포츠 리터러시라는 용어는 금시초문이다. 전대미문前代未聞의 신조어다. 반면, 훨씬 더 작은 분야에 불과한 e-sport에 대한 기초 소양을 나타내는 "e-스포츠 리터러시"라는 용어는 상당히 일반화되어가는 중이다. 포털 사이트에서 한 번 스포츠 리터러시로 검색어를 쳐보라. e-스포츠 리터러시만 주르륵 딸려 나온다.

주객전도다. e-스포츠는 일반 스포츠에 비하여 역사나 전통은 물론이고, 대중성이나 일상성에서도 전혀 비교 대상이 못된다. e-스포츠 리터러시라는 용어가 더 먼저 일반화되어가고 있는 것은 정상적인 상황은 아니다. 왜 몸으로 운동하는 스포츠와 글자로 이해하는 리터러시를 하나의 용어로 연결시킬 생각을 전혀 못했던 것일까? 이미 융합을 넘어, 이제는 극과 극의 초융합을 요구하는 시대에 체육전공자들의 상상력과 창의력 부족을 탓할 수밖에 없는 형편이다.

하지만, 코로나가 일깨워주었다. 이제는 스포츠 리터러시가 자기 삶을 보다 풍요롭고 즐겁게 만들기 위해서 필요한 기초 필수 소양이라는 사실을 말이다. 모여서 운동하기를 금지 당함으로써 비만, 우울 등 역효과만 있었던 것은 아니다. 의외의 순효과順效果가 바로 스포츠 다양하게 체험하기다. 스포츠를 읽기(소설, 에세이), 보기(전시, 연극), 듣기(공연, 음악), 그리기(회화, 웹툰) 등 다양한 문화양식으로 새롭게 체험하게 되었다. 체육관과 운동장만이 아니라, 도서관, 박물관, 미술관, 공연장 등에서도 스포츠를 즐겁게 만날 수 있음을 알게 되었다.

스포츠는 음식재료와 같다. 한 가지 조리방식으로만 먹기는 너무도 아깝다. 인류는 다양한 맛을 내도록, 생으로 먹는 것을 넘어 굽기, 삶기, 조리기, 끓이기, 튀기기 등의 요리 방식을 개발해냈다. 개개인의 취향과 기호에 맞출 수 있다. 스포츠 리터러시는 스포츠를 다양한 맛으로 즐길 수 있도록 만드는 조리 능력이다. 그동안 우리는 스포츠를 그냥 시합, 경기의 형태로 생으로 날 것으로만 먹었다. 하는 것(그리고 그것을 시청하는 것)으로만 말이다. 스포츠 리터러시는 우리 각자를 다양한 레시피로 즐거움을 더하는 스포츠 맛집의 스포츠 셰프가 되도록 해준다.

이제 일상을 되찾는 상황이 펼쳐지려하니 스포츠에서도 보복소비의 조짐이 두드러진다. 그동안 못한 운동을 마음껏 실컷 하겠다는 게다. 멈추면 비로소 보인다고 했던가? 코로나가 우리에게 안겨준 새로운 시각인 스포츠 리터러시로 스포츠를 보는 우리 눈은 더욱 다채로워졌다. 스포츠를 흑백(시합)으로 보다가 칼라(문화)로 볼 수 있게 된 것이다. 코로나 제한이 사라지는 지금 보복운동의 생활에만 너무 매몰되지 말고, 스포츠를 문화로서 맛보고 향유하는 새로운 스포츠 일상을 가꾸어 나가자. 스포츠 리터러시는 행복한 삶을 향유하기 위한 필수 자산이다.

(2022. 4. 19.)

운동맹이란 무엇인가

나는 몇 해 전부터 운동맹이란 용어를 만들어 사용하고 있다. 운동소양이 부족한 상태, 결핍된 형편을 나타내기 위해서다. 통상적으로 우리는 "맹盲"이란 표현을 3가지 경우에 적용하여 사용하고 있다. 우선, 신체기능의 결여 상태를 가리킨다. 예를 들어, 맹인이란 앞을 보지 못하는 사람, 즉 시력이 결핍된 사람이다. 전맹全盲과 색맹色盲의 두 상황이 일반적이다. 전자는 시력을 전혀 갖추지 못해서 아무 것도 보지 못하는 상태다. 색맹은 시력은 있으되, 색을 구별하는 시각 기능이 부분적으로 망실된 상태다. 다른 예로, 맛을 분별하지 못하는 "미맹味盲"이 있다. 짜고, 달고, 쓰고, 신 맛을 전혀, 또는 부분적으로 느끼지 못하는 것이다.

다음은, 정신(및 정서) 기능의 부족 상태를 나타낸다. 우리는 글을 읽고 쓰지 못하는 상태를 문맹文盲, 계산을 못하는 이를 수맹數盲이라고 한다. 신체 기능의 불활성화는 대부분 유전적 장애로서 치료나 개선이 어렵다. 반면에, 비활성화된 정신 기능은 교육과 연습을 통해서 개선이 가능하다. 문맹과 수맹은 공부로 완전 치료를 이룰 수 있는 결핍 상태다. 또한, 다른 이의 감정 상태를 파악하지 못하는 감정맹感情盲이 있다. 일종의 정서적 불감증인데, 일례로 코로나로 인한 마스크 착용으로 표정을 통한 상대의 감정 변화나 표현을 제대로 읽지 못하는 상황에 장기간 노출되어 근자에 많이 발생하고 있다.

마지막으로 신체적, 정신적, 그리고 정서적으로 융합된 자질이 유실되거나 결핍된 상태를 가리킨다. 운동맹運動盲은 바로 이런 상태의 대표적인 예다. 운동맹은 단순히 운동을 못하는 상태를 넘어선다(물론, 이렇게 사용해도 문제없다). 운동맹은 "운동소양"이 전혀 없거나 부족한 상태를 나타낸다. 운동소양sport literacy, sporacy, 運動素養은 "신체활동을 잘 하고 잘 알고 잘 느낄 수 있는 자질"을 말한다. 한 사람이 지닌 운동에 관한 지, 덕, 체적 차원의 종합적 자질을 하나로 묶어(뭉쳐) 가리키는 용어다. 그래서 운동소양은 운동능, 운동지, 운동심能, 智, 心의 세 요소로 구성된다.

운동맹의 상태는 매우 복잡하다. 단지 운동능만이 아니라, 운동능지심이 총체적으로 결핍되거나 미달된 상태를 운동맹이라고 지칭한다. 운동맹에는 다양한 갈래와 수준이 있다. 전맹과 색맹에도 정도의 차이와 종류의 차이가 있다. 시각장애에는 전맹, 저시력(약시) 또는 시야각 결손 등이 있다. 색상을 정상적으로 구분하지 못하는 색맹은 색각이상이라고도 부른다. 색상 구분이 불가능한 전색맹이 있으며, 두 가지 이상의 색을 구분하지 못하는 적록색맹이나 황청색맹있다. 그리고 색약으로 불리는 적색약, 녹색약, 청색약이 있다. 이러한 종류와 수준이 서로 다른 상태를 운동맹에도 적용하여 구분해볼 수 있다.

우선, 운동소양은 운동능, 운동지, 운동심의 세 요소로 구성된다. 그리고 결핍의 정도는 완전히 없는 맹盲, 어느 정도 소지한 약弱, 중간 정도 수준의 중中, 많이 지니고 있는 강强, 그리고 질적으로 성숙된 상태의 숙熟으로 분류할 수 있다. 전혀 없는 상태에서 완전히 숙성된 상태까지 양과 질을 모두 고려한 5단계로 나누어서 생각할 수 있다(아래 표 참조).

모든 이에게 있어서 운동능, 운동지, 운동심 각각이 1~5까지의 수준(점수, 단계)으로 존재한다. 능지심 모두를 합친 상태는 3~5(맹), 6~11(약), 12~17(중), 18~23(강), 24~27(숙)의 5개 군으로 분류할 수 있다. 체력등급처럼 운동소양 등급을 나눈다면 이렇게 5개 등급으로 분류가능하다. 운동맹은 첫 단계(3~5점)라고 할 수 있다. 사람에 따라 전맹이나 부분맹일 수 있다. 이런 식으로 이해하면, 사실, 운동맹(부분맹이 아닌 전맹) 상태의 사람은 많지 않음을 알 수 있다. 대부분 운동약 상

	맹 1	약 3	중 5	강 7	숙 9
운동능					
운동지					
운동심					

태라고 볼 수 있다. 운동능이 부족하다고 운동맹이나 운동약이라고 불리지 않아도 된다. 운동능이 맹이나 약 수준이지만(능맹, 지맹, 심맹 또는 능약, 지약, 심약), 운동지나 운동심을 높임으로써 얼마든지 운동맹과 운동약을 벗어나서 운동중, 운동강의 수준(능중, 지중, 심중 또는 능강, 지강, 심강)에의 도달을 기약할 수 있다.

약식으로 설명한 이 표는 운동소양이 다양한 수준으로 단계적 상태로 길러질 수 있음을 알려준다. 또한 운동맹이라는 것이 육체적 능력, 신체적 기량만을 고려한 결핍증이 아님을 명확히 이해하는데 도움이 된다. 운동맹은 문맹이나 수맹처럼, 현대사회를 사는데 반드시 벗어나야 하는 병증이다. 스포츠자본sporting capital이라는 개념도 있듯이, 운동소양은 한 사람이 지닌 무형의 자본으로 당사자의 삶에 매우 유용한 역할을 한다. 운동소양이 높으면 인생을 행복한 방향으로 이끌어가는 데에 큰 도움이 된다. 잘 하는 것은 물론이고, 잘 알고 잘 느끼는 자질도 삶을 풍요롭게 만들어준다. 이제부터라도, 운동맹과 운동약을 탈출하자. 운동중의 상태를 넘어 운동강과 운동숙으로 나아가자! 어떻게? 스포츠교육으로, 스포츠 리터러시 교육으로!

(2022. 6. 22.)

운동 즐기기

이리저리 흩어져있는 자그마한 생각들을 주섬주섬 모아 적어본다. 이런 이야기를 큰 부담 없이 (아무렇게나?) 쓸 수 있는 연배에 이른 듯하다. 체육을 배우는 이유는 무엇인가? 무엇 때문에 체육을 할 수 있게 되기를 원하는가? 그것도, (아주) 잘 하기를 간구하는가? 이런 것에 관한 생각과 이야기다. 이 일에 체육이 무엇인가에 대한 복잡한 정의, 학술적 개념 같은 것은 불필요하다. 체육은 운동이며 스포츠를 배우는 일이다. 그런데, 그 신체활동은 도대체 왜 배우는가?

이에 대한 답은 차고 넘친다. 건강 증진을 위해, 비만 탈출을 위해, 인성 함양을 위해, 스트레스 해소를 위해, 몸짱이 되기 위해, 특정 그룹의 멤버가 되기 위해, 심지어는 뇌기능을 활성화시키기 위해 우리는 체육을 배우고 행한다. 한마디로, 온갖 것을 위해서 한다. 가히, 만병통치에 가까운 효과를 내는 현대판 비약秘藥이다. 진시황이 그리 바라던 생명연장 불로장생의 효과까지는 아직 확인되지 않았지만 말이다.

이미 정리된 대화판에 나도 한 마디 거들겠다. 체육 분야에 정식 입문한지 40년, 스포츠를 교육하는 것에 관한 연구와 실천을 개업한지 30년이 되었다. 그러니 어느 정도 자격은 갖춘 듯하다. 뭐, 세속 나이도 이제 이순이고. 과학적이고 학술적인 그런 대답말고, 한 어른으로서 평이한, 하지만 크게 잘 못되지는 않은 그런 내용과 방식으로 말이다. 최상의 깨우침은 평범한 모습을 한다고 들었다.

자, 체육을 배우는 이유는 무엇인가? 무엇 때문에 체육을 하는가? 내가 들어 전하는 한 소식은 바로 이것이다. "운동을 즐길 수 있게 되려고 배운다." 조금 가다듬어 표현하면, "운동을 향유할 수 있게 되려고 배운다"고 할 수 있다. 그렇다. 운동을 즐길 수 있게 된다, 체육을 배우게 되면. 체육을 배우면 운동을 잘 하고, 잘 알고, 잘 느끼게 된다. 이것이 내가 지난 동안 깨우치고 요약한 내용이다. 체육은 운동 즐기기다. 운동 즐기기를 위하여 체육을 배우며 체육을 한다.

"운동 즐기기(스포츠 즐기기)". 많이 실망스럽고, 또 한심한 깨우침이 아닐 수 없다. 이런 말은 누구라도 할 수 있는 것이다. 사실, 일반인들은 이 질문에 대게 이렇게 답하지 않을까? 사람은 그것이 재미있기 때문에, 또한 재미를 느끼기 위해서 운동(스포츠, 놀이, 댄스, 엑서사이즈 등)을 하는 것이다. 즉, 운동을 즐기기 위해서다. 그 구체적 즐김은 하기, 알기, 느끼기로 대표되고 말이다. 기능적으로 잘 하고, 지식적으로 잘 알고, 감정적으로 잘 느낄 수 있는 것, 즉 향유享有하기다.

"즐기기" 또는 "향유하기"는 어떤 것을 수행하는 가장 최고의 방식과 상태를 표현하는 단어다. 이 두 표현은 그 행위 당사자가 어떤 활동의 내재적 가치를 구현할 때, 맛볼 때를 묘사하는 가장 적합한 표현이다. 우리가 흔히들 말하는 "몰입 상태flow, 또는 in the zone"는 바로 제대로 "즐기는 상태"다. 참으로 "향유하는 상태"다. 즐기고 향유하는 방식에는 제한이 없다. 그 통로도 원칙상 무한하다. 하는 것과 아는 것과 느끼는 것으로, 그리고 시각과 청각과 촉각과 후각과 미각으로도.

제대로 즐기는 것과 제대로 못 즐기는 것에 대한 구별도 흐려졌다(구별이 의미 없어졌다). 무엇이 올바른 즐김이고 무엇이 올바르지 않은 즐김인가? 그것은 누가 어떤 근거로 결정하는가? 나이듦의 연륜이 가져다 준 지혜다. 시시비비가 흑백화 되지 않는 것, 만사원융이 몸과 마음에 스며들어 이사무애와 사사무애가 이것저것에서 찾아지는 것이다. 무슨 큰 도를 트게 된 것도, 한 소식 크게 든 것도 아니다. 오랫동안 체육을 진심으로 사랑하고 제대로 알기를 간구하다 보니 조약돌만한 깨우침을 건진 게다.

이제는 스포츠교육(체육)에 관한 내 모든 생각이 이 작은 명제로부터 일어난다. 남녀노소 모든 이들이 운동을 즐길 수 있게 하는 것이 스포츠교육의 목적이다. 체육(스포츠교육)의 목적은 신체활동을 즐길 수 있도록, 그 경험이 자기 성장이 될 수 있도록, 그래서 모두 함께 행복한 삶을 살 수 있도록 하는 것이다. 그 시작, 출발점이 바로 "신체활동 즐기기(운동향유)"다. 그리고 운동을 즐기는 방식(능향유, 지향유, 심향유)에는 제한과 한계가 없다. 어떠한 방식으로도 가능하다.

"한 알의 모래 속에서 세계를 보라. 한 송이 들꽃 안에서 천국을 보라. 그대 손 안에서 무한을 움켜쥐라. 한 순간 속에서 영원을 잡아내라"고 윌리엄 블레이크는 힌트를 주었다. 세계와 천국과 무한과 영원은 다른 곳이 아니라 모래와 들꽃과 손안과 순간 속에 존재한다. 이상의 것은 현실의 것 안에 있다. 가장 큰 것은 가장 작은 것 속에 존재한다. 지고의 행복은 하찮은 운동 안에 있다. 운동 즐기기가 인생 즐기기다. 인생을 즐기는 최고의 방법은, 운동을 즐기는 것이다. 물어본다, 당신은 운동을 어떻게, 얼마나 즐기고 계십니까?

(2022. 9. 21.)

필로스포터, 애체자?

"*Philosophos*(필로소포스)"라는 단어가 있다. 그리스어다. "지혜를 사랑하는 이"라는 뜻을 지니고 있다. 각각 사랑과 지혜를 의미하는 philos과 sophia를 합치고, "~하는 사람"이라는 뜻의 "~os"를 붙여서 만든 글자다. 우리가 영어로 잘 아는 "philosopher"다. 사전적 정의에 따르면 "철학자哲學者"라고 옮기겠지만, 그러면 너무 무겁고 가까이 하기 어려운 단어가 된다. 원래 뜻대로, "지혜를 사랑하는 사람"으로 이해하는 것이 훨씬 덜 부담스럽다. 그래서 "애지자愛智者"라고 옮겨지기도 한다. 철학자는 결국, 참된 지식, 올바른 지혜를 추구하는 이가 아니던가?

나는 개인적으로 애지자라는 단어를 좀 더 선호한다. 말했듯이, 덜 전문적이고 덜 딱딱하고 덜 현학적이다. 더 친근하고 더 부드럽고 더 일상적이다. 참된 지혜(또는 올바른 지식)을 좋아하고 사모하는 이로서의 "필로소퍼"는 바람직한 어른상의 한 가지 특징을 확인시켜준다. 자고로 어른이란, 아니 정상적인 성인이나 사회인이라면, 올바른 지식을 추구하는 것을 그 기본 자질의 하나로 삼아야 한다. 소위 말하는 "철든 사람"이어야 하는 것이다. 항간에 널리 퍼진, 활동적이지 않아 비쩍 마른 외양의 창백한 얼굴색을 가진 사색인의 이미지는 가당치 않다. 애지자의 이같은 이미지는 터무니없는 오해요 편견이다.

나는 체육을 사모하는 사람이다. 신체활동을 좋아하며 신체를 소중히 하는 이다. 나는 스스로를 뭐라고 부를 수 있을까? 안성맞춤의 우리말이든 있어 보이는 멋진 외국어든 말이다. 일단, 체육, 신체활동, 신체를 사랑하는 사람이라는 뜻으로 단어를 찾아보자. 서적과 사전을 뒤져보았지만, 잘 찾아지지가 않는다. 내가 가진 재주 중 하나는, 주변 분들이 잘 알고 있듯이, 새 단어를 만들어내는 것이다(물론, 뛰어난 수준의 재주는 아니다). 나는 "애체자"라고 이름을 붙였다. "愛體者"라고 말이다. 신체, 신체활동, 신체활동문화를 좋아하는 사람이라는 한자어다. 간명하게 "스포츠를 좋아하는 사람"이라고 하자.

지혜를 사랑하는 사람을 애지자라고 부른 것에서 착안한 게다. 그러니 스포츠를 사랑하는 사람은 애체자라고 불러도 무방할 것이다. 나는 애체자다. 다음 순서로, 이런 의미를 잘 표현해낼 수 있는 영어단어를 훑어보았다. 그런데, 없다. "스포츠맨, 스포츠우먼, 또는 스포츠퍼슨"을 떠올렸지만, 그다지 마음에 쏙 와 닿지는 않았다. 그래서, 새 단어를 만들어 보았다. 역시 필로소퍼를 참고하였다. 스포츠를 사랑하는 사람이라는 뜻을 담아내는 "philos + sporter"라고 말이다. "필로스포터*philosporter*"라고 읽을 수 있겠다. 스포츠를 사랑하는 이는 애체자요 필로스포터다(sporter는 잘 쓰이지는 않지만 사전에는 있는 단어다).

"체육인"이라고도 할 수 있겠지만, 통상적으로 이 용어는 경기인, 선수출신들에게 국한되어 붙이는 명칭이다. (45년 전 초등학교 시절 정식 체조시합에 참가한 적도 있지만) 아마추어 수준을 벗어난 적이 없는 나로서는 언감생심의 명칭일 뿐이다. 경기인들도 그리 생각할 것이다. 이들에게 체육인이라는 단어는 매우 특별하다. 나와 우리, 그리고 기타 또는 그들을 구별시켜주는 매우 중요한 경계구분어다. 본인들을 특별한 부족으로 스스로 규정하고, 각별한 부류로서 일반인들과 분리시키는 단어다. 우리나라에서 유독 분리 기능을 확립한 단어다. 체육인과 비체육인, 경기인과 일반인과 같이 말이다.

선수로서 체육활동을 좋아하는 일이 너무도 별세계에서 진행되어버렸기 때문일 것이다. 시합에 참가하고 대결하는 일이 "엘리트 경기" 수준에서만 허용되는 조처가 너무도 강력하게 실행되었기 때문일 것이다. 엘리트 체육과 생활체육의 두 트랙이 너무도 오랫동안, 그리고 너무도 견고하게 분리되어왔기 때문일 것이다. 그러니, 체육인이나 경기인이나 또는 운동인같은 단어는 일반인(비체육인, 비경기인, 비운동인)들은 사용해서는 안 되는, 사용권이 없는 단어가 되어버린 것이다. 생활체육 동호인 대회나 비엘리트 시합에 출전하였어도, 대한체육회로부터 선수등록증(경기인의 호적? 주민증?)을 발부받지 못한 이는 체육인의 지위는 여전히 얻지 못하고 있는 것이다.

좋다. 나는 아무래도 상관없다. 그렇기는 하여도, 이런 언어사용 관행에 대해서 의견이 아주 없는 것은 아니다. 내 의견은 이렇다. 나는 체육인이다. 내가 이야기하는 체육인의 범주는 매우 포괄적이다. 나는 여러 종류의 체육인 가운데 한 그룹에 속하는 사람이다. 통상적 의미로 사용하는 선수출신 경기인은, 내가 규정하는 포괄적 체육인 중 한 그룹에 포함된다. 내가 사용하는 체육인의 분류방식, 한 번 들어보시고 싶으신지? 그렇다면, 간단히 소개해보겠다.

나는 체육인을 5가지 종류로 구분한다. 체육에 (참여가 아니라) "관여"하는 정도와 방식을 기준으로 분류하였다. "경기인, 체직인, 애체자, 여가인, 무심자"이다(왼쪽부터 오른쪽으로 이어지는 연속선을 떠올리기 바란다). 각각의 한자어는 競技人, 體職人, 愛體者, 餘暇人, 無心者이다. 영어는 Athlete, Sportist, Sporter, Leisurer, Nonchalent로 선택했다. 선수, 코치, 감독을 경험한 사람들이 경기인이다. 체육과 관련된 직업을 가진 사람들을 체직인이라고 규정하였다. 지금은 경기인 출신이나 체육과 출신이 아니면서도 체육관련된 방송, 언론, 교육, 지도, 산업 등에서 직업으로 일하는 이들이 무척이나 많고 급격히 증가하고 있다. "체직인"은 체육관련 직업에 종사하는 다양한 영역의 사람들을 포괄한다(영어단어 Sportist와 Sporter도 마찬가지로 "~하는 사람"을 만드는 "~ist"와

"~er"을 사용하여 창작해냈다).

여가인은 틈틈이, 간헐적으로, 또는 일시적인 목적(건강, 사교, 사업, 시간 때우기 등)으로 신체활동을 행하는 사람들을 가리킨다. 대부분의 일반인들이 여기에 속할 것이다. 여가, 여흥, 오락으로서 체육과 신체활동에 참여하는 분들이다. 기분이 내킬 때나 하고 싶을 때에만 참여하는 이들이다. 무심자는 체육이나 신체활동에 그다지, 또는 전혀 관심이나 애정이 없는 이들을 말한다. 극단적으로는 싫어하거나 혐오하는 수준에 있는 극소수의 사람들도 포함된다. 개인적 사정으로 인해서 신체활동의 중요성이나 필요성을 느끼지 못하거나, 아예 부정적인 감정까지도 지니게 된 이들이다.

당연한 말이지만, 누구든 어디 한 부류에만 소속되는 것은 아니다. 나만 하더라도, 애체자이면서 동시에 체직자다. 하지만, 체육교육과 교수인 나는 체직자에 속하는 것으로 분류해야 할 것이다. 은퇴후 선수출신으로서 체육관련직업을 가지게 된 이들도 마찬가지다. 그런 식으로 대략적으로 구분해본다면, 대부분의 일반인들은 애체자, 여가인, 무심자에 속할 것이다. 특히, 여가인과 무심자가 대부분일 것이다. 하지만, 모두가 인정하다시피, 애체자 그룹은 빠른 속도로 커지고 있다. 체육전공은 아니지만, 신체활동과 신체에 대해서 긍정적인 태도와 활동적인 참여를 지속적이고 정기적으로 보여주고 있는 이들 말이다.

체직자로서 나는 특히, "애체자" 그룹에 주목하고 있다. 이들은 체육으로 생계를 유지하거나, 엘리트출신 선수가 아님에도 불구하고, 어려서부터 또는 성인이 되어서 운동(스포츠 등 모든 종류의 신체활동)을 사랑하게 된 이들이다. 취미로 하는 경우도 있으며, 또 전문적 수준까지 이른 사람도 있다. 애체자는 운동을 실제로 하는 이들에 국한되어 붙여지는 이름이 아니다. 애체자는 "다양한 방식"으로 운동을 좋아한다. 이들은 팬으로서 응원한다. 기념품을 수집한다. 금전적으로 후원한다. 시, 소설, 에세이를 쓴다. 영상이나 영화를 만든다. 사진으로 기록한다. 그림으로 그린다. 블로그나 유튜브로 지식을 공유한다 등등.

하기 뿐만이 아니라, 읽기, 쓰기, 보기, 듣기, 말하기, 그리기, 만들기, 모으기, 나누기, 느끼기, 생각하기, 사랑하기 등 수십, 수백 가지 다양한 방식으로 운동을 사랑한다. 현대에 들어서는 이들이 스포츠 문화를 만들어나가는 실질적 리더 그룹이다. 애체자들이야말로 우리가 새롭게 주목해야 하는 체육인의 핵심그룹이다. 경기인과 체직인은 애체자 그룹으로 인해서 존재를 인정받는, 더 나아가 생존이 가능한 그룹이라고 말해도 틀리지 않다. 애체자들의 취향과 활동으로 인해서 경기인과 체직인들은 그 분야의 직업적 가치를 인정받는 상황에 놓여있기 때문이다. 스포츠를 사랑하는 사람들이 없이, 즉 소비자와 지지자가 없이 어떻게 스포츠관련 안정된 직업을 유지해 나갈 수가 있겠는가?

그리하여, 체육교수로서 나의 책무는 애체자가 많이 생겨나도록 하는 것이다. 체육을 다양하게 사랑하며 향유하는 일반인들을 되도록 많이 키워내는 것이다. 체육교육과에 있으니, 체육교사를 키워내어서 학교체육을 통해서 초중고등학교 학생들로 하여금 애체자로 성장하도록 돕는 것이 당장의 임무라고 하겠다. 스포츠 강사인 제자들을 통해서 일반인들이 애체자로 거듭날 수 있는 스포츠지도를 잘 해내도록 애쓰는 것도 또한 코앞의 임무다. 경기인이나 체직인을 제대로 키워내는 것도, 물론, 내가 잘 해내야 하는 책무 중의 하나로 되어있다. 스포츠교육이라는 전공 자체가 스포츠전문인을 길러내는 일을 주된 관심으로 삼고 있기 때문이다.

그렇기는 해도, 나로서는 "애체자" 즉 필로스포터를 제대로 길러내는 일이, 더욱 근본적이고 더욱 중요한 일이라고 확신한다. 학생과 성인들을 "체육활동을 좋아하는 사람"으로 성장시켜내기 위해서는 어떻게 가르쳐야 할까? 무엇이 가장 중요한가? 내가 보기에, 스포츠를 좋아하는 사람으로 크기 위해서는 "운동소양sport literacy"이 가장 근본이면서 핵심이다. 스포츠를 기능과 지식과 태도 차원에서 좋아하는, 즉 자신이 편하고 잘하는 방식으로 좋아하고 즐길 수 있는 사람이 되는 데에 기본이기 때문이다. 운동을 하는 것, 아는 것, 느끼는 것으로 향유할 수 있는 능소양, 지소양, 심소양을 골고루, 지속적으로 갖추어나가도록 하는 것이 가장 중요하다. 애체자는 스포츠를 여러 방식으로 즐기는 사람, 즉 운동향유자다.

무심자를 여가인, 그리고 애체자로, 또는 여가인을 애체자로 변모시켜내는 것이 경기인과 체직자의 근본업무다. 이 일을 얼마나 잘 하는가에 경기인과 체직자의 존재여부가 달려있다. 경기인과 체직자는 무심자와 여가인을 애체자로 변화시켜내야 하며, 애체자는 더욱 더 골수(?) 애체자로 숙성시켜내야만 한다. 체육을 다양한 방식으로 좋아하고 즐길 수 있는 사람은, 운동을 잘 할 수도 있지만, 운동을 전혀 할 줄 모르더라도 상관없다. 노래를 잘 못해도, 연기를 잘 못해도 음악과 영화를 감상하고 즐기는 데에는 하등의 관련이 없다. 가수나 작곡가일 필요가 없고, 연기자나 감독이어야만 하는 이유가 없다.

반면에, 경기인과 체직자도, 비록 다수는 아니지만, 애체자가 아닐 경우가 있을 수 있다. 스스로 운동을 그만두고 체육계를 떠나거나, 돈을 벌어 생계를 유지하는 수단 이상으로 여기지 않을 수도 있는 것이다. 이런 이들은 다시금 한 때 애체자였던 때로 회복시켜야 한다. 운동향유자로 돌이켜야 한다. 애체자가 체육인 연속선상의 가운데 위치해 있는 것은 우연이 아니다. 그만큼 중심이며 바람직한 특징을 지닌 그룹이라는 의미를 지닌다. 아마추어로서 진심으로 스포츠를 사랑하는 필로스포터인 것이다.

체육에 관여하는 방식에 따라서 체육인을 구분한 내 의견은 여기까지다. 사실, 이런 방식은 체육인과 비체육인의 구분을 허용하지 않는다. 모두가 체육인이다. 심지어 무심자도 체육인이다. 잠재체육인, 예비체육인이다. 내 분류방식의 특징이다. 나는 이것을 스포츠 리터러시의 아이디어와 살짝 연결시켜보았다. 좀 더 깊은 성찰이 요청되는 주제다. 필로스포터에 대하여 조금 더 생각해봄으로써, 나는 잠시나마 필로소퍼가 되어보았다. 약간이나마 지혜를 사랑하는 사람의 기분을 맛보았다. 전문철학자가 아님에도 나는 애지자가 되어본 것이다. 마찬가지로, 나는 모두가 애체자, 필로스포터가 되기를 간절히 희망한다. 이 희망을 가능케 해주는 것은 올바른 스포츠교육이다. 애체자를 기르는 스포츠교육, 그것이 알고 싶다.

Philosporter

경기인	체직인	애체자	여가인	무심자
競技人, Athlete	體職人, Sportist	愛體者, Sporter	餘暇人, Lesiurer	無心者, Nonchalent
선수, 코치, 감독을 경험한 사람들	체육과 관련된 직업을 가진 사람들	'다양한 방식'으로 운동을 향유하는 사람들	간헐적 또는 일시적 목적으로 신체활동을 행하는 사람들	체육, 신체활동에 관심이나 애정이 없는 사람들

* 관여의 정도와 방식에 따른 연속선

(2022. 9. 21.)

애체자의 교육

본업이라고 해야 할까, 본직이라고 해야 할까? 대학 선생이지만, 나는 태성적으로 체육선생이다. 내가 소지한 최고로 값진 "쯩"은 중등교원자격증인데, 거기에 "체육교과"라고 적혀있다. 중학교 체육교사로서 가르치는 일을 시작했다. 이후, 학위를 마치고 강사로 시작해서 교수로 직위와 직함은 바뀌었지만, 근본적인 수준에서 볼 때, 체육선생임은 부인할 수 없다. 중학교 청소년이 아니고, 대학교 청년들도 가르침의 대상만 교체되었을 뿐이다.

체육 선생으로서 나의 책무는 배우는 학생이 "애체자"로 꾸준히 성장토록 하는 것이다. 나는 그렇게 생각해왔고, 그렇게 확신하고 있다. 애체자란 어떤 사람인가? 보통 교육부에서는 체육을 통해서 "전인"을 기르도록 지시하고 있다. 다른 교과도 물론 같은 상황이다. 대한민국 국가교육과정은 (개정 때마다 구체적 레토릭이 어떤 형태를 띠던 간에) 궁극적으로 학교교육을 통해서 심신 또는 지덕체가 균형 잡힌 온전한 사람으로 키우는 것이 목적이다.

나도 "전인"이란 용어를 애정해왔다(떠받들어왔다). 참 좋은 의도가 내포된 참 좋은 표현이라고 생각했기 때문이다. 그런데, 교육경력 30여년이 훌쩍 넘어버린 지금은, 전인이란 표현에서 어떤 울림이나 떨림이 그리 느껴지지 않는다. 결혼생활 30년이 지난 노부부에게 "사랑"이란 단어가 그렇듯이 말이다. 물론, 사랑이 소멸되었다는 말이 아니다. 젊은 날의 불같은 형태와 방식으로 존재하거나 감각되지 않을 뿐이다. 다른 모습과 수준으로 몸과 마음에 배어있을 뿐이다.

전인의 개념도 그렇다. 학생들을 전인으로 성장시키는 것이 나의 처연한 바람이요 궁극의 희망이다. 그런데, 이 시대에 전인이란 단어는 예전의 강렬함이 사라졌다. 나 개인에게는 물론이고, 사회적 차원에서도 구두선에 그칠 정도로 임팩트가 흐려졌다. 나만 그런 것이 아니고, 대부분의 현직 교사와 학생들에게 그런 상황이 되었다. 누가 전인교육을 말하는가, 요 근래에? 그리고 말한다고 도대체 누가 귀 기울일 것인가?

조금 더 더 현실적인 모습을 담아내는 표현이 필요했다. 21세기 자본주의 사회에서 주체적인 자유인이자 자주민으로서 살아가는 데에 도움이 된다고 바로 느낄 수 있는 용어 말이다. 체육 선생인 내가 선택한 단어가 바로 "애체자"다. 한문으로 "愛體者"로 쓰고, 영어로 "philosporter"라고 쓰기로 결정하였다. 한자 뜻 그대로, 체육을 사랑하는 사람이라는 뜻이다. 영어 표현은 지혜를 사랑하는 사람이라는 필로소퍼에서 차용해왔다. 스포츠를 사랑하는 이라는 말이다.

하핫, 당황스러울 것이다. 이 글을 읽는 독자에게 낯선 단어가 분명하다. 내가 만들어낸 신조어이기 때문이다. 나는 내게 배우는 이들이 (남녀노소를 막론하고) "체육을 좋아하는 사람"이 되기를 소망, 아니 열망한다. 당연하지 않은가? 수학교사는 수학을, 과학교사는 과학을 좋아하도록 가르치는 분들이지 않은가? 배우는 이들이 배우는 내용에 관심 갖고, 좋아하며, 더 나아가 사랑하게 되는 것이 가르치는 이들의 최대 희망이지 않은가? 적어도, 나는 그렇다.

학생들이 내게 배우기 전보다 체육을 더 많이 관심 갖고, 좋아하고, 사랑하게 되었다는 것, 선생으로서 가르치는 일에 성공했다는 증거가 이것 말고 또 무엇이겠는가? 이 세 가지 수준 중에 어느 하나라도 일궈내면, 체육 선생으로서는 책무를 (일단은) 다 한 것이다. 그리고 (또 일단은) 성공한 것이다. 아무런 관심이 없던 무심자無心者, 또는 체육이라면 고개를 돌리던 혐오자가 체육에 호기심을 갖거나 신경을 쓰는 것은, 선생으로서 성공 중에서도 큰 성공이다.

발등의 불을 꺼야 하는 체육선생인 나는 전인보다는 애체자라는 표현이 더 와 닿는 것이다. 그리고 실험연구로 인과관계가 검증되지는 않았지만, 애체자는 전인으로 될 가능성이 가득한 예비 전인이다. 진심으로 체육을 사랑하는 이는 나쁜 사람(악인)이 되기 어렵다.

나의 뇌피셜이기는 해도, 체육을 사랑하는 사람은 (개념상) 스포츠퍼슨이고, 스포츠퍼슨은 스포츠퍼슨십을 지닌 이다. 스포츠퍼슨은 체육적 전인이다. 그러므로 애체자는 전인이다(이쯤에서 희망회로 돌린다고 하실 분이 계실듯하다. 그렇기도 하고 그렇지 않기도 하다).

애체자는 어떤 특징을 지닌 이인가? 체육을 사랑하는 사람이란 어떤 사람인가? "애"에 대해서는 관심갖기, 좋아하기, 사랑하기라는 세 가지 표현(또는 단계)로 간단히 설명을 대신하였다. 체體는 무엇을 말하는가? 마찬가지로, 체육의 내용 세 가지를 중심으로 설명해보자. 애체자가 사랑하는 체육의 내용은 "신체, 신체활동, 그리고 신체활동문화"의 세 가지다. 그리하여, 애체자는 신체, 신체활동, 신체활동문화에 관심 갖고, 좋아하며, 사랑하는 사람을 말한다.

첫째, 신체다. 애체자는 몸에 흥미를 갖고 주의하며 사랑하는 사람이다. 물론, 이때의 몸은 육체의 일차원을 넘어 육체와 정신과 영혼을 하나로 담고 있는 삼차원적 통합체로서의 몸이다. 근력과 몸매를 위해서만 관심을 갖는 그런 신체가 아니다. 현상학자들이 주목하는 소마 또는 레이브Leib로서의 육신이다. 우리 개개인의 전 존재가 모두 하나로 모여 있는 몸으로서의 신체다. 신체건강이나 심신건강을 넘어 전인적 건강의 대상으로서의 몸이다.

둘째, 신체활동이다. 애체자는 신체활동에 흥미를 느끼며 선호하고 사랑하는 사람이다. 신체활동에는 스포츠와 엑서사이즈만 있는 것이 아니다. 몸을 움직여서 만들어내는 다양한 형태의 운동 전체를 말한다. 신체활동은 수많은 종류가 있지만, 크게 7가지 범주로 분류할 수 있다. 무브먼트, 엑서사이즈, 마셜 아트, 스포츠, 레져, 댄스, 플레이다. 생존을 위한 기본 움직임 활동에서부터 놀이 욕구를 충족시키는 유희 활동까지 모두 망라한다.

셋째, 신체활동문화다. 애체자는 신체와 신체활동을 넘어, 그것이 만들어낸 문화에도 각별히 관심 갖고 특별히 좋아하며 애정을 표현하는 사람이다. 신체활동문화란 무엇인가? 다양한 사회와 오랜 역사를 통해서 인류가 만들어놓은 것이 문화다. 신체와 신체활동을 중심으로 인류가 만들어 내어 놓은 문학, 미술, 음악, 건축, 영화, 패션 등 모든 문화 양식을 의미한다. 신체활동은 현대사회에서 우리 삶을 더욱 행복하고 풍요롭게 만드는 필수 핵심 문화의 한 장르가 되었다.

나는 그동안 "신체, 신체활동, 신체활동문화"에 대해서 나름의 개인적 의견을 정리해서 주장해왔다. 우선, 신체를 달리 보았다. 몸과 마음과 영혼이 혼융되어 하나된 전일적 총체로서의 사람을 강조했다. 신체는 단지 해부학적, 생리학적 유기체가 아니다. 신체는 전일적 유기체다. 그 전일체는 체성, 지성, 감성, 덕성, 영성의 본성을 지닌 존재로서, 외형적으로는 신체로서, 신체로만, 신체 속에, 신체와 함께 느끼고 알 수 있을 뿐이다. 총체적 바디가 애체자가 지닌 신체이며, 체육은 다섯 가지 본성이 최고로 활성화되고 연계화되도록 돕는 노력이다.

다음, 신체활동들을 포괄적으로 7가지로 분류하면서, 모든 신체활동의 공통 구성요소를 분별하였다. 신체활동을 개념적으로 실천전통으로 간주하고, 구체적으로는 문화로서 취급한다. 실천전통과 문화로서 엑서사이즈,, 스포츠, 댄스, 레저 등은 기능, 지식, 정신의 세 부분(측면)으로 이루어진다. 농구는 농구기技, 농구식識, 농구혼魂으로 구성되며, 애체자가 배워야 하는 것은 농구기만이 아니고 농구식과 농구혼까지다. 즉 호울 농구다.

그리고 신체활동문화를 폭 넓게 이해하고 향유하도록 권유하였다. 특히, 신체활동을 소재로 하는 문학, 예술, 종교, 역사, 철학 등 인문적 스포츠 문화를 강조하였고, 인문적 스포츠라는 표현으로 스포츠를 맛보고 즐기도록 독려하였다. 읽기, 쓰기, 보기, 듣기, 모으기 등 향유의 방식은 수 없이 여러 가지이며, 하는 것은 그 한 가지에 불과하다고 말해왔다. 농구를 사랑하는 사람은 농구의 모든 것을 사랑하는 이다. 게임이라는 외모만이 아니라.

간단하나마, 내가 체육에서의 전인으로 간주하는 애체자의 특징에 대해서 설명하였다. 체육(스포츠교육)의 지향점은 애체자를 기르는 것이다. 애체자는 신체, 신체활동, 신체활동문화에 관심 갖고 좋아하며 사랑하는 사람이다. 가장 근본적인 수준에서, 체육교사의 할 일은 우리 청소년들을 애체자로 키워나가는 것이다. (전문, 생활)스포츠지도사의 그 일은 가르치는 남녀노소를 애체자로 성장시키는 것이다.

나는 애체자가 갖추게 되는 종합적 체육 소양을 스포츠 리터러시라고 불러왔다. 신체활동을 잘 하고 잘 알고 잘 느끼는 자질이다. 나의 소원은 우리 국민들이 평생에 걸쳐 애체자로 성숙해가는 것이다. 신체와 신체활동과 신체활동문화에 관심 갖고 좋아하며 사랑하는 사람이라면, 우리가 그토록 염원하던 전인에 가장 가까운 사람일 것이다. 적어도 이 땅위에서 찾을 수 있는 가장 근접한 사람 말이다. 애체자의 교육에 전심전력을 다해야 하는 이유다.

(2025. 4. 25.)

제 3 부

스포츠 파이데이아

교육(체육)삼보
스포츠 파이데이아
제 3의 코칭
가르치는 일
스포츠 빌둥
영혼을 위한 체육
1종과 4종 스포츠교육
삼위일체 스포츠교육론
신체적 교육과 스포츠 교육

교육(체육)삼보

1

"트라이젬"이라는 컴퓨터 회사가 있다. 1980, 90년대 국내 퍼스널 컴퓨터계를 힘차게 선도하던 회사다. 안타깝게도, 지금은 있는지 없는지 존재조차 불분명해졌다. 영어로 "Trigem TG"이라고 쓴다. "세 가지 보물"을 의미한다. 그래서 한글이름은 "삼보", 한문은 "三寶"다.

이 회사명의 출처는, 정확하지는 않지만, 불교라는 이야기가 있다. 불교에서 이야기하는 "불보, 법보, 승보," 즉 불佛·법法·승僧이다. 부처와 경전과 스님을 말한다. 불교도가 귀의해야 하는 세 가지 보물이다. 깨우친 존재, 깨우침의 내용, 그리고 깨우치려는 이를 가리킨다. 깨우침의 종교인 불교의 핵심중의 핵심이다. 삼보컴퓨터 회사명의 불교 출처를 부인하는 측에서는 "인재, 기술, 서비스"가 세 가지 보물이라고 한다.

내가 이 글을 쓰는 목적은 삼보컴퓨터 회사 이름의 유래를 정확히 밝히는 것이 아니다. 이 이야기로 시작하는 것은 글쓰기를 위한 한 가지 전략일 뿐이다. 자신에게 가장 중요한 것을 꼭 집어서 드러낼 때 쓰는 표현 중의 하나로 "보물"이라는 용어를 부각시키기 위함이다. 그리고 그 보물을 세 가지로 압축하여 부르고자하기 때문이다.

우리 생활과 문화, 그리고 사고방식에는 3이라는 숫자가 갖는 마력이 있는 듯하다. 기독교에서는 "성부, 성자, 성령"을 삼보라고 할 만하다. 유학에서는 "지, 인, 용(논어, 자한)"이 세 가지 보물이라고 할 수 있을 듯하다. 노자는 자비, 검소, 겸손(도덕경 67)을 이야기 하였다. "셋(3, 三)"은 동서고금을 막론하고 적지도 않고 많지도 않은, 딱 적절한 숫자라고 여겨지는 것이다. 가장 중요한 세 가지 보배, "삼보"에 대한 언급으로 서두를 시작한 사유다.

2

내가 "삼보"라는 표현을 꺼낸 연유는 "교육삼보教育三寶"를 이야기하고 싶어서다. 교육에서 가장 중요한 세 가지 보화 말이다. 말할 것도 없이, 내 개인적 선호가 담긴 세 가지다. 교육에 있어서 가장 핵심적이라고 내가 확신하는 세 가지 보석이다. 나의 개인적 철학이 담긴 세 가지다. 보기에 따라서, 교육의 목적이라고 할 수도 있는 것이다. 교육은 이 세 가지를 지향하면서 이루어져야 한다. 특히, 학교교육의 저변을 흐르는 자유교양교육의 철학에서는 반드시 이 3가지 목적, 또는 이상을 추구해야 한다고 생각한다. 국어, 수학, 체육 등 낱낱의 교과들을 올바로 가르치고 난 후에 학생은 이 3가지(영역, 차원, 가치) 측면에서 이전보다 더 나아진 상태가 되어야만 한다.

예를 들어, 2015 교육과정은 역량중심 교육과정이라고 불리며, 6가지 일반역량을 제시하고 있다. 그리고 각 교과마다 다양한 교과역량들(체육은 4가지)을 소개하고 있다. 각 교과지도가 성공하여 이것들이 속속들이 학생들에게 갖추어졌다고 하자. 하지만, 내가 이야기하는 교육삼보가 쌓이지(생겨나지, 영글지) 않는다면, 그것은 교육을 제대로 한 것이 아니다. 교과교육(표면적 교육)은 성공하였다고 말할 수 있을지언정, 인간교육(이면적 교육)은 실패하였다고 단언할 수 있다. 그러면 교과교육은 도대체 무엇을 위하여서 한단 말인가? 교과내용을 가르침으로써 인간교육을 함께 이루어내지 못한다면, 그것은 제대로 된 교과교육이 아니다. 틀림없이 그렇다. 올바른 교과교육은 인간교육을 함께 이루어낸다.

이 두 가지 교육은 다른 것이 아니다. 인간교육을 함께 진행시키지 못하는 교과교육은 단순히 정보배달이나 지식전달에 불과할 뿐이다. T. S. 엘리엇의 유명한 시구를 떠올려보라. "정보에 파묻혀 잃어버린 지식이여, 어디로 갔는가? 지식에 파묻혀 잃어버린 지혜여,

어디에 있는가?” 인간교육은 교과교육이 이루어지는 과정에서 교사가 교과의 내용을 다루는 방식과 교사의 행실에 의해서 이루어진다. 인성이나 인간에 관한 교과내용(예, 도덕교과)을 직접적으로 가르치는 방식으로는 제대로 이루어지기 어렵다. 수학이나 사회나, 체육이나 미술이나 모두 그 내용을 가르치는 과정 속에서 간접적으로 이루어지는 것이 통상적이다.

교과교육이 바로 인간교육이라는 것은 인간교육의 이같은 특성(속성)에 기인한다. 인간교육은 어떤 내용을 통해서 이루어질 수밖에 없는 속성을 지니고 있다. 내용없이 이루어지는 교육이란 없기 때문이다. 그 내용이 어떤 것(지식, 기술, 태도 등)이던지 교사에 의해서 그것이 다루어지는 방식, 그리고 그것을 가르치는 교사 자신의 됨됨이로 인해서 그 교과내용 안에 숨겨져 있는 규범적 차원이 발효되어 인간교육이 제대로 이루어지는 것이다. 비유컨대, 적당한 온도와 습도가 갖춰지고, 일정한 시간이 허용되어야만 교과교육은 인간교육을 발효시킨다. 그리고 그 환경조성의 주요 요인은 교사다. 교사는 교육삼보를 가능토록 하는 데 있어서 최고의 역할을 담당하는 이다.

말이 너무 길어졌다. 내가 생각하는 교육삼보는 “지혜, 사랑, 영혼”이다. 교육, 특히 교과교육 중심으로 이루어지는 학교교육(형식적 교육)은 학생에게 지혜를 길러주고, 사랑을 키워주며, 영혼을 가꾸어 주어야만 한다. 이것들은 “무슨무슨 역량”이라고 부르기는 어려울 듯하다. 최신 교육용어인 역량과는 그 철학과 지향을 달리하는 용어들이다. 사실, 교육개념이라고 하기 조차 어려운 정도다. 이것은 오히려 일상에서 쓰는 단어들이다. 그런데, 나는 이 용어들을 교육삼보라고 부르는 것이다. 다시 한 번 더 강조하겠다. (학교, 교과 등 어떤 종류이던 간에) 교육은 배우는 이의 지혜와 사랑과 영혼을 일궈내는 것, 즉 "지혜기름, 사랑키움, 영혼가꿈"을 도모해야만 한다.

곧바로 다음 질문들이 던져진다. 지혜란 무엇인가? 사랑이란 무엇인가? 영혼은 또 무엇인가? 지혜는 학교에서 기를 수 있는 것인가? 사랑도 학교에서 키워낼 수 있는 것인가? 그리고 영혼이라는 것 자체가 도대체 존재하는 것인가? 등등. 솔직히, 이렇게 꼬리에 꼬리를 물고 생겨나는 질문들에 똑 부러지는 답변을 내어드릴 수 있는 실력과 지력이 현재 내게는 부족하다. 당연히 앞으로 생겨나기를 기대하는 것도 무리다. 바로 느껴지다시피, 지혜니, 사랑이니, 영혼이니 하는 것들은 지난 수천 년 간 동서양을 막론하고 탐구되어져온 가장 근본적인 개념들 중에서도 근본적인 것들이다. 그만큼 다양한 답들이 이미 제시되어있으며, 또 그런 사연으로, 명확히 합의된 답들도 없는 형편이다.

나로서는 두어해 뒤 환갑을 맞이할, 즉 인생의 값진 측면들을 감지해낼 정도의 나이가 된 교육자로서 개인적 의견을 정리할 필요성(강박감?)을 느낄 뿐이다. 실력은 보장할 수 없지만, 연륜 면에서는 최소 자격은 갖추었다고 조심스레 생각한다. 학교에서 진행되는 교과교육이건, 사회에서 실천되는 평생교육이건 관계없이, 이 모든 교육들은 배우는 이로 하여금 지혜를 기르고, 사랑을 키우며, 영혼을 가꾸도록 역할해내야만 한다. 이러한 배움은 현실에서는 표층과 심층, 표면과 이면의 관계로서 진행될 것이다. 바깥과 겉에서는 지식교육, 교과교육, 기능교육이 이루어지지만, 안쪽과 속에서는 지혜교육, 사랑교육, 영혼교육이 이루어지는 것이다. 지혜와 사랑과 영혼은 각각 인지적 영역, 정의적 영역, 그리고 심동적 영역을 심층적으로 파악하여 부르는 이름에 다름 아니다.

지혜는 무엇인가? 지혜는 왜 필요한가? 지식이나 역량이나 어떤 문제를 해결하기 위해서 필요한 자질같은 느낌이 강하다. 삶은 문제해결의 연속이기는 하지만, 문제해결이 삶인 것은 아니다. 삶은 체험이며 사색이며 즐기는 것이며 향유하는 것이다. 그를 위해서는 지식도 역량도 필요하겠으나, 나로서는 지혜라고 하는 것이 가장 근본적이고 가장 최상위의 보물이라는 생각이 점점 강해진다. 아리스토텔레스의 지혜인지, 전도서에서 수없이 이야기하는 지혜인지, 탈무드와 근사록이 제공해주는 지혜인지는 잘 모르겠다. 선현들이 남겨놓은 지혜들을 바탕으로, 내가 겪은 인생으로부터 나의 지혜를 길러내어 그것들로 나의 삶을 향유할 수 있어야 한다. 가장 모범적으로 이 일을 해낸 이는 소크라테스라고 할 만하다. 신탁은 직위도 학위도 없는 그를 아테네에서 가장 지혜로운 사람으로 인정하였다.

소크라테스는 평생을 지혜를 사랑하는 사람으로서 가장 현명한 삶을 살아냈다.

사랑은 무엇인가? 너무도 다양한 모습의 사랑이 떠오른다. 하지만, 그것이 어떤 것이던지 이것은 확실하다. 즉 공감력, 심미역량, 소통력 등등이 아무리 뛰어나도, 그것이 사랑이라고 하는 인간 본연의 자질과는 유리된 채 하나의 21세기 기술, 역량 등으로만 내 몸과 머리에 장착되어서는 부족하다. 머리와 손발과 가슴과 하나가 되는 것, 스스로 그러하지 않으면 안되는 상태로 되어가는 정도가 되어야만 할 것이다. "내가 사람의 방언과 천사의 말을 할지라도 사랑이 없으면 소리 나는 구리와 울리는 꽹과리가 되고, 내가 예언하는 능력이 있어 모든 비밀과 모든 지식을 알고 또 산을 옮길 만한 모든 믿음이 있을지라도 사랑이 없으면 내가 아무 것도 아니요. 내가 내게 있는 모든 것으로 구제하고 또 내 몸을 불사르게 내줄지라도 사랑이 없으면 아무 유익이 없느니라(고린도전서 13; 1-3)". 내가 사랑의 중요성에 대하여 읽은 가장 명료한 문장이다. 자신과 타자와 사회와 자연我他社自에 대한 사랑이다. 사랑은 인간 삶의 모든 것에 있어서 약방의 감초, 식당의 소금 같은 것이다. 인간에게 절대로 없어서는 안 되는 자질이다.

영혼은 또한 무엇인가? 왜 교육에서 영혼을 다루어야 하는가? 이미 현대과학은 영혼에 실체가 없다는 것을 오래 전에 밝혀냈는데 말이다. 현대교육은 뇌과학에 기반하여 새로운 교육론을 써나가고 있는데 말이다. 뇌과학은 교육의 근본이슈들을 인과관계로서 명료하게 밝혀낼 가장 믿음직한 뉴 사이언스로 각광받고 있다. 영성까지는 어찌 받아들여질 수 있을지 모르지만, 영혼은 여전히 종교의 영역에서 다루어져야할 것으로 간주한다. 그런데, 나는 교육에서 영혼을 다시금 소환해야 하며, 새로운 관심을 기울여야 한다고 확신하는 것이다. 물론, 종교에서 이야기하는 그런 실체로서의 영혼을 말하는 것은 아니다. 한 인간의 순수한 존재, 그 사람을 그 사람으로 만들어주는 그러한 내면의 성질, 자질, 특성으로서의 영혼을 이야기하는 것이다(이런 특성을 지역과 종교에 따라 넋, 얼, 불성, 영성, 아트만 등 다양하게 불러왔다). 교육은 사람의 뇌기능을 활성화시키는 것에 그쳐서는 곤란하다. 현실에서의 제한적 교육은 몸이나 마음이나 정신 등 사람을 이루는 어느 한 쪽 편을 중심으로 이루어질 수밖에 없겠지만, 다른 것을 다 얻고도 영혼을 놓치거나 잃어서는 어떤 노력도 큰 의미가 없게 된다.

3

체육을 업으로 하여 살아가는 나는 체육의 삼보를 생각하지 않을 수 없다. 나는 체육의 세 가지 보배도 지혜, 사랑, 영혼이라고 생각한다. "체육삼보體育三寶(또는 스포츠삼보)"도 마찬가지로 지혜, 사랑, 영혼이다. 체육을 실천하는 과정, 스포츠를 실행하는 체험은 지혜를 기르고, 사랑을 키우며, 영혼을 가꾸는 과정이자 체험이다. 축구경기를 하는 것은 상대팀 골대에 공을 차 넣기 위하여 11명이 애쓰는 과정임과 동시에, 축구지혜를 기르며, 축구사랑을 키우며, 축구영혼을 가꾸는 과정에 다름 아니다. 야구도 마찬가지다. 농구도 그렇다. 골프라고 다르지 않다. 모든 스포츠 활동은 스포츠삼보를 쌓아가는, 축적하는 과정인 것이다. 겉으로는 시합과 경기를 하는 기능발휘의 게임놀이지만, 안으로는 지혜와 사랑과 영혼을 가다듬어 일궈내는 자기성장의 기회이기도 하다.

너무 거창한가, 내 이야기가? 직장 스트레스를 조금 해소하고 생활 건강까지 다소 챙겨볼까 하며 주말이나 저녁에 조금 하는 체육활동에 대해서 지나친 의미와 가치를 부여하는 것은 아닌가? 부담스럽거나, 더 나아가 거북스러울 정도인가, 이런 주장이? 이런 되물음은 당연한 것이다. 왜냐하면, 체육삼보는 눈으로 확인하기 어렵기 때문이다. 즉시로 얻어내기 곤란하기 때문이다. 체력이나 기술이나 역량 등과 같이 조작적으로 정의내리기 어려운 사람의 특성이기 때문이다. 하지만, 어린왕자가 말했듯, 정말로 중요한 것은 육안으로는 볼 수 없다. 그것은 체육에서도 마찬가지다. 지혜, 사랑, 영혼을 위한 스포츠가 아니라면, 그것은 반쪽짜리 신체활동에 불과하다.

이런 고사가 전해져온다. 유명한 동양 고전의 한토막이니, 한낱 지어낸 이야기일 뿐이라고 치부하지 말고 들어보라.

동곽자가 장자에게 물었다.
- 도라고 하는 것이 어디에 있습니까?
장자가 대답했다.
• 없는 데가 없다네.
- 구체적인 예를 들어주시오.
• 땅강아지나 개미에게 있다.
- 어떻게 그렇게 미천한 곤충에게 있을 수 있습니까?
• 기장이나 피에도 있다.
- 어떻게 곤충보다 못한 식물에도 있을 수가 있습니까?
• 기와나 벽돌에도 있다.
- 어떻게 그런 생명 없는 돌덩어리에도 있습니까?
• 똥이나 오줌에도 있다.
동곽자는 더 이상 대꾸를 하지 못하였다.

〈장자, 지북유〉

쓸모없는 오물에도 도가 있는데, 수십억의 인류가 수십 수백 년간 행해온 문화활동으로서의 체육(스포츠, 운동 등)에 어찌 도道, 즉 보배가 숨겨져 있지 않을 수 있는가?(물론, 여전히 믿기지 않은 분들도 많겠지만 말이다). 그 속에서 내가 찾아낸 도는 지혜, 사랑, 영혼이다.

순전히 내 개인적 생각이지만, 화려하게 세계무대에서 맹활약하고 있는 우리 한국체육에서 철저히 실패한 것이 있다면 바로 이 체육삼보를 잃어버린 것이다. 금메달, 은메달, 동메달이라는 세 가지 빛나는 보화를 너무도 뒤쫓은 나머지, 마치 미다스왕의 신화에서처럼, 정말로 소중한 것들을 모두 쓸모없는 것으로 바꾸어 놓은 게다. 금은동 메달삼보를 획득하는 데에 정신을 잃어, (스포츠삼보인) 지혜, 사랑, 영혼을 놓쳐버린 것을 깨닫지 못했다. 운동을 배울 때에, 운동부에서 연습할 때에, 선수촌에서 훈련할 때에, 자신의 운동(축구, 테니스, 수영, 체조 등등)에 들어있는 지혜와 사랑과 영혼을 살펴보는 노력을 기울여보자. 스포츠의 지혜와 사랑과 영혼이 운동기능과 함께 내 몸과 마음에 녹아져 들어와서 나를 더욱 나은 사람으로 만들도록 애써보자. 농구 안의 삼보가 선수 속에 깃든 삼보가 되도록 힘써보자.

체육활동 속에 담겨져 있는 지혜, 사랑, 영혼을 되찾기 위해서 가장 필요한 조처는 스포츠교육이다. 체육삼보의 발견은 운동을 가르치고 배우고, 연습하고 경기하는 전 과정에서 이루어지기 때문이다. 스포츠교육은 스포츠를 통해서 지혜를 기르고, 사랑을 키우며, 영혼을 가꾸는 일에 다름 아니다(물론, 표면적으로는 기분 좋게 노는 것이기도 하지만, 이것이 전부가 아니다. 이면과 심층의 차원이 있다). 이런 이유로 우리 선조들은 스포츠교육을 "수련, 수행, 수신, 수양修練, 修行, 修身, 修養" 등과 동의어로 간주하였다. 유희와 놀이를 넘어서, 각자의 몸과 마음을 가다듬어 영혼까지 온전하게 가다듬는 중요한 실천노력으로서 이해한 것이다. 스포츠가 급속도로 상품화, 도구화, 산업화되어가는 21세기에 체육삼보의 스포츠교육론이 절실하다. 체육삼보를 되찾는 스포츠교육은 무엇인가? 그것은 도대체 어디에 있는가?

4

지금도 항상 나를 괴롭히는 문제가 있다. 나뿐만이 아니라, 교육을 진지하게 고심하는 이들은 누구나 갖는 질문이다. 교육을 할 때와 체육을 할 때, 무엇에 초점을 맞출 것인가? 무엇을 중요시 여길 것인가? 무엇을 지향할 것인가? 교육삼보와 체육삼보는 이 질문에 대한 나의 (최종은 아니지만 현재로서의) 대답이다. 덜 중요한 것과 중요한 것, 또는 중요한 것과 더 중요한 것을 구별하게 도와주는 일종의 기준이나 시금석 역할을 하는 개념이다. "표층적 교육/체육"과 "심층적 교육/체육"이 있음을 알려주는 중요한 개념이다. "보이는 교육/체육"과 "보이지 않는 교육/체육"이 각각 어떤 것을 추구하는 지에 대해서 이해할 수 있도록 돕는다. 물론 이해하기에 따라서는, "가능한 교육/체육"과 "불가능한 교육/체육"을 구분하는 개념이기도 하다. 지혜와 사랑과 영혼을 일궈내는 교육과 체육이라니? 학교에서 그런 것들이 가능한 지는 둘째 치고, 이런 애매모호한 것들을 교육목표로 삼을 수 있는지 부터가 문제로 생각되는 분들이 많을 것이다. 이러한 문제의식, 충분히 이해된다. 하지만, 이것은 또 다른 문제다. 다른 탐구 기회를 마련해야만 하는 문제다.

"지혜, 사랑, 영혼" 이 세 가지 보배는 교육과 체육에서만이 아니라, 우리 삶 전체, 우리 인생 전부를 통틀어서도 삼보라고 할 만하다. 동서와 고금을 막론하고 지고지성至高至聖의 세 가지는 아니더라도, 가장 훌륭한 것들 중에는 족히 이름을 올릴 수 있는 것들이다. 나는 그 가운데 이 세 가지를 고른 게다, 내 공부와 체험과 가치관에 들어맞는. 다섯 가지, 일곱 가지, 열 가지를 들 수도 있고, 실제로 그런 분류들도 있다. 수 만년 인류의 문화 속에서 얼마나 많은 가치들이 발견되고 인정받았을 것인가? 두 말할 필요도 없는 사실이다. 나는 다만, 집중과 실현을 위하여 셋을 고른 것뿐이다(다른 보배들도 당연히 인정한다). 자, 이 글을 마무리 하는 지금, 최의창의 삼보를 알게 된 지금, 이 글을 읽은 독자에게 중요한 것은 자신의 삼보가 무엇인지를 스스로에게 물어보는 것, 그리고 그 세 가지를 특정해보는 것이다. 그러니, 내게 그런 질문을 던질 영광을 허락해주시기를. 여기까지 읽은 그대여, 당신의 (교육/체육/인생/직업) 삼보는 무엇인가?

(2021. 6. 29.)

스포츠 파이데이아

| 엔키클리오스 파이데이아 |

전인교육 — 몸과 마음과 영혼이 온전하게 균형잡힌 사람으로 성장시키는 교육. 동서양 어떤 시대를 무론하고 교육의 최고 이상은 "조화로운 인간형성"이었다. 서양의 경우 온전한 사람은 "*Homo Capax Universi*", "well rounded person" 또는 "whole person" 등의 용어로 표현되었다. 그리고 이러한 사람을 만드는 교육은 "*enkyklios paideia*(엔키클리오스 파이데이아)"라고 불리었다. 영어로 그대로 옮긴 것이 "well rounded education"이다. 이 영어표현이 통상적으로 "전인교육"으로 번역되어 사용되었다. 새로운 개념들이 소개되기는 하였어도, 이 교육적 이상은 현재도 여전히 유효하다. 가장 최근의 유행어로는, "전인적 역량" 등으로 겉모습만 변형되어 강조될 뿐이다.

"파이데이아*paideia*"는 이같은 교육이상을 추구한 그리스인들이 창안한 개념이다. 로마와 중세의 *humanitas*, 르네상스의 *Bildung*, 근대의 liberal education, 그리고 현대의 general education 등 서양교육의 저층을 면면히 흐르는 큰물줄기를 이뤄낸 인문교양교육의 발원처가 된 개념이다. 시대마다 약간씩 외형이 변하면서 이어져오기는 했으나, 핵심과 중심은 바뀜 없이 그대로 보존되어왔다. 뭐라고 해도, 교육은 사람이 하늘로부터 타고난 바, 지덕체가 균형있고 조화롭게 발달된 존재로 성장하도록 돕는 인간적 노력이다.

사람의 조화로운 성장은 특정 교과내용으로 조성해낸다고 믿었다. 예를 들어, 그리스에서는 문학, 음악, 체육과 철학이 주요 학습내용이었다. 로마와 중세에서는 통상적으로 7자유학과(3학: 문법, 수사학, 논리학, 4과: 대수, 기하, 음악, 천문학)라고 부르는 대표지식을 습득하였다. 현대의 학교와 대학에서 배우는 내용들도 그 핵심내용에 있어서는 이같은 내용을 크게 벗어나지 않고 있다. 인간성장을 위한 기본내용이라는 뜻에서 "교양교육", 인문적 지식이 중심이 된다고 하여 "인문교육", 또는 이 둘 모두를 반영하여 "인문교양교육"이라는 이름으로 불리어지고 있다.

이런, 처음부터 너무 어렵게 시작하였다. 그저 스포츠교육에 대해서 이야기하려고 한 것뿐인데. 교육의 근본적 이상이니 뭐니 하면서, 너무 크게 열어젖혔다. 운동기능을 잘 구사하도록 가르치는 일 정도뿐인 스포츠교육을 너무 거창한 맥락에 위치시켰다. 스포츠

교육이란, 운전을 잘 하도록 가르치는 운전교육이나 맛있는 음식을 만드는 요리교육처럼, 축구나 농구 게임을 잘 하도록 운동기술을 가르치는 일이지 않은가? 그렇다, 스포츠교육은 그런 수준의 일로 그칠 수도 있다. 하지만, 그렇지 않을 수도 있다. 사실, 그렇지 않다.

나는 그런 측면에서 스포츠교육을 바라보고 싶다. 그리스인이 추구한 "파이데이아"로서의 스포츠 가르치고 배우기에 대해서 살펴보고 싶다. 배우는 이를 "온전한 사람"으로서 성장시키는 매우 중요한 노력으로서의 스포츠교육에 대해서 스스로 납득하고 싶다. 단지 신체건강 증진과 신체기능 향상을 도모하는 노력으로서의 스포츠 가르치기가 아닌. 신체 육성도 물론 한 가지 중요한 교육적 목표지만, 궁극적인 교육적 이상은 아니다. 그리스인들은 그 가능성을 알았던 것이다. 그래서 팔레스트레이아와 김나시온에서 체육을 핵심적으로 가르쳤던 것이다. 엔키클리오스 파이데이아를 위한 핵심 교과목으로 필수화시킨 이유다.

파이데이아의 이상을 간직한 스포츠교육은 "스포츠 파이데이아"라고 부를 수 있다. 스포츠를 배움으로써 온전한 사람으로서 성장하는 과정(또는 반대편에서 말하여, 스포츠를 가르침으로써 온전한 사람으로 성장시키는 과정)이다. 스포츠 파이데이아는 어떤 특징을 가지고 있는가? 내가 희망하는 스포츠 파이데이아는 이런 개념적 모습을 지니고 있다. 스포츠 리터러시와 홀니스라는 두 가지 개념을 중심으로 설명하겠다.

스포츠 리터러시

우선, 스포츠 리터러시다. "스포츠 리터러시sport literacy"는 운동소양이라고 부르며 "운동을 잘 하고 알고 느낄 수 있는 자질"이다. 운동능, 운동지, 운동심의 세 요소로 구성된다. 스포츠교육을 통해서 배우는 이에게 종합적으로 길러지는 기초적 자질이다. 소양이란 기본자질, 기초소질을 말한다. 스포츠를 배우면 운동을 잘 하게 되고, 잘 알게 되고, 아주 좋아하게 된다. 이 소양들이 쌓이면서 운동을 하는 것, 아는 것, 느끼는 것으로 향유할 수 있게 된다. 운동을 다양하게 즐길 수 있게 된다는 말이다. 축구 경기를 하고, 축구 시합을 응원하고, 축구 칼럼을 읽고, 축구 미술을 감상하고, 축구 이론을 분석하는 등등.

과학을 배우고 문학을 배우는 이유는 과학을 즐기고 문학을 즐기기 위함이지 않은가? 과학소양과 문학소양을 갖추려고 노력하는 것은 과학과 문학이 주는 즐거움을 만끽하기 위해서이다. 단순히 실험을 하는 것이나 소설을 읽기 위한 일차원적이고 단면적인 즐거움에 그치는 것이 아니다. 스포츠(체육)도 마찬가지다. 야구를 향유하되, 단지 하는 것이라는 한 가지 방식으로만 즐기는 것이 아니라, 그리고 부르고, 만들고, 모으고, 나누고, 계산하고, 응원하고, 쓰는 등 수십 가지로 다양하게 음미하고 맛볼 수 있도록 돕는 것이다. 즉 능, 지, 심으로 향유할 수 있도록 능소양, 지소양, 심소양을 다양하게 골고루 길러주는 것이다.

스포츠 리터러시를 갖추면 당사자는 어떤 종목에 대해서 입체적(삼차원적)인 이해와 체험을 할 수 있게 된다. 기능, 지식, 태도의 차원에서 능, 지, 심으로 체험할 수 있게 된다. 이런 삼차원적 학습은 스포츠라는 학습내용의 특성 때문이다. 하나의 실천전통 또는 문화활동으로서의 스포츠(농구, 배구, 수영 등)는 역사적, 사회적 맥락을 거쳐 발달해오면서 기능적 차원, 지식적 차원, 태도적 차원을 발전시켰다. 나는 각 차원을 기차원, 식차원, 혼차원이라고 부른다. 운동의 기技·식識·혼은 사람의 신체身, 정신心, 영혼靈과 유사하다. 문화활동으로서의 골프는 골프기, 골프식, 골프혼으로 구성되어 있다. 기·식·혼 모두 골프이며, 모두 중요하다.

스포츠가 이렇듯 삼차원으로 되어있는 교육내용이기 때문에, 사람의 지와 덕과 체의 삼차원이 모두 영향을 받는 것이다. 농구의 기는 사람의 체能에, 식은 사람의 지智에, 혼은 사람의 덕心에 각각 직접적으로 작용하여 향상된다(축적된다, 함양된다, 증진된다). 농구의 기·식·혼을 총체적으로 배움으로써 사람은 농구능, 농구지, 농구심을 자신의 전체에 쌓게 되는 것이다. 농구의 기능, 지식, 정신을 모두 학습함으로써만 배우는 이는 농구리터러시를 골고루 갖추게 된다. 이럴 때, "엔키클리오스 바스켓볼 파이데이아a well rounded basketball education"가 이루어지는 것이다.

이럴 경우에 농구는 한 사람의 전체, 총체, 전부에 변화를 주어서 지덕체에 균형잡힌 성장을 가져다줄 수 있게 된다. 온전한 사람으로서 성장하는데 도움을 주는 교육체험으로서 역할을 할 수 있게 된다. 농구의 기·식·혼 전 차원을 모두 체험하고 학습해야만 한다. 그래야 온전한 농구가 체험된다. 그래야 제대로 농구소양basketball literacy이 생겨난다. 온전한 농구만이 온전한 사람을 기를 수 있다. 농구기, 농구식, 농구혼 어느 한 차원, 특히 농구기에 집중된 교육만으로는 편향된 농구교육, 파편적 농구교육에 그칠 뿐이다. 물론, 현실에 있어서 선수는 기능에 초집중하고, 교수는 지식을 강조하며, 팬은 정신을 중요시하는 등, 맥락과 직무에 따라서 분량과 초점이 조금씩 달라질지라도, 농구소양의 세 차원은 반드시 동일하게 애지중지되어야만 한다.

그리하여, 스포츠 파이데이아는 스포츠 리터러시를 기르는 것이 목적인 인간활동이다. 스포츠를 다양하게 향유할 수 있는 운동소양을 길러주는 일이다. 능향유, 지향유, 심향유를 할 수 있도록 능소양, 지소양, 심소양을 쌓도록 하는 일이다. 이것이 표면적으로 드러나는 파이데이아로서의 스포츠교육의 목적이다. 그런데, 스포츠 파이데이아는 또한 스포츠를 통하여 온전한 사람으로 성장하도록 돕는 노력이라고도 하였다. 교육이란 겉으로 무엇인가를 할 수 있도록 해주는 일이면서 동시에, 안으로는 그 사람 자체를 변모시키는 일이기도 하다. 그 사람의 내면 존재가 변모되는 것을 통해서 외면 능력이 증진되는 것일지도 모른다. 두 번째 설명은 파이데이아의 이면적 차원을 알아보는 것이다.

| 홀니스 |

앞에서 사람은 지덕체의 삼차원적 존재로 되어있음을 상정하였다. 온전한 사람은 몸, 마음, 영혼의 삼차원이 조화롭게 균형잡힌 이라고 하였다. 내가 사태를 좀 단순화시킨 것이다. 조금 복잡하게, 하지만 진실에 좀더 가까운 방식으로 설명이 필요한 시점이다. 사람은 다섯 가지 성향을 지닌 존재다. 몸, 마음, 영혼을 말하는 데에 있어서 마치 이 세 가지가 각각 몸처럼 존재하는 세 개의 실체처럼 간주하고 설명했다. 그런데, 실체로 존재하는 것은 몸 밖에 없다. 마음과 영혼은 모종의 형태로 몸으로부터 추론되는 존재들이다. 간단히 말해서, 사람은 육체로 되어있고 그 육체는 5가지 성향을 지니고 있는 존재다. 이 5가지는 체성體, 지성智, 감성感, 덕성德, 영성靈性이다. 이 5가지 성향은 독립적으로 작동하며 또한 융합적으로도 작용한다.

파이데이아는 우리의 육체를 통해서 기능(발현)하는 이 다섯 가지 성향을 독립적으로 함양시켜주는 조처다. 이와 동시에 이 각각이 서로 강하게 연결되어 융합적으로 기능할 수 있도록 하는 조처이다. 지덕체(능지심)의 3가지를 체지감덕영의 5가지로 확장하였다고 생각해도 그리 큰 이상은 없다(2개로 줄이면 심신이나 영육이다). 그리스인들은 파이데이아를 이같은 복합적 효과를 도모하는 상위노력으로 개념화한 것이다. 단순히 각각의 성향을 강화, 증가, 확대시키는 것도 쉽지는 않지만, 그것에만 그치는 것으로는 온전한 사람으로 성장하는 것이 가능하지 않다고 확신한 것이다.

그리하여, 우리가 체육體育, physical education이라는 교과, 또는 분야를 위한답시고 몸이 제일이고 신체가 출발이고 육체가 중심이라고 강변하는 것은 파이데이아의 정신에 어긋난다고 말할 수 있다. 그러면 동일한 논리선상에서, 수학과 과학과 영어 등 다른 모든 주요 과목들이나 분야가 주장하는 마음이 제일이고 정신이 출발이고 종착점이라는 생각도 옳은 것이 된다. 서로 반대의 방향에서 각자의 방향으로만 줄을 당기는 격이 되어버린다. 줄은 끊어져버리고 서로에게 남는 것은 쓸모없이 동강난 줄 이외에는 아무것도 없다. 사람은 그렇게 이분법적 존재가 아니다. 교과의 가치도 몸이냐 마음이냐의 이분법적 논리 위에 놓여있지 않다.

사람은 몸 또는 마음의 존재가 아니다. 사람은 육체라는 하나의 실체에 5가지 성향을 가지고 있는 다층적, 다차원적 존재다. 그리고 이 성향은 모두가 연결되어있다. 왜냐하면 육체라고 하는 하나의 실체(안?)에 존재하기 때문이다. 하나 속에서 모두가 작동하고 기능하며 작용을 일으킨다. 그러니 연결이 될 수밖에 없는 것이다. 예를 들면, 체성이 감성과 덕성과 영성에, 영성이 체성과 덕성에, 지성이 체성과 감성에 영향을 미치는 것이다. 사람은 살아가면서 배워나가면서 이 각각의 것들의 연결성이 강해지거나 끊어지거나 하는 것이다. 균형이나 조화라는 표현은 바로 이 연결성의 특별한 상태에 대한 묘사라고 할 수 있다.

동양의 신유학에서는 이 상황을 본연지성本然之性과 기질지성氣質之性으로 구분하였다. 본연지성은 타고나는 본성이다. 사람이라는 존재 그 자체에게 주어진 본성, 예를 들어 오성이다. 기질지성은 우리 개개인이 유전이나 환경에 따라 다르게 받아 갖춰있는 것이다. 나는 여기에 "교육지성教育之性"이라는 것을 덧붙이고 싶다. 교육을 통해서 생겨나거나 만들어지거나 연결이 강해지는 본연지성과 기질지성말이다. 이것은 많은 부분, 특히 나이 들어갈수록 나 스스로가 어찌해야만 하는 영역의 성향이다. 파이데이아는 교육지성을 일구어나가는 인류전체의 집단적 노력인 것이다.

사람의 본연지성으로서의 체지감덕영성은 품부받은 바 모두 지니고 태어나지만 미성숙, 미발현 상태다. 기질지성으로 인해서 그것은 각자 제각각의 분량과 수준으로 갖추어져있다. 파이데이아는 교육지성의 발현을 통해서 각자의 기질지성을 본연지성에 가깝게 회복시켜주려는 노력이다. 나는 이 본연지성의 충일한 발현상태, 즉 온전한 사람으로서 이것을 갖춘 상태를 "홀니스wholeness"라고 불러왔다. 파이데이아는 사람의 홀니스(온전성, 전일성)를 되찾는 시도이며, 스포츠 파이데이아는 스포츠를 통해서 각자의 홀니스를 가득하게 만들어주는 노력이다. 스포츠교육을 받는 것은 홀니스가 축적되는 과정이다. 물론, 지금까지의 설명은 배우는 이의 내면에서 보이지 않게 진행되는 과정이다. 외면적으로는 스포츠 리터러시가 함양되는 과정이다.

| 표면의 교육과 이면의 교육 |

파이데이아로서의 스포츠교육은 표면表面과 이면裏面으로 진행된다. 표면적으로는 스포츠 리터러시를 함양하는 과정이다. 배우는 이에게 운동소양으로서 운동능, 운동지, 운동심을 쌓아나가며 갖추어나가는 과정이다. 함양과 축척의 과정이 타인의 눈에 보여지는 과정이다. 이면적으로는 홀니스를 채워나가는 과정이다. 체성과 지성과 감성과 덕성과 영성을 키워나가며 연결해나가는 과정이다. 이 성숙과 연계의 과정은 본인만 알 수 있을 뿐, 타인의 눈에는 확인되지 못하는 과정이다. 스포츠 파이데이아는 밖에서 보면 스포츠 리터러시를 쌓아나가는 과정, 안으로 들여다보면 각자의 홀니스를 찾아나가는 과정이다. 스포츠를 활용하여 배우는 이의 교육지성을 최대한으로 되찾아내는, 즉 온전한 사람으로서 성장시켜내는 과업이다.

스포츠 파이데이아로서의 스포츠교육은 결코 손쉬운 일차원적 성격의 일이 아니다. 오히려, 너무도 지난하고 힘겨운 일이다. 표면적 수준과 이면적 수준에서 동시에 일어나고 있음을 인식하고 인정해야 한다. 매일 매일의 힘든 지도과정에 있는 강사, 코치, 교사에게는 이것 자체가 이미 받아들이기 어려운 일이다. 표면만이 보일 뿐이고, 표면만이 중요할 뿐이다. 사실, 표면적 스포츠교육을 성취하는 것 자체도 결코 쉬운 일이 아니지 않은가? 운동능도 습득하기 어려운데, 운동지와 운동심까지, 그리고 이것들의 조화로운 융합적 함양이라니? 현실을 너무도 모르는, 아니 현실을 부정하고 외면하는 주장이지 않은가?

물론, 현장을 잘 모르는 대학교수의 헛소리라고 치부할 수도 있다. 하지만, 반대로, 지금 내가 하고 있는 일의 가치와 중요성을 새롭게 인식할 수 있는 새로운 관점으로 수용할 수도 있다. 스포츠교육을 하고 있는 우리 모두는 지금, 매우 심각하면서도 소중한 일들을 하고 있는 이들인 것이다. 스포츠 리터러시라고 하는 소중한 삶의 소양을 축적하고 발휘하여, 각자가 자신의 인생을 보다 행복하게 영위해나가도록, 또한 자신을 보다 온전한 사람으로 성장시켜나가도록 돕는 일을 하고 있는 것이다. 단지 오락과 건강을 목적으로 운동기술을 가르치는 것에 그치는 것이 아니다.

스포츠교육을 보는 표면과 이면의 논리는 이 둘이 두 가지 (구별되지만 분리되지는 않는) 다른 종류의 일이 아님을 시사한다. 표면적 스포츠교육과 이면적 스포츠교육은 서로 다른 두 가지 스포츠교육을 수행하는 행위가 아니다. 이 둘은 개념적으로는 구분되나 경험적으로는 분리되지 않는다. 경험적으로는 표면적 스포츠교육 행위만 있다. 표면적 스포츠교육을 제대로 진행하는 것이, 뒤에서 바라보면, 이면적 스포츠교육을 실천하는 것이다. 이면적 스포츠교육은 표면적 스포츠교육에 "실려서, 얹혀서, 묻혀서, 붙어서" 진행된다. 다만, 스포츠교육의 표면과 이면에 대한 이해를 가지고 있지 않으면, 표면적 차원의 교육이 전부라고 간주하고 실행해버리게 된다. 그러면, 이면적 차원의 교육을 의식도 못하고 실현도 잘 이루지 못하는 우를 범하게 된다.

아쉽게도, 우리 주변에서 통상적으로 실천되는 스포츠교육은 표면적 스포츠교육의 수준에도 아직 못 미치고 있다. 운동기술을 배워서 즐겁게 게임하고 시합하는 과정에 머물고 있다. 물론, 기술을 배우는 것만으로도 매우 기쁘고 값진 체험이 된다. 즉, 교육이 된다. 몸뿐만 아니라, 무엇인가 마음과 정신에도 남겨지는 것, 새겨지는 것이 있다. 그러니, 기능(운동기)만을 숙련해도 지식(운동식)과 정신(운동혼)이 따라온다. 고로, 표면적 스포츠교육이 성취되었다고 할 수 있다. 그러나 이것은 우연에 가깝다. 그것도 매우 운 좋은 우연이라고 할 수 있다. 교육은 우연적으로 일어나는 일을 필연적으로 일어나게 만드는 일이다.

현재 우리의 일상적 스포츠 가르치고 배우기가 스포츠교육으로 재개념화되도록 해야 한다. 그리고 가능한 스포츠 파이데이아로서의 스포츠교육으로 이해되고 실천되어야만 한다. 스포츠 리터러시를 기르면서 온전한 사람으로 성숙시키는 과정으로 인식하면서 스포츠를 가르치고 배우자. 표면적 스포츠교육을 제대로 실천하도록 최선을 다하자. 그것이 이면적 스포츠교육으로 다가가는 최선의 방도임을 분명히 깨닫자. 표면적 의미로 스포츠를 가르치지만, 이면적 의미를 지향하면서 그리하도록 하자. 스포츠 가르치고 배우기는 단순히 운동기술을 전수하는 일에 그치지 않음을 유념하자. 그것은 스포츠를 매개로 하는 엔키클리오스 파이데이아임을 명심하자.

(2021. 5. 6.)

제 3의 코칭

| 코치중심 코칭과 선수중심 코칭 |

스포츠는 국민적 관심사의 하나로 자리 잡았다. 이미 한참 전부터 그랬다. 이것은 누구도 부정할 수 없는 팩트다. 8시 저녁뉴스에 스포츠뉴스가 독립되어 편성된 지 오래다. 케이블과 종편에서 제공하는 스포츠채널의 개수도 십 수개다. 스포츠는 영화와 음악과 함께 대한민국 3대 엔터테인먼트다. 최근에는 예능프로그램의 대세 컨텐츠로 진화하고 있다.

그래서일 것이다, 스포츠계 폭력이나 비리에 대해서 민감한 것이. 민감을 넘어 가차없는 정의구현의 큰 목소리를 낸다. 성폭력은 물론이고, 괴롭힘 등이 대표적이라 하겠다. 국가기관으로 "스포츠윤리센터"라는 초유의 전담기관까지 신설되었다. 코치와 감독(이하 코치로 통일), 선수에 대한 엄격한 책무 재확인은 물론, 행정과 거버넌스 전반에 대한 새틀짜기가 진행되고 있다.

나는 스포츠교육학도의 관점에서 한 가지 검토해볼 것이 있다고 생각한다. 그것은 스포츠 코치와 지도자의 코칭 관행에 대한 비판이다. 스포츠코치들의 코칭이 지나치게 권위적이며 나아가 폭력적이라는 것, 그래서 비인권적, 반인권적이라는 평가다. 스포츠혁신위원회의 주된 지적 사항이기도 하다. 사실, 이것은 우리나라만의 이야기가 아니다. 2020 도쿄올림픽 개최 직전 일본에서도 50개 종목 800여명 선수들을 대상으로 한 보고서가 발간되었다.

통상적으로 "코치중심 코칭Coach-Centered Coaching"이라고 불리는 스포츠지도방식에 대한 비판이다. 서양에서는 이미 20세기 후반 사라져버린 구태를 (동양과) 한국에서는 여전히 자행하고 있다는 지적이다. "군사부일체君師父一體"라는 유교적 전통 가치를 기반으로 선생님과 스승님에 대한 절대적 권위인정이 강요되는 문화가 아직까지 만연하고 있다는 평가다(의사나 검사 등 도제식 교육이 일반화된 다른 곳도 여전히 유사한 실정이다).

코치는 팀관리와 관련하여 운동기능 지도와 시합출전 선발 등 모든 권한을 지니고 있다. 권력화된 권한에 선수가 불응하거나 거부한다는 것은 운동을 그만두는 각오를 하는 것과 같다. 절대적 복종 이외의 다른 방도는 (거의) 없는 실정이다. 물론, 대부분의 경우 코치는 관례와 규정과 법이 정하는 한도 내에서 자신의 업무와 책임, 그리고 권한을 구사한다. 하지만, 현장에서의 권한은 절대적이라고 할 수 있는 수준이다. 즉, 본인이 마음먹고 의도한 방향으로 실현시킬 수 있다는 말이다.

운동부 운영이 이런 식으로 진행되면 다양하고도 심각한 부작용(비리)이 발생될 가능성이 높아진다. 그래서 서양에서, 그리고 최근의 코칭이론에서는 "선수중심 코칭Athlete-Centered Coaching"이라는 철학과 방법을 제안하고 실천하도록 노력하고 있다. 기업이 고객우선 정책을 펴듯, 코치는 선수를 우선하며, 선수가 주인이 되는 운동지도, 운동부운영을 해야 한다는 것이다. 교사가 교사중심이 아니라, 학생중심 교육을 펼치듯이 말이다.

너무 당연한 말이다. 고객이 있어 기업이 살고, 학생이 있어 교사가 산다. 선수가 있어 코치가 존재하는 것이다. 물론, 둘은 모두 한 짝이다. 상부상존相扶相存이다. 서로가 있어서 서로가 존재한다. 하지만, 원칙적 우선은 고객, 학생, 선수다. 기업, 교사, 코치가 아니다. 그러나 현실 속에서 권력과 연령관계 속에서 우선순위가 전도되는 경우가 다반사로 일어난다. 이것을 바로 잡자는 자각의식이 "선수중심 코칭"의 아이디어다.

틀리지 않은 사고방식이며 개선 방향이다. 운동선수들은 존중되어야 한다. 코치는 어른으로서, 지도자로서 선수들을 올바로 안내하고 가르쳐야 하는 의무가 있다. 물론, 본인이 전문으로 하는 운동기량을 향상시키는 것과 함께 이 일을 해내야만 한다. 이 과정에서 선수들의 발달단계나 개인적 필요가 제대로 반영된 코칭이 이루어져야 한다. 대략, 이런 것들이 대략적인 선수중심 코칭에서 이야기하는 원칙들이다(매우 자세한 특징과 요소들을 나열할 수도 있으나, 지면관계상 전문서적 참고 당부).

나는 "선수중심 코칭"이라는 최근의 동향에 원칙적으로 반대하지 않는다. 이것은 우리 한국스포츠 코칭이 당면한 현재의 사태를 정확하게 볼 수 있도록 하는 데에 도움이 된다. 지나치고 왜곡된 코치중심 코칭의 만연이라는 문제의 정반대에 서 있는 해결책이다. "코치중심이 문제의 발단이니, 선수중심으로 그 방향을 전환해야만 한다" — 이 논리에는 큰 결함을 찾을 수 없다. 현재 한국 스포츠 코칭의 문제 해결을 위한 중요한 하나의 실천으로 타당한 접근이다. 이미 세계는 선수중심 코칭의 방안을 채택하고 그 방향으로 빠른 속도로 선회하고 있는 중이다.

| 스포츠중심 코칭 |

그렇기는 하여도, 나로서는 약간의 우려가 있다. 그것은 우리가 이미 교육분야에서 주장되었으며 겪었으며 한계를 확인한 접근이기 때문이다. "교사중심 교육"에 대한 대안으로서의 "아동중심 교육"이다. 왜곡되고 지나친 아동중심 교육이 낳은 다양한 문제점, 그리고 폐단들을 한 번 떠올려보라. 아직 미완적 존재인 어린 학생들의 미숙과 욕심과 치기 등에 의해서 필연적으로 맞닥트려온 많은 부정적 결과들 말이다. 아동들이 원하는 모든 것을 기준으로 교육을 펼쳐낼 때 감내해야 하는 것들이 많다.

나로서는 "선수중심 코칭"도 그러한 위험을 그대로 안고 있는 접근이라고 걱정하지 않을 수가 없다. 사실, 이미 선수중심 코칭이 어느 정도 일반화된 서양 외국에서의 사례를 보더라도 그것이 기우가 아니라는 사실을 알려준다. 이것은 어쩔 수 없는 상황이다. 인간은 날 때부터 악한 존재는 아니지만, 그렇다고 완전히 선한 존재도 아니다. 때로는 모르고, 또 때로는 알면서도 자기의 이익을 위한 생각과 판단과 행동을 저지르는, 상황에 따라 선하기도 악하기도 한 존재일 뿐이다. 어린 선수의 경우는 그 간극의 정도가 일정하지도 않고 규칙적이지도 않다.

그래서 나는 새로운 대안을 찾아 제3의 코칭을 제안한다. 그것은 "스포츠중심 코칭Sport-Centered Coaching"이라고 불릴 만한 것이다. 스포츠중심 코칭은 어떤 코칭인가? 그것은 스포츠를 위한 코칭이다. 코치중심 코칭이 코치를 위한 코칭이고, 선수중심 코칭이 선수를 위한 코칭이듯이 말이다. "스포츠를 위한다"는 말은 무엇을 뜻하는가? 사람을 위한다는 말은 들어본 적이 있으나, 스포츠를 위한다는 말은 의미가 분명하지 않다. 스포츠는 단지 사람이 만든 놀이, 게임에 불과하지 않는가?

코치나 선수가 아니라, 스포츠 그 자체를 위한다는 말은 코칭에서 가장 중요한 것이 어떤 것인지를 알려준다. 스포츠가 가장 중요한 코칭, 즉 스포츠를 위한 코칭은 코칭의 중심을 코치CCC나 선수ACC가 아니라, 스포츠SCC에 두는 코칭을 말한다. “중심”이란, 가운데 놓는 것, 중요한 핵심을 의미한다. 그것은 “기준”또는 “표준”을 가리킨다. 어떤 코칭행위가 올바른 것으로 판정받는 “원천”이기도 하다. 코칭은 코치가 선수가 원천이 아니다. 스포츠 그 자체가 무엇이 올바른 것인지, 제대로 된 것인지를 판별하는 원천, 기준, 표준이 된다. 이 말은 무슨 말인가?

예를 들어, 수학이라고 하는 인간활동, 인간이 가꾸어 만들어온 하나의 “실천전통a practice”은 올바른 것과 올바르지 않은 것, 즉 기준이나 표준을 만들어온 과정에 다름 아니다. 잘됨과 잘못됨, 옳은 것과 옳지 않은 것, 좋은 것과 나쁜 것 등등을 구분하는 기준이 있으며, 그 안에서 활동하는 사람들(수학자, 수학인)은 그것을 받아들이면서 수학인으로서의 자신의 삶을 일구어나가는 것이다. 조금 확장시켜 말하면, 어떤 하나의 문화, 사회 속에서 생활하는 사람들은 그곳에서 살아가는 방식과 규범을 받아들여야 하듯이 말이다. 윤리학자 알래스디어 맥인타이어가 규정한 실천전통의 정의가 도움이 조금 될 수 있다.

> 내가 말하는 실천전통이라는 것은 사회적으로 확립된 협동적인 인간활동의 모종의 일관되고 복잡한 형식을 말한다. 실천전통은 그 활동형식에 적합하고 또한 그 의미를 부분적으로 규정하는 탁월성의 기준을 가지며, 그것을 성취하는 과정에서 그

활동형식의 내적 가치를 실현한다. 그 결과 탁월성을 추구하는 인간의 능력 및 관련된 활동의 목적과 가치에 대한 인간의 사고가 체계적으로 확장된다. 이런 관점에서 틱택토 또는 공던지기는 실천전통이 아니지만, 체스나 축구는 실천전통의 예가 될 수 있다. 벽돌쌓기는 아니지만, 건축은 실천전통이며, 무심기는 아니지만 농경은 실천전통이다.

실천전통은 사회적으로 확립된 협동적인 인간활동으로서 모종의 일관되고 복잡한 형식을 지니고 있다(외형적 측면). 그것과 함께, 탁월성의 기준, 내적 가치, 덕, 규칙에의 복종, 역사적 전통, 구성원의 성장(내면적 측면) 등이 함의되어있다. 스포츠는 게임으로서 경기장이나 운동기술 등 외적 특징을 지니고 있으며, 동시에 참여자들이 오랫동안 골라서 쌓아온 내적인 가치로 가득히 채워져 있다. 이렇듯 축구를 할 때에는, 공차기로서만 축구를 하는 것이 아니라 실천전통으로서 축구에 참여하는 측면이 관여되는 것이다(개인적으로 나는 게임놀이가 아니라 문화 활동에 참여한다고 말한다).

축구의 내면적 측면들은 전통으로서 모두에게 이미 주어진 것이다. 나 개인이 그것을 만드는 것이 아니다. 이것은 코치나 선수도 마찬가지다. 축구라는 하나의 스포츠문화, 실천전통에는 이미 오래전부터 주어져 온 탁월성의 기준, 내적 가치, 덕, 규칙에의 복종, 역사적 전통이 존재한다. 여기에 온전히 입문하게 되면(이러한 가치들을 내면화하게 되면) 선수의 성장이 따라오게 되는 것이다. 코치나 선수는 그것의 온전한 전수를 담당한 인간존재들이다. 국제축구연맹의 규정이나 지침 속에 명시적으로 적혀 있거나, 축구문화나 축구정신 속에서 비명시적으로 묻혀있기도 한다.

축구의 이런 전통과 규정의 원천은 코치나 선수가 아니다. 그것은 실천전통으로서의 축구 그 자체다. 코치나 선수는 각자 자신의 흥미를 위해서 축구를 배우는 것이 아니다. 물론, 겉으로 보기에는 그리 드러나지만. 보다 정확히 말하여, 축구를 배울 때, 코치나 선수는 축구라는 인간의 실천전통에 스스로를 입문시키는 것이다. 코치나 선수는 축구의 (기술과 함께) 전통과 정신을 가르쳐준다. 코치는 어린 선수들을 축구라는 커다란 세계로 손잡고 안내하는 이다("축구의 대리인"이라는 말의 뜻이다).

호울 스포츠와 아레테 코칭

이런 맥락에서 코치중심이니 선수중심이니 하는 것은 주객전도다. 축구코칭은 오로지 축구중심일 수밖에 없기 때문이다. 축구를 가르치고 배울 때, 그 기준과 판단의 원천은 축구 그 자체로부터 나와야 한다, 코치나 선수가 아니라. 코치는 물론 축구문화의 대리인으로서 그 권한을 부여받은 사람이다. 하지만, 스스로를 대리인 자격으로만 인지해야 한다. 주인이 아님을 명심해야 한다. 선수는 전수받는 사람으로서 축구의 기술과 정신을 제대로 습득할 수 있도록 겸손하여야 한다. 훌륭한 것, 위대한 것을 내 몸과 마음에 받아들이는 데에 교만과 자만은 해가 될 뿐이다.

예를 들어보자. 실천전통으로서의 축구는 기술, 이론, 정신으로 구성되어 있다. 우리가 매일 보고 하는 공차기 놀이 축구는, 믿거나 말거나, 기능적 차원skill, 지식적 차원knowledge, 태도적 차원spirit으로 되어있다. 나는 이 세 가지를 축구의 기技, 식識, 혼魂이라고 부른다. 축구를 배우는 것은 바로 이 세 가지를 모두 습득하는 것이다. 코치는 이 세 가지 차원 모두를 전수하려고 최선을 다해야 한다. 이것이 올바른 축구코칭이다. 제대로 된 축구지도다.

대부분의 경우, 기능적 차원의 전달에 머무르는 것이 현실이다. 어린이나 초보자의 경우에 더욱 그렇다. 연령대나 경기력이 좀 더 높은 수준으로 올라가면 다양한 과학적 지식으로 경기력과 기술의 향상을 도모한다. 여기에 멘탈코칭이나 심리훈련을 덧붙이고, 체력증진을 위한 운동생리학, 운동영양학, 스포츠의학적 전문지식을 첨가한다. 초보와 전문을 막론하고 기능의 끝없는 반복 연습은 기본이며 지속적으로 강조되는 부분이다.

가장 부족한 부분은 축구의 정신을 다루는 부분이다. 단체운동으로서 개인보다는 팀을 우선한다거나, 선배와 후배의 관계를 중요시한다거나, 하는 등의 기본적인 내용을 명시적, 묵시적으로 습득하기도 한다. 하지만, 대부분의 경우 "축구인 정신 및 행동규범

footballership"에 대한 명시적인 교육은 받지 못한다. 무엇이 올바른 축구이며 무엇이 덜 바람직한 축구인지에 대한 성찰적이며 인문적인 교육은 물론, 경영학이나 법학에서 강조하는 구체적인 실제 사례를 기반으로 하는 현장중심 교육도 없다.

어려서부터 한 팀에 소속되면서 초등, 중학, 고등, 대학 또는 실업이나 프로팀에 진출하면서 그 팀에서의 "사회화"를 통해서 피부로, 눈치껏, 간접적으로 배우는 것이 대부분이다. 이렇게 배운 정신과 태도와 행동규범은 대부분, 이기적이고 상황의존적이며 일관성이 부족한 채로 매번 자기에게 유리한 형태로 이해하고 판단하고 결정하여 행동으로 옮기도록 만들 뿐이다. 물론, 이런 식으로 얻게 되는 것이 현실적으로 더 많을 수도 있다. 하지만, 이것이 축구의 혼, 축구정신을 제대로 드러내는 것인지는 또 다른 문제다.

축구코치는 축구문화의 가장 대표적인 대리인이다. 사실, (어릴수록) 선수들에게는 거의 유일하며 대표적인 대리인이다. 코치는 자신의 코칭철학을 지니고 있어야 하지만, 이것이 올바른 축구와 합치하는지, 올바른 축구정신과 일치하는지 항상 살펴보고 검토하여야 한다. 그리고 올바른 축구의 개념과 올바른 축구정신의 사례를 선수들에게 주기적으로 일러주고 일깨워주도록 해야 한다. 선수들이 배워야 하는 축구는 이기는 축구만이 아니라, 올바른 축구이기도 하기 때문이다.

"스포츠중심 코칭"은 기존 서구의 코칭 연구에서는 없었던 새로운 개념이다. 하지만, 우리 동양인에게는 완전히 새로운 접근은 아니다. 태권도, 유도, 검도 등 동양무예를 가르치고 배우는 기본생각에 이미 담겨져 실천되어 왔다(일본에서는 꽃꽂이, 차 마시기 등 여타 일상생활에도 적용). 그것을 서양 스포츠에서도 적용시킬 수 있는지 확인하는 것이다. "도道"라고 하는 것이 바로 각 무예에 담겨져 있는 오랜 동안의 실천전통, 가치와 덕을 일컫는다. 스승이나 제자나 무도정신을 가운데 두고, 그것의 추구를 최고의 기준이나 표준으로 삼아왔다. "득도"는 그 기준, 표준을 내면화한 상태를 말한다.

나는 올바른 스포츠, 이상적 스포츠를 "호울 스포츠whole sport, 도의 스포츠"라고 불러왔다. 호울 축구, 호울 야구, 호울 체조, 호울 배구 등으로 사례화시킬 수 있다. 스포츠중심 코칭은 바로 이렇게 호울 스포츠를 전수하는 코칭이다. 코치는 선수에게 호울 스포츠가 제대로 습득되도록 최선을 다하는 이다. 호울 스포츠가 전수되는 코칭은 "호울 코칭whole coaching"이라고 할 수 있다. 선수는 코치로부터 자신이 배우는 축구의 기능, 지식, 정신의 세 가지를 모두 다 몸과 마음에 받아들여 단단히 각인시키는 것이다.

반면에, 코치중심 코칭이나 선수중심 코칭은 둘 다 모두 기능향상에 주목하는 스킬 스포츠, 즉 기의 스포츠에 몰두하게 될 가능성이 높다. 스포츠중심 코칭이야말로 이 두 코칭의 좋은 점들을 제대로 반영하는 제3의 코칭이다. 코치나 선수의 개인과 나, 즉 "사私"의 측면이 최우선이 아니라, 축구라는 "공公"의 측면이 가장 앞에서 판단의 기준이 된다. 세계는 이미 축구라는 하나의 커다란 실천전통의 문화생태계가 구축되어있다. 단순 오락거리와 산업영역으로서만 존재하지 않는다. 축구는 가치규범의 체계다. 축구를 배우는 사람은 그 세계에 입문하는 것이다. 코치는 그 세계로의 직접적 안내자이다.

그런데, 올바른 축구의 개념에는 이미 그것을 습득하는 사람들에 대한 특징과 기준들이 내재되어있다("실천전통에의 입문은 구성원의 성장을 가져다 준다"는 맥인타이어의 말을 기억하라). 올바른 축구를 가르치고 배우는 사람, 그것을 행정적으로 운영하는 사람, 그리고 그것을 사랑하고 좋아하는 사람은 올바르지 못한 사람, 나쁜 사람이 되어서는 안된다. 올바른 축구는 모든 관여자에게 바로 그런 최고의 덕virtue과 인성character을 요청하기 때문이다. 고대 그리스인들은 이것을 "아레테arete"라고 불렀다. 스포츠중심 코칭을 "아레테 코칭"이라고 부를 수 있는 이유다.

| 올바른 스포츠 코칭 |

최근 전 세계적으로 코치중심 스포츠 코칭에서 선수중심 스포츠 코칭으로 바뀌어야 한다는 주장이 힘을 얻고 있다. 당연한 주장이다. 하지만, 코칭의 기준을 선수나 코치에 놓는 것은 결국 양자택일의 선택을 강요하게 될 뿐이다. 코칭의 핵심, 원천은 스포츠 그 자체이다. 나는 간단히 스포츠중심 코칭이라는 새로운 아이디어를 소개하였다. 호울 스포츠를 위한 아레테 코칭을 할 때에, 그 긍정적 혜택은 제일 먼저 선수, 다음으로 코치에게 돌아간다. 더 나아가 이들이 운동하며 사는 스포츠 세계에게 되돌아가게 된다. 스포츠 환경생태계를 정화시키는 선순환적 영향을 주는 것이다(또는, 그 반대).

스포츠코칭에서 코치와 선수는 모두 소중하고 중요한 인물들이다. 그럼에도 불구하고, 참된 주인공은 스포츠 그 자체다. 축구코치와 선수도 주인공이라고 할 수 있다. 하지만, 진짜 주인공은 축구나 야구나 수영이다. 코치나 선수는 스포츠가 진짜 주인공임을 잊어서는 안된다. 생명없는 수단이나 도구 취급해서는 안된다. 실천전통으로서의 올바른 스포츠를 전수하고 전수받아야만 코치도 존중받고 선수도 존중받을 수 있게 된다. 스포츠를 홀대하면 그 대가는 코치와 선수는 물론이고, 스포츠계 전체에까지도 돌아오기 때문이다. 그리고 그 피해는 모든 스포츠팬이 똑같이 감내해야만 하게 된다.

(2021. 12. 13.)

가르치는 일

"가르치는 일," 즉 지도, 교수, 또는 교육 등으로 불리는 활동은 어떤 성격을 지닌 활동인가? 어떤 특징, 어떤 모습을 갖는 활동인가? 당연히, 쉽게 대답될 수 없는 질문이다. 한 번에 한 부분, 또는 한 측면만을 이야기할 수밖에 없는 종류의 거대한 활동이다(대부분의 근본적이고 중요한 현상이나 개념과 같이 말이다). 한 번에 모든 부분, 모든 측면을 전부, 총체적으로 이야기 하는 것은 (거의) 불가능에 가깝다.

긴 이야기를 짧게 하자면, 가르치는 일은 3가지 차원에서 이루어지는 활동이다. 세 가지 측면, 또는 세 가지 부분을 지닌 활동이라고 할 수도 있다(측면과 부분, 그리고 차원은 개념적으로 완전히 다르지만, 현재로서는 그냥 넘어가도록 하자).

첫 번째 차원은 "전달"이다. 단순한 건네기, 즉 이편에서 저편으로 옮겨다주는 행위 수준이다. 교과서에 적힌 교과내용을 교사가 학생에게 전해주는 것이다. 조금 심하게 말하면, "배달"이라고 까지 표현할 수도 있을 정도의 옮김이다. 물론, 배달원의 입장은 다르겠지만 말이다. 학생은 이 경우 단순 습득 수준의 학습을 한다.

두 번째 차원은 "개발"이다. 교과내용을 학생에게 전달하는 데 그치지 않고, 그 전달을 통해서 교과에 담긴 내용을 학생의 내면에 심어주어 이해를 통한 다양한 역량을 가능케 하는 활동이다. 학생의 지력과 체력과 여러 정의력情意力을 불러 일으켜 더욱 강하고 높은 수준으로 만들어내는 활동이다. 대부분의 교과교육에서 추구하는 수준의 가르침이라고 할만하다.

세 번째 차원은 "깨움"이다. 한자로 각성覺性, 영어로 enlightenment라고 표현할 수 있는 수준의 지도활동이다(학습자의 입장에서는 깨침, 또는 내면화다). 학생 개개인이 지니고 있는 자기만의 가능성을 스스로에게 가장 알맞은 방식과 내용으로 발굴하여 온전하게 성숙되도록 돕는 활동이다. 짧은 시간에 가능하지 않으며 성공률이 그다지 높지 않고 지속력도 그다지 길지 않다.

각각의 차원은, 차원이라는 개념이 그렇듯, 개별적으로 존재한다. 하지만, 두 번째와 세 번째 차원은 이전의 차원을 내포하고 있다. 점, 선, 면으로 비유되는 1, 2, 3차원을 한 번 떠올려보시기를. 그리하여, 한 사람(학생)에 대해서 말할 경우, 각 차원은 연이어 진행되는 일관된 단계로서 이해할 수 있다. 현실에서는 실제로 단계적으로 진행되는 경우가 대부분이다. 깨침은 개발을 가정하며, 개발은 전달을 가정한다.

다시 말하면, 특정 교과내용을 새로이 배울 때에는 단순 전달을 거쳐 역량 개발을 이루며, 최종적으로 개인적 내면화가 이루어지는 것이다. 가르치는 활동이란 이 세 가지 성격을 지니고 있다. 그런데, 가르치는 활동의 이 세 가지 특징이 드러나는 방식은 개념적일 경우와 실제적일 경우가 서로 다르다. 가르치는 일은 개념적으로는 이렇게 서로 각자 독립적으로 존재하는 특징들로 구분할 수 있다. 즉, 머릿속과 글자 형태로는 이렇게 분리되어 나누어서 언급되고 설명될 수 있다.

하지만, 실제의 활동, 교사의 구체적 행동 속에서는 시범이나 설명 등에 모조리 융합된 하나의 모습으로, 하나의 행태로 행해질 뿐이다. 교사의 교수행위가 갖는 전달의 차원, 개발의 차원, 깨움의 차원 각각이 개별 학생에게 습득의 차원, 역량의 차원, 깨침의 차원 중 어떤 수준으로 학습될 것인지는 교사의 상태와 의도, 그리고 학생의 상태와 수준에 따라 달라질 것이다. 교수학습 과정은 단도직입적이면서도 예측불허가 일반적인 복잡한 과정이다. 그래서 과학이면서 동시에 예술이라고 한다.

게다가, 교사와 학생의 변인과 함께, "상황"이라고 하는 세 번째 변인이 더해진다. 그리하여, 가르치는 일이 과학이라면 카오스 과학이며, 예술이라면 전위예술이다. 불멸의 법칙이 부재한 과학이며 정해진 형식이 없는 예술이다. 결과 예측이 가능한 뉴튼 과학이 아니며 보이는 것을 묘사하는 고전예술이 아니다(다소 과장된 비유지만, 가르치는 사람의 겸손한 자세를 불러일으키기 위함이다).

가르치는 사람은 가르치는 일을 이루는 이 세 가지 핵심변인(요인)들에 대한 3차원적 이해를 깊고 넓고 높게 해나가는 수고를 그치지 않아야 한다. 이같은 복잡성과 비결정성을 파악하거나 파지(수준 높은 단어로 요해(了解), 또는 가르치는 일에 대한 깨침?)한다는 것은 신적 존재에게나 가능한 일이기 때문이다. 강한 자신감을 갖는 것, 바로 그 순간이 자만의 선을 넘는 때이다(그 다음 수순은 오만과 교만이다).

가르치는 일의 이런 특징은 가르치는 자에게 무엇을 요구하는가? 일차원적으로는 내용에 대한 지식과 전달기술, 이차원적으로는 학생의 잠재역량을 효과적으로 개발시키는 지성과 인성, 삼차원적으로는 가르치는 내용과 배우는 사람에 대한 근본적 이해와 사랑, 그리고 삶에 대한 통찰이 요구된다. 가르치는 이라고 스스로 생각(착각)하는 나는 지금, 어떤 수준의 것들로 가득 차 있는가?(그리고 가득 채우고 싶은가?)

(2022. 3. 12.)

스포츠 빌둥

내가 아끼는 단어들이 몇 있다. “빌둥”이 그중 하나다. Bildung, 독일어다. 정확히 옮겨지는 영어 단어가 없다는 것이 독일어권 학자나 영어권 학자들의 공통된 의견이다. 어의에 가장 가까운 영어 단어들로 education, culture, formation, instruction, learning 등을 선택하고 있다. 우리말로는 교육, 양육, 형성, 교수, 학습 등이다. 요즘은 많이 쓰지 않는 표현으로 “도야陶冶”라는 단어가 선호되기도 한다. 대학생 때는, 그리 와 닿지 않아 “뭐, 이런 어려운 말을 쓰나?”라고 생각했었으나, 세상살이와 교육공부를 좀 겪어보니 참 적절한 용어임을 새삼 깨닫게 되었다.

“도陶”는 “질그릇 도”로서 그릇을 빚어내는 것을 뜻하고, “야冶”는 “풀무 야”로서 대장간에서 철을 벼리는 것을 의미한다. 도자기를 만들고 쇠 기구를 만드는 노력과 과정에 빗대어 만들어진 단어다. 이것이 사람을 가다듬는 것에 적용되어 사람을 형성하여 가는 과정, 그 과정에 들이는 노력을 뜻하게 되었다. 사람을 고르고 바르게 다듬어 그 사람의 온전한 모습을 가꾸어내도록 하는, 즉 형성의 노력이자 과정(그리고 그로 인한 결과로서의 인간형성)이다. 이런 의미에서 교육과 양육이란 단어를 사용하게 되었으며, 크게 동떨어진 의미는 아니어서 일반적으로 사용되고 있다.

그런데, 느낌상으로, 도야라는 단어는 교육이라는 단어와는 뭔가 다른 것이 느껴진다. 사실, 독일어권에서는 영어로 교육을 의미할 때 쓰는 education에 해당하는 단어가 따로 있다. 독일어로 교육이란 단어는 Erziehung이다. Bildung을 Erziehung과 구별되는 특별한 교육의 개념으로 성립시킨 이는 독일의 훔볼트라고 인정되고 있다. 빌둥으로서의 교육은 보다 온전한 인간을 추구하는 노력에 대한 염원이 담겨져있다. "조화로운 인간의 올바른 형성"으로서의 빌둥은 훔볼트 고유의 개념은 아니다. 고대시대부터 면면히 내려온 교육의 주류적 사고를 자신과 독일의 맥락에서 시대정신(신인문주의와 낭만주의)에 맞추어 찾아낸 것이다.

훔볼트의 빌둥교육 사상을 살펴보는 것은 내 능력의 범위 밖이고 이 짧은 글의 용량 너머다. 나는 간단히 스포츠교육이라는 인간의 노력에 빌둥에 담긴 염원과 그 용어를 적용시켜보려는 것이다. 그래서 "스포츠 빌둥Sport Bildung"이라는 용어를 만들어보았다. 스포츠교육이란 단어가 담고 있는 평범성과 밋밋함을 극복해보는 중에 스포츠 빌둥을 찾아낸 것이다(물론, 구관이 명관이라는 말도 있듯이, 낯선 스포츠 빌둥보다는 익숙한 스포츠교육이 훨씬 더 친근한 느낌을 줄 것이다. 하지만, "이건 뭐지?"라는 호기심이나 관심을 촉발시키지는 못할 가능성이 높다. "스포츠 빌둥"이란 단어는 최소한 그러한 호기심은 자극시킬 수 있을 게다).

스포츠 빌둥은 스포츠를 통한 빌둥을 추구하는 노력과 그 결과를 강조하는 개념이다. 스포츠를 통해서 조화로운 인간의 올바른 형성을 도모하려는 것이다. 스포츠로 온전한 인간을 벼려내려는 것이다. 스포츠로 하는 도야다. 이것은 우리가 잘 알고 있듯이, 스포츠에 담긴 인성형성sport builds character과 전인교육sport for whole person의 아이디어와 (거의 완전히) 일치한다. 나는 이전에 대학교양체육의 성격을 규정하는 <교양으로서의 교양체육>에서 "빌둥으로서의 교양체육"을 제안한 바 있다. 자유교양교육으로서의 대학교양체육은 기초기능 습득이나 매너 갖추기로서의 교양체육을 넘어, 자신을 온전히 성숙시키는 "자기도야"여야 한다고 하였다.

스포츠 빌둥이란 명칭은 두 가지 효과를 이끌어낸다. 하나는 스포츠지도자들에게 스포츠교육을 대신해서 스포츠의 교육적 차원, 특히 도야를 통한 인간완성의 차원을 보다 더 강조해 보여주는 것이다. 다른 하나는, 빌둥이라는 개념에 스포츠라는 새로운 단어를 연결시킴으로써, 교육학자들에게 스포츠가 빌둥에 어떻게 기여할 수 있는지, 더 나아가 빌둥을 위해서 스포츠가 얼마나 핵심적이고 매우 중요한 기여를 하는 내용(교육소재, 교과)인지를 새롭게 인식하도록 만들어주는 것이다. 스포츠교육자와 일반교육학자 양쪽에 스포츠와 빌둥에 관한 새로운 시각을 갖도록 도와준다.

스포츠 빌둥은, 특히나, 빌둥을 "도야"라고 옮긴이들이 품었던 참된 의도, 즉 도야라는 번역어의 의미를 더욱 더 분명하게 드러내어준다. 앞에서 도야는 질그릇 도와 대장간 야를 뜻하지만, 행위적 의미로는 도기와 철기를 "빚어내고 벼려내는 노력과 과정"을 지시한다고 하였다. 질그릇은 도자기를 만드는 원재료인 흙을 잘 채질하여 반죽한 후, 물레에 돌리면서 손으로 필요와 용도에 따라 빚어내는 과정을 거친다. 대장간에서는 철기구를 만드는 원재료인 쇠를 완전히 녹인 후, 주형에 붓고 두드리면서 벼리어내는 과정을 치른다. 모양을 이리저리 요모조모로 다듬어내는 과정이 바로 도야의 과정이다.

도야는 실행과 실천을 말한다. 빚어냄과 벼려냄은 지속적인 수행과 반복을 뜻한다. 스포츠를 배우는 과정은 바로 이 빚어냄과 벼려냄의 과정에 다름 아니다. "연마研磨"라는 단어에는 "학문이나 정신, 기술 따위를 배워 익힘"이라는 뜻과 함께, "돌이나 쇠붙이 따위를 갈고 닦아 표면을 반들반들하게 만듦"이라는 뜻이 들어있다. 실제로 실천과 실행을 통해서 익히면서 배운다는 점에서 도야라는 단어의 의미와 별반 다를 것이 없다. 도야에는 빚어냄과 벼려냄이 강조되어있고, 연마에는 갈고닦음이 부각되어 있을 뿐이다. 도야와 연마, 모두 실천적 노력으로 배움을 통하여 보다 온전한 상태를 지향한다는 점은 동일하다.

수련修練, 수행修行, 수양修養 등은 바로 이같은 노력과 실천에 붙이는 또 다른 이름이다. 보다 더 나은 상태의 자신, 조금 더 온전한 수준의 자신으로 성숙시키기 위한 연마행위에 붙여지는 표현이다. 빌둥은 동양적 의미에서의 수행(수련, 수양)이라고 해도 틀리지 않다. 스포츠 빌둥은 스포츠를 통한 도야로서, 스포츠로 하는 수행(수련, 수양)이라고 할 수 있다. 스포츠를 열심히 갈고 닦는 것, 스포츠를 잘 하도록 그 기예 수준을 숙달하고 완성시키는 과정을 통해서 자기의 성장, 그리고 완성을 향한 성숙을 도모하는 것이다. 오이겐 헤리겔의 『활쏘기의 선』은 이런 과정의 정수를 세밀히 잘 그려내고 있다.

스포츠 빌둥이, 표면적인 차원에서, 스포츠를 통한 빌둥, 즉 스포츠로 하는 빌둥을 의미한다고 하였다. 스포츠를 내용과 방법으로 활용하여 사람을 빚어내고 벼려낸다고 말이다. 그런데, 이면적인 차원에는 또 하나의 의미가 더 있다. 그것은 "스포츠를 빌둥한다"는 뜻이다. "스포츠를 도야한다"는 말이다. 이 말은 스포츠 자체를 올바로 학습하여, 스포츠의 전부를 나 자신에게 제대로, 온전히 내면화(또는 체화)시키는 것을 말한다. 배우는 내용을 잘 소화시켜서 온전히 나의 것으로 만든다. 그래서 나의 피가 되고 살이 되어 교육내용(스포츠)이 나 자신의 일부분이 되도록 만드는 것(자기화)이다.

스포츠 빌둥은 이러한 두 가지 의미를 내포하고 있다. 간단히 정리하면, "스포츠를 빌둥하기와 스포츠로 빌둥하기"이다. 그런데, 이 두 가지 의미는 동전의 앞뒷면과 같이 하나의 현상을 두 방향에서 보는 것이다. 스포츠를 빌둥하기와 스포츠로 빌둥하기는 서로 다른 활동, 따로 행해지는 행위가 아니다. 가르치고 배우는 현실 속에서는 전자("를빌둥")가 이루어지는 과정에서 후자("로빌둥")가 발생하는 것이다. 사실, 전자가 제대로 되지 않으면, 후자도 기대하기 어렵다.

또는, 잘못된 전자는 이상한 후자를 발생시키기도 한다. 만약, 잘못된 전자임에도 불구하고 바람직한 후자가 이루어진다면, 그것은 순전한 우연의 결과이거나, 어른들이 흔히 말하듯, 전생에서 선업을 많이 쌓은(나라를 구한) 탓일 것이다,

빛는다, 벼린다는 뜻의 도야가 갖는 어의로 인해서 스포츠 빌둥이 배우는 이의 입장에서 수동적이고 주입적일 것이라는 선입견이 강하게 느껴질 수 있다. 주형, 주조, 주물이라는 단어가 떠오른다. 하지만, 빌둥은, 비록 교육자의 권위와 경륜을 존중하지만, 억압적이거나 교육자중심의 폐쇄적이고 권위적인 교육이 들어설 자리를 마련하지 않는다. 빌둥은 전적으로 배우는 이의 온전한 자기성숙(인간형성)을 위한 것이다. 빌둥을 "자기형성(자아완성)"으로 번역하는 이유이기도 하다. 빌둥은 도야이며 연마이되, "절차탁마切磋琢磨, 줄탁동시啐啄同時"의 수행이다. 가르치는 이와 배우는 이가 동시에 쉬지 않는 연찬으로 완성되어가는 과정이다.

스포츠 빌둥은 스포츠라는 교육내용을 제대로, 올바로 가르쳐서 온전한 사람으로 성숙하도록 돕는 인간활동이다. "스포츠를 빌둥해야 스포츠로 빌둥한다"는 것이 스포츠빌둥의 핵심전제다. (스포츠)"를빌둥"을 먼저 해내야, (스포츠)"로빌둥"을 성취해내는 것이다. 그리하여, 스포츠 빌둥에서 우선적 초점을 맞춰야 하는 것은 "스포츠를 올바로 가르치고 배우는 것"은 어떤 것인지를 온전히 파악하는 일이다. 자, 이것으로 문제가 해결되는 듯이 보인다. 농구,

축구, 체조, 육상을 올바로 가르치는 것이 무엇인지 모를 이가 있을까? 그런데, 이쯤까지 읽은 분이라면, "올바로, 제대로"라는 제한적 부사에 부담을 느껴야 한다.

지금까지 스포츠교육의 핵심 논의들은 스포츠를 올바르게 가르치는 것, 제대로 배우는 것이 무엇인가에 대한 의견 일치나 합의를 이루어내지 못하고 있다. 한 가지 있다면, 그것은 경기방법, 운동기술로서의 스포츠를 올바로 가르치는 것이다. 그러나 그것이 전부인가? 전부는 차치하고, 그것이 진정한 스포츠 빌둥인가? 빌둥은 지식이나 기술의 단편적 습득과 숙달을 넘어, 전인적 존재됨을 추구하는 교육적 노력이다. 스포츠에도 사람의 전인적 존재성(온전한 모습의 자아)과 같은 개념을 적용할 수 있을까? 전인적 스포츠?

나는 이런 온전한 스포츠를 호울 스포츠whole sport라고 불러왔다. 스포츠 빌둥은, 시작부터 끝까지, 호울 스포츠를 가르치는 일에 다름 아니다. 온전한 스포츠를 가르치는 것이, 바로, 스포츠를 올바로 가르치는 것이다. 정직하게 말하여, 스포츠 빌둥은 "내용이 방법에 우선하고 방법은 내용에 의존한다"는 교육학적 원칙을 우회적으로 환기시키기 위한 나의 궁여지어窮餘之語다. 호울 스포츠를 가르치기 위해서는 (가르치는 내용으로서) 스포츠를 이해하는 방식은 물론, 그것에 따라 스포츠를 가르치는 방식까지도 함께 새롭게 접근해야 한다. 그리고 그것은, 연쇄적으로, 인문적 스포츠와 스포츠 리터러시의 개념을 촉구한다.

(2023. 1. 11.)

영혼을 위한 체육

내가 아끼는 단어들이 몇 있다. “영혼”도 그중 하나다. 영어로는 소울, 또는 스피릿이다. 나는 소울soul을 더 좋아한다. 영혼이나 소울이나, 모두 단어 자체에서 뭔가 아련한 것이 느껴진다. 뭔가 실체를 알 수 없는 것, 실체가 없는 것. 그저 흐릿하게 또는 흐물하게 기체로서 느껴지는 것이다. 연기 같은 모습조차 빠진, 그러나 존재만은 느껴지는 안개의 습기 같은 것 말이다. 영화나 드라마, 또는 그림에서 묘사되는 흰색의 그러한 모습이나 형체가 아니라. 그럼에도, 영혼은 우리에게 강력한 실체적 힘과 무형적 힘을 동시에 가해낸다.

사람들은 영혼을 인간에게 있어서 가장 중요한 부분, 핵심으로 간주한다. “세상을 모두 얻고도 영혼을 잃으면 무슨 소용인가”라고 탄식하는 성경의 경구도 있지 않은가? 물론, 영혼은 서양 종교적 개념만은 아니다. 동양에서도 가장 직접적으로 혼魂이니 백魄이니 하는 단어들에 유사한 생각이 반영되어있다. 구체적으로 불교에서는 “마음心”,

유교에서는 "심성心性"이 가장 근사치의 개념들이다. 동양적 개념으로서의 심이나 성은 어떤 유형의 실체를 가리키는 용어들이 아니다. 이것들은 사람의 핵심을 나타내기 위한 (형이상학적) 개념적 아이디어다.

반면에 서양의 영혼은, 우리의 상식에 들어있는 바, 실체로서 여겨진다. 다양한 형태로 가시화되어왔다. 이런 의미에서 동양의 용어로는 "귀신鬼神"이 가장 근접한 의미라고 생각된다. 그런데, 귀신은 영화나 드라마에서 통상적으로 그려지듯 원한으로 가득한 원혼이나 유령ghost에 그치는 그런 편협한 개념이 아니다. 귀신은 심과 성의 또 다른 표현체, 성리학의 리理와 태극太極이 사람의 차원에서 개념화된 것이다. 복잡한 논의性卽理, 心統性情를 거르고 아주 간단히 말하자면, 귀신은 인간에게 있어서 가장 중요한 것, 그의 사람됨, 인간됨 그 자체를 나타내는 표현이다.

그러므로 소울은 영혼이자 귀신이라고 할 수 있다. 귀신이라는 말의 일상적 어감 때문에, 나는 "심성心性"이란 단어를 선호한다. 소울은 심성이다. 소울이 한 사람을 이루는 알짬이라고 할 때, 심성도 한 사람의 중심이며 핵심이다. 심성은 심과 성이 합쳐진(곱해진) 단어이지만, 심과 성의 개념이 차이가 거의 없다고 볼 때에 충분히 심성이라고 붙여 사용할 수 있다(영혼도 영과 혼의 복합어). 어떤 한 사람을 본래의 그 사람이 되도록 만드는 핵심(그러므로 그이의 사람됨됨이, 인간됨됨이)을 소울이라고 볼 때, 최고의 교육은 소울교육이다. 사람을 사람으로서 온전하게 숙성시키려는 교육이 바로 소울교육이다.

그러니, 모든 교육은 소울교육이다. 그리고 소울교육은 심성교육이다. 나는 사람이 지닌 본성의 가장 핵심을 "홀니스wholeness"라고 개념화해왔다. 전인성, 전일성, 총체성 등으로 용어화시켰다. 제대로 된 교육은 전인교육(whole education), 올바른 체육은 전인체육(whole physical education)으로 불러왔다. 이러니 전인교육은 소울교육이며, 전인체육은 소울체육이다. 소울교육이 심성교육이라면, 소울체육은 심성체육이다. 전인성(홀니스)이 심성이기 때문이다. 심성이야말로 전인성의 개념적 표현체이기 때문이다. 도대체 전인성으로서 심성은 어떻게 교육시키는가?

홀니스로서의 심성은, 실체적 수준에서, 5가지 본성들로 뭉쳐져 있다. 그것은 체성, 지성, 감성, 덕성, 영성이다. 심성은 하나이면서 다섯이다(이 다섯이 뭉쳐진 것, 작동하는 것을 심성이라고 부른다). 홀니스를 이루는 이 오성들은 개별적으로 가동되기는 하지만, 결코 독자적으로만 작동하지는 않는다. 모두가 (약하게도 강하게도) 연결되어 있기 때문이다. 어느 하나를 건드리면 나머지들이 함께 반응한다. 태생과 훈련과 교육에 의해서 반응의 차원(부분)들이 증가한다. 그 강도도 증가한다. 연결이 더욱 강해지는 것이다. 연결의 강도와 함께 반응의 속도도 증가한다. 그리하여, 호울 퍼슨이 되어가는 것은 오성의 연결 강도와 속도가 커지는 것이다.

모든 교육은 영혼을 위한 교육이다. 물론, 당장의 구체적, 개별적 목표가 있다. 체성을 위한 체육교육, 지성을 위한 지식교육, 감성을 위한 정서교육, 덕성을 위한 인성교육, 영성을 위한 믿음교육 등등. 하지만, 사람은 전일체로서 모든 하나는 나머지를 자극한다. 나머지는 하나에 반응한다(그래서, 럭비구호인 "all for one, one for all"은 교육에도 그대로 적용된다). 태생, 훈련, 교육에 의해서 반응 개수와 강도와 속도가 달라진다. 이 증가와 변화의 과정이 바로 교육의 과정이다. 체육교육은 지식교육, 정서교육, 인성교육, 믿음교육을 (잠재적으로) 포함하고 있다.

사람의 변화, 특히 온전한 사람으로의 변화를 지향하는 체육교육(스포츠교육)은 결국 영혼교육이며 심성교육이다. 체육교육(스포츠교육)은 체성만이 아니라 전인의 오성을 모두 포괄하는 전인교육이다. 전인성을 확보(회복)하려는 노력으로서의 스포츠 가르치고 배우는 활동은 사람의 핵심으로서 심성을 풍성하게 가꾸는 일이다. 스포츠를 가르치고 배우는 활동은 단지 건강체력과 유희오락의 지경에 멈추지 않는다. 그것은 전인오성을 풍요롭게 일구는 영혼의 경작 노고며, 심성의 개간 수고다. 스포츠교육은 애초부터 전인교육의 잠재성을 가득 내장하고 있다.

영혼은 심성이며, 스포츠교육은 심성교육이다. 이것이 스포츠교육(체육)의 정수다. 스포츠 가르치고 배우기는 사람의 핵심을 변화시킨다. 그 핵심을 나는 영혼, 심성이라고 부른다(통상적으로는 전인, 전인성이라고 한다). 이것이 내가 생각하는 영혼을 위한 체육, 영혼체육론이다. 그런데 영혼은 핵심이면서, 동시에 전부다. 전체의 일부분에 그치지 않는다. 전체 그 자체다. 영혼은 단일 차원적 개념이 아니다. 영혼은 복합적, 융합적 존재를 나타내는 개념이다(다차원적 개념이다).

비유컨대, 영혼은 유니버스가 아니라, 멀티버스다. 하나의 차원 그 자체로 독립된 세계가 아니라, 여럿으로 구분되어 있지만 서로 이어져 하나로 된 세계다. 영혼을 단일체로 간주하면 다른 차원들과의 연결은 불필요하다. 그것은 통상적인 유령적 실체에 불과해진다. 반면에 융합체로의 영혼은 사람의 전부를 의미한다. 내 영혼이 바로 나 자신인 것이다. 그러므로 스포츠교육(체육교육)을 희망할 때에 단순히 신체와 육신, 그래서 사람의 한 부분에 머무르지 말라. 저 끝까지 안쪽 깊숙이, 그래서 한 인간의 전부, 전체로서의 영혼과 심성의 교육을 도모하라.

> 그러므로 세상을 버리고 너의 영혼을 구원하라 사람이 온 세상을 얻고도 자기 영혼을 잃으면 무슨 유익이 있겠느냐 무엇을 주고 자기 영혼과 바꾸겠느냐 (마태복음 16: 26)

> 성이라는 것은 마음에 갖춰진 리이며, 정이라는 것은 성이 움직이는 것이다. 마음은 성과 정을 주관하는 것이다. ... 성은 아직 움직이지 않은 것이며, 정은 이미 움직인 것이다. 마음은 움직인 것과 움직이지 않은 것을 모두 포괄한다. 무릇 마음이 움직이지 않은 것은 성이며 이미 움직인 것은 정이다. 마음은 성과 정을 통괄한다는 말은 이것을 나타낸다 (주자어류 권5, 性者 心之理 情者 性之動 心者 性情之主 ... 性是未動 情是己動 心包得己動未動 蓋心之未動則爲性 己動則爲情 所謂心統性情也)

(2023. 1. 2.)

1종과 4종 스포츠교육

교육을 이해하는 두 가지 차원이 있다. "시각"과 "심도"다. 교육이라는 현상(활동)을 이해하고자 할 때, 동시에 고려해야한다. 교육은 이해의 시각視角과 이해의 심도深度라는 두 차원에서 바라보았을 때 좀 더 자세히, 그래서 좀 더 제대로 이해할 수 있게 된다. 이해의 시각이란 교육을 "수단적으로 보는가, 목적적으로 보는가"의 입장이다. 도구적으로 보는가, 본질적으로 보는가이다. 이해의 심도란 교육을 "표층적으로 보는가, 심층적으로 보는가"의 입장이다. 표피적으로 보는가, 내면적으로 보는가이다.

교육을 도구적, 수단적으로 보는 입장은 어떤 활동, 행위를 다른 목적을 위해서 활용하도록 지도하는 것이다. 수학을 가르치는 이유는 시험을 잘 보고 과학고등학교에 진학하기 위한 것이다. 요리를 가르치는 이유는 배고픔을 거두고 생활비를 벌도록 하기 위함이다. 수학 교육의 본질적 이유는 수학의 즐거움을 깨닫고 수학적으로 이 세상을 이해하는 눈을 키우기 위함이다. 요리 교육의 목적적 이유는 요리의 즐거움을 만끽하고 요리 자체가 더 맛있고 아름다운 것이 되도록 하는 것이다. 가르치는 내용의 외재적 목적을 추구하는 것이 아니라, 내재적 목적을 추구하는 활동으로 본다.

교육을 표층적, 표피적으로 보는 입장은 모르던 지식을 알도록, 못하던 기술을 할 수 있도록, 느끼지 못했던 정서를 느끼도록 하는 것이다. 국어를 가르치는 표피적 이유는 유명한 소설을 읽고 작가를 알고 논술할 수 있도록 하기 위함이다. 체육을 가르치는 표층적 이유는 농구 게임을 할 수 있도록, 전술을 알 수 있도록, 규정을 지킬 수 있도록 돕기 위함이다. 국어교육의 심층적 이유는 서사적 글과 논리적 글을 감상할 수 있으며 그 안에 담겨진 내용으로부터 자신과 세상에 대한 성찰을 얻을 수 있도록 함이다. 체육교육의 내면적 이유는 스포츠를 문화로서 향유함으로써 자기 삶을 행복하게 만들어나가는 원동력으로 삼는 것이다.

가르치는 일을 조금 본격적으로 이해하려고 할 때에는 이 두 차원의 동시적 이해를 가져야만 한다. 물론, 일반인이라면 교육, 또는 가르치는 일을 이렇게 복잡하게 이해할 필요가 없다. 대체로, 도구적 이해와 표층적 이해만으로도 큰 무리없다. 실제로 다들 이정도로만 생각하면서 살아간다. 하지만, 교육에 대한 본격적인 실천을 하고 있는 이들(교사, 교육공무원, 교육행정가, 학원강사, 문화예술교육사, 평생교육사, 스포츠지도사 등)이라면, 교육에 대한 전문적인 이해, 즉 보다 세밀하고 복잡한 이해를 가져야 한다.

교육학자나 대학교수들처럼 서양의 유명한 철학자나 이론가의 주장과 개념을 꿰뚫고 있어야 한다는 말이 아니다. 교육이라고 하는 현상(활동)에 담겨진 의미를 조금 더 상세하고 다채롭게 이해해야만, 실행을 위한 판단 구사와 방안 마련에 효과적일 수 있다. 내가 지금 소개하는 두 가지 차원의 이해(교육이해의 중층성)는 그를 위한 아주 단순한 한 가지 방법이다. 우리는 (수학, 요리, 스포츠, 음악, 운전분야 등에서) 교육이라는 현상과 활동을 이야기 할 때, 그것을 바라보는 시각과 그것을 뚫어보는 심도를 함께 고려해야만 한다.

체육 가르치는 일(스포츠교육)을 두고 이야기해보자. 스포츠교육은 시각적(도구적/본질적) 차원과 심도적(표층적/수단적) 차원에서 이해되어야 한다. 우리는 스포츠를 가르치는 현상과 활동에 대해서 어떤 관점의 시각을 지녔으며, 어떤 층차의 심도를 지녔는지를 입체적으로 바라보아야 한다. 즉, 축구를 가르치는 이유에 대해서 중층적 이해를 지녀야 한다는 말이다. 중층적 이해란 한 축으로는 도구적/본질적 관점, 한 축으로는 표층적/심층적 깊이를 동시에 겹쳐서 파악한다는 말이다. 이런 모양새다.

심도 \ 시각	도구적	본질적
표층적	1	2
심층적	3	4

스포츠교육1의 경우는 스포츠 가르치기를 도구적으로 보면서 표층적으로 실행하는 스포츠교육이다. 축구 가르치는 일을 재미 추구나 스트레스 해소, 건강 증진이나 친목 도모, 또는 향후 진학과 취업에 도움이 되기 위해서 진행한다. 사실, 상식적이고 현실적 수준에서 축구를 가르치는(그리고 배우는) 거의 대부분의 목적이고 이유다. 유명인 축구교실이나 직장축구 동호회에서 도모하는 축구교육의 목적이다. 학교축구부에서의 활동이나 프로축구팀에서의 활동도 이런 목적이다.

스포츠교육1과 정반대 방향에 있는 스포츠교육4의 경우는 스포츠 가르치기를 본질적으로 바라보며 심층적으로 실천한다. 축구를 11인 공놀이로 생각하면서 게임하기 그 자체로 즐기고 사랑하도록 지도하는 것이다. 그리고 축구를 단순 게임으로 바라보지 않고 축구를 (인간이 이룩한) 하나의 소중한 문화로서 아끼고 가꾸도록 가르치는 것이다. 축구장, 축구공, 축구유니폼, 축구조각, 축구문학, 축구음악, 축구영화 등등 축구를 소재로 하는 모든 문화들을 사랑하도록 지도하는 것이다. 축구기능만 뛰어나게 하는 것이 아니다.

스포츠교육1과 4의 사이에 있는 2와 3의 스포츠교육은 어떠한가? 스포츠교육2는 스포츠를 본질적으로 바라보지만 표층적 수준에서 가르친다. 축구 그 자체를 좋아하도록 가르치지만, 기능습득 이상도 이하도 아닌 수준으로 지도한다. 대게 축구 초보자들을 대상으로 하는 지도 장면이다. 스포츠교육3은 스포츠를 도구적으로 이해하지만 심층적 수준에서 지도하려고 한다. 학교 체육수업이나 청소년 스포츠교실 등 전인적 발달을 도모하는 장면에서 수행되는 축구 교육이다. 인성함양이나 협동심 증진, 사회적 책임감이나 인지기능 향상 등의 외재적 목적을 위하여, 축구를 기능적이며 동시에 문화적으로 체험하게 한다.

당연한 일이지만, 스포츠를 가르치고 배우는 실제의 장면이 이처럼 4가지 형태로 깔끔하게 정리되어 벌어지지는 않는다. 현장 속에서 4가지 중 어느 한 부류에 완전히 속하는 스포츠 가르치기 장면은 드물다고 보아야 한다. 하지만, 우리에게는 성취하고자 의도하고 실제로 실천하는 스포츠교육이 이 4가지 방향(모습) 중에 어디에 좀 더 가까운지를 가늠할 수 있도록 돕는 가늠자가 필요하다. 그리고 여기 제시된 가늠자는 개념적으로 합리적이며, 실천적으로 유용한 가늠자 중의 하나가 될 수 있다(물론, 나는 그렇다고 확신한다).

현실을 말하자면, 세계 어디든 스포츠교육1이 가장 흔하고도 일반적인 상황이다. 거의 대부분의 경우라고 보아도 무리가 없을 정도다. 선진국에서는 스포츠교육2도 흔치 않게 볼 수 있다. 스포츠교육3도 교육, 평화, 경영 등 다양한 장면에서 최근 적극적으로 활용되고 있다. 다만, 스포츠교육4는 아직 그 형태가 가시화되거나 실천이 본격화되지는 못한 상태다. 아마도, 세상사 모든 것들이 그렇듯, 스포츠교육에서도 본질적이고 심층적인 것의 현실 실천은 최고 난이도를 지닌 희망 사안인 듯하다.

교육이란 여러 관점에서 여러 층위로 행해질 수 있는 다면적, 다층적 인간활동이다. 스포츠교육도 마찬가지다. 1종 스포츠교육은 흔하니까 덜 가치롭고, 4종 스포츠교육은 귀하니까 더 가치롭다는 생각은 편협하며 폐쇄적이다(전적으로 잘못되었다는 말이 아니다). 1종, 2종, 3종, 4종 스포츠교육 모두가 가치롭고 필요하다. 전 세계 모든 나라, 모든 사람들에게 어떤 한 가지가 항상, 최고로 좋다는 것은 과도하게 지나친 이상론일 뿐이다. 때와 장소, 그리고 필요와 여건에 따라, 한 사람, 한 집단이라도 각각 다른 스포츠교육을 필요로 한다. 여기 제시된 스포츠교육 4종 한 세트가 그런 선택을 도와줄 수 있는 간이 개념적 도구가 될 수 있다.

나 개인의 선호를 말하자면, 나는 순서대로 위계를 두면서 발전하는 관계를 희망한다. 즉 1종에서 시작하여, 2종과 3종으로 발전하며, 최종적으로 4종으로 완성하는 그런 모습 말이다. 축구를 오랫동안 가르치고 배우면서, 체력 증진과 스트레스 해소를 목적으로 행하면서도, 축구가 주는 순수한 즐거움과 가치에 감사하며, 자신과 타인을 좀 더 나은 존재로 성장시키고, 축구문화를 멋지고 아름답게 가꾸어 나가는 데에 일조하는 그런 축구인(축구를 사랑하는 사람, 축구애호가, 애축자, 축구팬)으로 성장하는 것이다. 이것은 축구인생 전체, 즉 축구평생에 걸친 장기적 노력을 필요로 한다. 축구교육은 필연적으로 평생교육이다.

스포츠교육은 스포츠 평생교육이다. 그리하여, 한 사람의 평생은 물론 한 나라의 평생에서도, 1종 스포츠교육만이 아니라 4가지 모습의 스포츠교육이 골고루 다양하게 펼쳐지는 상황을 가꾸어나가야 한다. 스포츠교육1에만 만족하며 머물지 않고, 2종과 3종으로 넓혀나가길 애써야 한다. 특히 4종 스포츠교육이 사라지지 않고, 비록 소수에 불과하지만 강력하고도 분명한 모습으로 모두에게 목격되어야 한다. 상업용 바나나는 현재 캐번디시 한 종이 지배적이다. 가장 우수한 종을 선택해 집중 재배하여 단일종만 남겨지게 되었다. 그로 인해 파나마병으로 인한 멸종의 공포에 항상 놓여있다.

단일종 우세는 스포츠교육 자체에도 파괴적 가능성을 높인다(스포츠교육에서의 1종우월주의?). 우리는 여러 종의 스포츠교육을 키울 필요가 있다. 나는 지난동안 4종 세트로 된 스포츠교육의 이해, 그리고 스포츠교육4의 이해를 높이기 위하여 스포츠 리터러시와 인문적 스포츠라는 개념적 아이디어를 소개하고 실천해왔다. 스포츠교육이 단일종이 아님을 알리며, 여러 모습의 스포츠교육들이 있으며 이 모습들의 연계가 바람직함을 촉구해왔다. 이 과정에서 나 개인은 가치론적 입장에서 이 연계가 (1종에서 4종의 방향으로) 위계적임을 강조했다. 당신의 연계는 어떤 모습인가?

(2022. 11. 14.)

삼위일체 스포츠교육론

| 삼국지의 시대 |

삼국시대. 지금 우리나라 스포츠교육계의 상황이다. 고대 중국에서 위, 촉, 오 세 나라가 천하를 삼분하던 삼국시대를 연상케 한다. 우리나라로서는 고구려, 신라, 백제의 삼국시대라고 할 수 있다. 학교체육, 생활체육, 전문체육으로 나뉘어서 각자 다스리는 영역을 구분하며, 서로를 경계와 대결의 대상으로 마주하고 있다. 각 분야에서 벌어지는 스포츠교육, 즉 스포츠를 가르치고 배우는 행위는 서로 대상, 목적, 지향 등에서 모두 다르다고 주장한다.

표면적으로 보기에는 사실처럼 보인다. 학교운동장, 스포츠센터, 엘리트운동부에서 벌어지는 스포츠 가르치기와 배우기는 그 모습도, 그 목적도, 그 지향도 너무 다르다. 학교체육에서는 지덕체가 균형 잡힌 전인교육을 추구한다. 생활체육에서는 건강과 여가를 위한 스트레스 발산을 의도한다. 전문체육에서는 메달과 우승을 통한 명성과 대가를 기대한다. 학교에서 생활로, 생활에서 전문으로 진행되며 약, 중, 강으로 스포츠 지도의 농도와 강도를 달리한다.

사실 체육교사 임용시험 준비를 위한 교수법, 일반인에게 생활체육을 가르치기 위한 스포츠강습법, 그리고 운동선수를 훈련시키는 코칭법이 동일한 내용이 거의 없다. 학교체육에서 학생들을 위한 체육지도법으로는, 체육문화센터에서 수영이나 배드민턴을 배우는 성인회원들을 지도하지 못한다. 엘리트 선수들에게 야구나 축구를 지도하는 스포츠코칭법은 또 따로 존재한다. 실제 현장에서의 지도상황이 이렇게 서로 다르니, 이 세 영역이 각각 독립된 세계를 구축하여 따로 운영되는 것이 당연한 것처럼 여겨진다.

스포츠교육전문가로서 나는 이 점이 우려스럽다. 스포츠를 가르치고 배우는 스포츠교육의 맥락에서는 이 세 영역이 너무도 멀리 떨어져있다. 그리고 그 거리는 좁혀지지 않는 추세다. 오히려 더 멀어져가는 조짐이다. 학교체육에서의 스포츠 가르침, 생활체육에서의 스포츠 가르침, 그리고 전문체육에서의 스포츠 가르침이 서로 다르다. 이 세 영역에서의 스포츠 가르침은 각자 수업teaching, 강습instructing, 훈련coaching이라고 불린다. 명칭처럼 가르치는 목적과 지향도 다르다.

| 삼위일체의 스포츠교육 |

스포츠라는 유희적 신체활동을 가르치는 일을 왜 이렇게 다른 컨셉과 이름으로 부르는가? 축구를 가르치고, 수영을 가르치고, 달리기를 가르치며, 배드민턴을 가르치는 일은 체육수업과 체육센터와 운동훈련장에서 서로 다른 일인가? 서로 다르게 가르쳐지는가? 그렇지 않을 것이다. 단위 기술과 경기 전략을 배워서 상대를 맞아 실제로 시합하는 것을 가르치는 것이다. 예외는 없다. 있다면, 기술, 전략, 시합의 강도나 수준의 높낮이에 있을 뿐이다. 다른 점은 종류가 아니라, 정도에 있다. 각 체육의 영역에서 하는 일은 본질상 동일한 종류의 일이다.

물론, 이것은 원칙적인, 원론적인 차원에서의 주장이다. 현실적 차원에서는 분명히 서로 다른 모습으로 펼쳐진다. 한국의 학교체육과 생활체육과 전문체육에서는 종류 상으로도 서로 구분되는 체육이 진행된다는 말이다. 수준은 물론, 종류도 다른 방식의 스포츠교육이 펼쳐진다는 말이다. 그래서 위에 언급된 서로 다른 명칭이 붙는 것이다. 그래서 현실적으로 체육교사, 생활체육지도사, 스포츠코치들이 각자 다른 자격과 대우를 받는 것이다.

이들은 스포츠교육을 하되, 서로 다른 영역에서 서로 구별되는 스포츠교육을 하는 것이다. 그것이 스포츠교육의 삼국지가 펼쳐지는 이유다. 그런데, 정말로 그러한가? 이들의 스포츠교육은 서로가 다른 스포츠교육인가? 나는 그렇게 생각하지 않는다. 이들은 겉보기에는 다른 것처럼 보이지만, 저 밑바닥 심층의 수준에서는 서로 동일한 종류의 일을 진행한다. 그리고 이것이 이 세 가지 스포츠 가르치기를 모두 스포츠"교육"이라고 부를 수 있는 이유다.

나는 스포츠 가르치기와 배우기를 이렇게 바라보는 관점을 "삼위일체 스포츠교육론"이라 부른다. 학교체육, 생활체육, 전문체육은 그 뿌리를 공유한다. 다만, 그것은 심층부라서 외면적으로는 보이지 않는 차원이다. 현실 속 표층적 차원에서는 대상과 목적을 달리하면서 서로 분리되어 각자 다른 외형적 특징을 강화하게 되었다. 표층부에서는 서로 구분되는 제도와 인력과 시스템 속에서 운영된다. 외형적 특징이 다르게 발전되면서 서로 다른 영역으로 분리 발전되게 된 것이다.

아래 그림은 이 관계를 시각화한 것이다. 그리고 보다 더 심화시킨 것이다.

세 체육들의 관계는 표층과 심층의 구분에 “내층內層”이라고 하는 하나의 층이 더 존재한다. 심층은 가장 안쪽에 깊이깊이 숨겨져 있어서 확인이나 파악이 매우 어렵다. 반면에, 표면에 바로 보이지는 않으나, 우리의 지력과 지성으로 다양하게 확신하고 드러낼 수 있는 안쪽의 차원이 있다. 내층의 차원에서는 각 체육들이 서로 연관을 맺고 있다. 학교체육이 생활체육과 전문체육, 생활체육이 전문체육과 학교체육, 전문체육이 학교체육과 생활체육이 완전히 다른 체육으로 존재하지 않는다. 가시적이지 않은 형태로 행정적, 경제적, 산업적, 교육적, 제도적으로 연계되는 부분들이 있는 것이다. 다만 그 연계가 두드러지지 않거나 규모가 크지 않거나 할 뿐이다.

외모적으로는 서로 다른 사람들처럼 보이는 이 세 영역이, 마치 하나의 조상으로부터 나온 혈연관계를 맺고 있는 이 사실이 흥미롭다. 나는 심층에 해당하는 본질적 부분이 궁금하다. 이들을 스포츠“교육”으로 묶어주는 그 심층의 본질은 무엇인가? 그것은 “실천전통으로서의 스포츠에 입문시키는 일”을 수행한다는 것이다. 체육수업에서건, 센터강좌에서건, 운동경기에서건 그곳에서 벌어지는 가르치고 배우는 행위는 바로, 배우는 이들을 축구의 실천전통, 수영의 실천전통, 테니스의 실천전통에 이끌어 안내하는 일을 하는 것이다.

이 일이 다름 아닌 “교육”이라 부르는 일이다. 국어교육, 수학교육, 음악교육 영역과 분야를 막론하고 모두 동일하다. 외양이 서로 다르고 수준이 다소 다르더라도, 수업과 강좌와 훈련은 모두 교육의 표층적 현시다. 이 표층적 발현의 모습은 저 안쪽 깊은 곳에서는 모두 스포츠에의 입문이라고 하는 본질을 현실의 맥락에서 구현하는 것이다. 이 셋은 (표층적으로는) 서로 다르면서 (심층적으로는) 하나다. 그래서 삼위일체三位一體다.

표층에서 각자의 논리와 제도로 분리된 상태가 고착화되면서, 교육적 연계와 통합의 가능성은 점점 좁아지고 있다. 그러나 과연 이 단절이 본질적인 차이에서 비롯된 것일까? 삼위일체 스포츠교육론은 학교체육·생활체육·전문체육이 표층에서는 다르게 운영되지만, 내층에서는 상호 연결되어 있으며 심층에서는 동일한 뿌리를 가진 하나의 교육체계라는 관점이다. 표층의 차이를 이유로 분절을 정당화하기보다, 심층의 동일성을 기반으로 상호 연계와 통합을 설계해야 한다는 주장이다.

| 스포츠 리터러시 |

나는 삼위일체의 스포츠교육을 지향한다. 심층적 차원에서 진행되는 스포츠교육을 희망한다. 어디에서 누구로부터 가르침을 받든, 배우는 이는 그 내용을 배움으로써 "실천전통으로서의 스포츠에 입문하게 되는 것"이다. 나는 실천전통으로서의 스포츠를 "호울 스포츠"라고 불러왔다. 지, 덕, 체가 균형 있게 함양된 온전한 사람을 호울 퍼슨이라고 부른다. 호울 스포츠는 기, 식, 혼이 모두 잘 갖춰진 온전한 고습의 스포츠다. 학교체육, 생활체육, 전문체육 어디에서든 호울 스포츠 교육이 절실하다.

우리가 축구 교육을 받는 것은 호울 축구에 입문하는 것이다. 축구기, 축구식, 축구혼, 즉 축구의 기능적 차원, 축구의 지식적 차원, 그리고 축구의 정신적 차원을 통째로 온전히 배우는 이의 몸과 마음과 영혼에 녹여들게, 배어들게, 스며들게 만드는 것이다. 학교에서건, 센터에서건, 훈련소에서건 다르지 않다. 축구의 표층을 넘어, 내층을 건너, 심층으로 안내하는 것이 축구교육자의 할 일이다. 이런 의도와 이런 목적을 지향하는 축구지도야 말로, 축구교육이라고 불릴 자격을 갖추는 것이다.

체육교사, 센터강사, 스포츠코치는 모두가 동일한 일을 하는 사람들이다. 이들은 표층적, 내층적으로는 서로 다른 영역에서 서로 다른 일을 하는 것처럼 보인다. 하지만, 근본적 수준에서는 모두 스포츠교육자다. 신체활동을 즐길 수 있도록, 그 체험이 자기 성장이 될 수 있도록, 그리하여 행복한 삶을 함께 살 수 있도록 돕는 사람이다. 이들이 배우는 이에게 갖춰주는 자질은 스포츠 리터러시라고 부른다. 스포츠를 잘 하고 잘 알고 잘 느낄 수 있는 총체적 자질이다. 하기, 읽기, 쓰기, 보기, 듣기, 말하기 등 다양한 방식으로 스포츠를 즐길 수 있도록 하는 향유력이다.

어디에서 누구에게 어떤 방식의 지도를 받던, 스포츠"교육"을 받는 한, 그이는 실천전통으로서의 스포츠에 입문하는 것이다. 그는 하는 것뿐만 아니라, 아니 하는 것을 넘어서, 자신이 좋아하고 자신이 잘 하는 방식, 그 수가 정해지지 않은 다양한 방식으로 그 스포츠를 향유할 수 있게 된다. 학생이건 회원이건 선수이건 다르지 않다. 학교체육이건 생활체육이건 전문체육이건 무관하다. 일이관지一以貫之! 스포츠 리터러시는 이 세 영역의 체육을 심층에서부터 하나로 꿰뚫어내는 삼위일체 스포츠교육론의 화살이다. 과녁의 정중앙을 맞춰 표층과 내층과 심층을 하나로 묶어내는 골드 애로우다(그림에 표현된 심층, 내층, 표층은 각각 스포츠교육의 철학, 제도, 현장에 상응한다. 철학이 제도와 현장에 가능한 많이 스며드는 것, 즉 심층의 부분이 내층과 표층으로 확장되어 겹쳐지는 부분이 더 많아지는 것이 삼위일체 스포츠교육론의 실현일 것이다).

(2025. 8. 14.)

신체적 교육과 스포츠 교육

1

이름 바꾸기가 유행이다. "개명改名"말이다. 듣기에 촌스럽거나 발음이 이상하거나 해서 바꾼다. 재수가 없거나 일이 잘 풀리지 않아서 바꾼다. 이전의 자신과 완전히 단절하고 싶거나 잊어버리고 싶어서 바꾼다. 온갖 개인적 이유로 바꾼다. 변변찮은 내 주위에도 이런저런 이유로 새 이름을 가진 이들이 십여 명 가까이 된다. 그만큼 법적, 행정적 절차도 간편해졌다.

사람만 이름을 바꾸지 않는다. 어떤 분야도 이미지 쇄신을 위하여 개명한다. 대표적으로 사교댄스라고 불리던 춤의 장르가 댄스스포츠로 명칭을 바꾸었다. 완전히 이미지 반전의 대표적 사례다. 1970, 80년대 어둡고 퇴폐적인 불륜의 춤바람을 키우는 온상으로 여겨졌던 어른들의 춤이었지만, 1990년대 스포츠 요소를 가미하여 이제는 남녀노소 모두가 흥겹게 참여하는 건강한 레저 활동으로 완전히 탈바꿈하였다(안마시술도 스포츠마사지라는 개명으로 큰 덕을 본 또 다른 사례다).

"체육"이라고 불리는 우리 분야도 이런 조짐이 커지고 있다. 2000년대 들어 이미 간헐적으로 이따금씩 여기저기서 언급되고 주장되어오고 있다. 어쩔 수 없이 영어와 그것을 번역한 한문 용어들로부터 시작한 태생적 한계로 인하여, 한국의 체육 분야는 용어의 혼재와 함께, 그로 인한 혼란이 점차로 더 심해지고 있는 상황이다. 체육종사자들의 수가 엄청나게 증가하였으며, 이전에는 존재하지 않던 세부 분야들로 나뉘어졌으며, 하는 일들이 서로 관련성이 없을 정도로 다양한 영역들이 포괄적으로 체육이라고 불림으로써 초래된 사태다.

우리가 일반적으로 사용하는 총괄적 용어로 "체육體育"이 있다. 현재 체육은 큰 의미와 작은 의미의 두 가지 차원에서 이해되고 있다. 큰 의미의 체육은 체육 분야 전체를 가리킨다. 즉, 문화체육관광부처럼 어떤 한 분야 전체를 포괄적으로 나타낸다. 작은 의미의 체육은 학교체육, 또는 체육교과를 구체적으로 지칭한다. 영어 표기는, 항상 그런 것은 아니지만 전반적으로, 전자일 경우 sport, 후자는 physical education으로 표기한다. 그런데, 한국 내 체육 분야가 그다지 세분화되지 않았던, 그리고 영어에 그다지 민감하지 못했던 1990년 이전까지만 해도 큰 의미건 작은 의미건 모두 physical education으로 표기하는 것이 일반적인 상황이었다.

2

뭐, 이 정도까지는 어렵지 않게 이해되는 내용이다. 사실, 일반인들에게 있어서 이런 의미 차이는 별로 문제도 않되며, 맥락상으로 어떤 의미인지가 쉽게 드러난다. 하지만, 전문가와 전공자들에게는 매우 중요한 사안이다. 자신들의 정체성을 드러내며, 현실에서는 권한과 권리(그리고 권력과 소득)에 관계되기 때문이다. 최근 명칭에 관한 관심과 개칭에 대한 주장이 높아지고 있는 것은 이 때문이다. 이 주장은 두 가지 형태를 띠고 진행된다, 하나는 한문명칭에 대한 이의와 불만제기, 다른 하나는 영문 명칭에 대한 새로운 용어 사용이다.

물론 두 형태는 혼재되어 하나의 맥락에서 제기된다. “Physical Education”은 체육이라고 번역되어왔다. 신체적 교육, 신체의 교육 등의 일차적 의미를 그대로 한자로 옮겨서 “體育”으로 삼은 것이다. 19세기 말, 20세기 초반에 만들어진 용어다. 19세기 중, 후반에 널리 쓰이던, 그리고 20세기 초반까지 혼용되던 용어들로는 “Physical Culture”와 “Physical Training”이 있다. 전자는 “體養(체양. 신체의 양육, 배양, culture의 의미 agriculture, horticulture 등)”, 후자는 “體練(체련. 신체의 훈련, 단련)”으로 번역되어 사용되었다(두 단어는 21세기 현재는 모두 사용되지 않는 단어, 즉 사어가 되었다 19세기와 20세기초 유럽본토에서는 단순히 Gymnastik 즉 체조라고 불리었다).

이 단어에 숨결을 불어넣어준 19세기 후반의 미국은 체양과 체련이 판을 치고 있을 때였다. 하지만, 20세기 초반 이후 진보주의 교육자들에 의해서 체육의 중요성이 강조되면서 교육적 차원으로 거양擧揚되어 들불처럼 확대되어가던 공립학교의 교과목으로 자리를 잡게 되었다. 그러면서, 체육 분야의 대표 용어로 크게 되었던 것이다. 이후 1960년대 sport 붐이 불고, 1970년대 fitness 열풍이 일어나게 되었다. 2000년대 이후로는 sport나 exercise와 같은 특별한 운동이 포함된 일반적 신체활동으로서 physical activity의 건강효과를 발견하게 된다. 그러면서, 학교체육과 체육교과라는 이미지가 강한 PE라는 용어에 대한 불만족이 커져가게 된 것이다.

88서울올림픽을 마치고 사회적 발전과 체육분야 발전이 급격하게 진행된 1990년 이후 이같은 불만이 국내에도 차곡차곡 쌓여가게 되었다. 이런 이의를 제기하면서 용어 교체를 강력히 요청하기 시작하였다 — "체육"은 "육"이라는 단어 안에 생략된 "교육"의 의미가 강하다. 특히 사범대학 학과 명칭에 "체육교육과"라는 이름은 동어반복의 우스꽝스러운 형태로 되어있다. 체육 안에 이미 교육이 들어있는데 뒤에 또 교육이라는 단어를 덧붙인 것은, 사범대학 전체 학과에 체육교육과 밖에 없다. 오히려 "스포츠"라는 명칭이 스포츠가 핵심이 되어가는 현대 사회에 훨씬 더 적합한 명칭이다.

그러나 스포츠라는 용어에 반대하는 이들은 스포츠라는 신체활동은 경쟁적 운동에 국한하여 이해됨을 지적하며 사용을 거부한다. 어떤 이들은 절충안을 찾아서, 일반인들에게 있어서 "체육"은 이미, 학교체육만이 아니라, 체육 분야 전체를 담고 있는 용어로 사용하고 있으나, "sport라고 쓰고 체육이라고 읽자"고 제안하기도 한다. 그렇다. 일반인들에게 있어서 체육이란 단어는, 마치 교육이란 용어처럼, 매우 다양한 현상, 분야, 활동들을 통째로 담아내는 일상 용어가 되어버렸다(예, 구별로 있는 문화체육센터, community culture and sport center).

이런 기초적인 이의제기와 함께, 보다 전문적인 다른 지적과 제안들이 있다. 예를 들면, 체육학은 Human Movement Studies 또는 Kinesiology 처럼 인간움직임학이나 운동학으로 개명되어야 한다는 것이다. 물론 Sport Studies(스포츠학)이나 Exercise Science(운동과학)이란 단어도 제안되고 있다. 미국, 영국, 호주, 캐나다 등 영어를 모국어로 구사하는 나라들에서도 체육학의 영어표기가 통일되어있지 않은 현실이다. 다만, Physical Education Science/Studies를 사용하지 않는 것에는 합의가 이루어져 있다.

일본에서도 다양한 명칭을 사용하고 있으나, 제일 큰 학회명이 "일본체육학회"로서 아직까지는 "體育學"이 대표용어로 사용되고 있다. 그런데, 영어 명칭은 *Japan Society of Physical Education, Health and Sport Sciences*로 되어있다. 그러니, 큰 의미에서의 체육을 채택하고 있으며, 그 안에 작은 의미로서의 체육교육을 포함하고 있는 모양새를 하고 있는 것이다. 포괄적으로 볼 때, 우리나라하고 같은 접근이다. 우리나라는 "한국체육학회"라는 국문 이름을 쓰며, *Korean Alliance for Health, Physical Education, Recreation, and Dance*라는 영문 명칭을 채택하고 있다.

3

체육 관련된 전문용어의 명칭과 개명에 대해서는 나도 나름대로의 의견을 가지고 있다. 그렇긴 해도, 스포츠교육이 전공이니 그것에 한해서만 살짝 이야기해보겠다. 1980년대 중반 처음 대학원 공부를 시작했을 때 나는 체육교육학이 전공이었는데, 박사학위졸업 이후부터는 스포츠교육학이라고 바꿔 부르고 있다. 내가 속해 있는 주된 학회의 명칭도 "한국스포츠교육학회"다. 교육적 맥락에서 체육현상을 이해하고 개선하고 연구하는 내용에 관하여 탐구하고 실천하는 연구자와 실천가의 모임이다.

내 전문분야는 영어로 "Sport Pedagogy"라고 쓰고 한글로 "스포츠교육학"이라고 읽는다. 1980년대 체육학문화 운동이 본격화되면서, 체육교육 분야의 학문적 명칭을 유럽에서 사용하는 "교육학"에서 차용해서 스포츠교육학이란 영어로 사용한 것이다. 독일에서는 그 이전부터 *Sport Pedagogik*라는 탐구분야를 독립적으로 인정해오고 있었다. 학문분야에 대한 명칭은 이렇게 되었으나, 주된 실천분야는 (스포츠교육 대신에) 여전히 체육으로 쓰고 있다. 즉, Physical Education이라는 명칭을 사용한다. 그래서 영국의 한 유력한 저널은 *Physical Education and Sport Pedagogy*라는 이름을 가지고 있다.

체육 즉, PE라는 이름은 앞에서 잠깐 언급했지만, 체조, 체양, 그리고 체련의 개념으로부터 한 단계 업그레이드 된 개념이다(적어도 미국에서는 그러했다. 한국에서도 사실 구한말에 그러한 쓰임새로 사용되었다. 고종의 교육조서에 보면 "체양"이란 표현이 등장한다). 신체의 양육이나 단련을 정식 "교육"으로서 마음과 지성의 개발을 도모하는 것과 같은 수준으로 상향 조정시켜준 것이다. 이런 개념적 변화 위에서 신체교육, 즉 체육이라는 정식 교과로서의 지위를 얻을 수 있게 되었다.

현재 한국 내에서 체육교과, 학교체육, 또는 체육교육으로 옮겨지는 physical education은 이제 그 효용성을 소진했다고 생각한다. 백여 년 전 한국에 처음으로 체육이라는 단어가 소개되고, 1970년대 본격적인 학교교과로서의 지위를 획득하여 굳건히 한 이후와는 완전히 다른 상황이다. 체육교과는 특히, 중등학교 내에서 매우 중요한 교과가 되었다. 중학교에서는 스포츠클럽 시간까지 포함시키면, 주당 4시간을 할애 받고 있다. 국어, 영어, 수학과 같은 시간수다. 상징적인 숫자다. 체육교과의 중요성을 그대로 보여준다.

"피지컬 에듀케이션"은 포괄적으로 번역되었을 때, 체육교육이라고 할 수 있다. 이 번역은 그런데 체육의 전 모습 중에서 학교체육에 제한되어 이해되어지는 현실을 벗어나지 못하고 있다. 생활체육과 전문체육의 영역은 다른 용어, 예를 들어 community coaching과 high performance coaching과 같은 표현이다. 개념적으로 education이 아니라 coaching으로 분류되고 있다. 이같은 용법은 학교체육에서만 스포츠 가르치고 배우는 과정을 훈련이나 지도가 아닌, 교육의 과정으로 간주되게 만든다.

생활에서의 운동 가르치기, 그리고 경기를 위한 운동 가르치기를 포함한 모든 스포츠 가르치기와 배우기를 코칭을 넘어 교육으로 간주하는 노력이 절실하다. 교육은 단순한 운동기술을 습득하도록 돕는 일을 넘어선다. 운동 기술만이 아니라, 그 운동종목에 담겨져 있는 정신까지도 전수하는 일이다. 내가 즐겨 쓰는 표현으로 말하자면, 어느 스포츠의 기능技, 지식識, 정신魂까지 모두 자기 자신의 몸과 마음에 내면화시키는 과정이 바로 교육이다. 그런데 내가 보기에 피지컬 에듀케이션이란 용어는 이미 그런 온전한 교육을 지향하는 일을 해내지 못하고 있다. 그냥 운동기능과 지식을 잘 배워서 즐겁게 게임과 시합을 하도록 돕는 일에 그친다.

최근 미국에서 체육이란 학교교과목의 명칭을 바꾸어야 한다는 유명 스포츠교육학자의 주장이 있었다 — 음악, 미술, 수학, 과학은 모두가 그 교과의 내용을 드러내는 명칭이다. 그런데 왜 체육만 "physical education(신체적 교육)"이라는 명칭을 지니고 있는가? 교과명으로 정확하지 않다. 교과명은 체육의 교과내용인 신체활동이 대표적으로 쓰이고 있으므로, physical activity(운동, 신체활동)으로 고쳐야 한다는 주장을 설득력 있게 펼쳐냈다. Music, Arts, Mathematics, Science, 그리고 Physical Activity(또는 Sport)라는 것이다.

이럴 경우, 다른 교과들과 동일선상에 놓인 명칭을 가질 수 있다. 국내에서 이렇게 명칭을 바꾼다면, "운동"이라는 표현이 적절하다는 생각이 든다. 물론, 체육이라고 그대로 읽고 단지 영문표기를 PA

또는 Sport라고 적을 수도 있다. 다만, 나는 이런 식의 명칭 변경은 신체활동의 교육적 지도라는 측면이 전혀 인정되지도 부각되지도 않는다는 생각을 떨쳐버릴 수 없다. 오히려, 스포츠나 운동보다는, 체육이라는 이름에는 그나마 교육의 측면이 그림자의 형태로나마 유지되어 드러난다.

4

체육처럼 스포츠도 두 차원의 의미를 갖는다. 나는 체육에서 다루는 신체활동들을 통칭하는 용어로 (PA대신에) "스포츠"를 사용한다. 이것은 큰 의미의 스포츠다. 작은 의미의 스포츠는 농구나 배구같이 스포츠 종목들을 구체적으로 지칭할 때다. 학교체육, 체육교과, 체육교육이라는 명칭을 넘어서는 새로운 표현으로서, 나는 "스포츠교육"이라는 용어를 선호한다. Sport Education 이라고도 쓸 수 있겠지만, 특정 모형과의 혼동을 피하기 위하여 "*Sport Paideia*"라고 적는다. 아니, 일반적 용어로서는 sport education을 사용하지만, 내가 특별히 추구하는 스포츠교육의 의미를 담아내는 적합한 용어로서 "스포츠 파이데이아"라는 용어를 선호한다.

큰 의미의 스포츠는 movement, exercise, martial arts, sports, leisure, dance, play 등의 신체활동들을 망라한다. 그리고 파이데이

아는 특정한 이상을 추구하는 교육을 일컫는다. 그것은 그리스 시대에 가장 훌륭하게 꽃피워진 교육의 이상이다. 그리스어 "*paidei*"는 영어로 통상적으로 education으로 번역되고 있다. "교육"을 의미하며, 구체적으로는 "아동의 양육the rearing of child"을 뜻한다. 교육자 pedagoguepaidagogos, paidotribe, 교육학 pedagogy은 모두 어린이paidos라는 어원으로부터 나온 단어들이다.

"파이데이아"는 그리스 도시국가에서 어린아이를 훌륭한 시민으로 성장하도록 키워내는 교육을 의미한다. 체육, 음악, 문법, 시, 수사, 천문학, 산수 등을 배워서 모든 면에서 조화롭고 균형잡힌 성인(즉, 시민)으로 성장시키는 것이다. 우리가 교육적으로 완성된 이상적 모습의 학생 상으로 사용하는 표현인 well-rounded person 또는 whole person은 바로 이러한 성인을 지칭하는 말이다. 파이데이아의 이상이 낳는 그리스의 어른은 이상 속에서는 전인으로, 생활 속에서는 시민의 모습으로 추구되었다.

파이데이아의 이상은 이후 서구 교육의 큰 물줄기로서 중세와 르네상스, 그리고 근대를 거쳐 지금까지도 면면히 이어져오고 있다. 현대에는 자유교양교육liberal education의 모습으로 나타나있다. 하지만, 안타깝게도 최근에는 포스트모던적 사고방식, 신자유주의적 사회경향의 영향으로 그 모습이 흐릿해져가고 있는 중이다. 급격한 변화가 일상이 된 현대사회에서는 지, 덕, 체가 균형잡힌 사회인은 거의 멸종지경의 희귀 존재로 여겨지고 있다. 각자 자기의 능력과 욕구를 최대한 추구하고 성취하는 역량으로 가득 찬 "전인專人, talented person"을 기르는 것이 교육의 주된 목표가 되었다.

저명한 교육사학자 베르너 예거나 앙리 마루가 모두 극찬했듯이, 고대 그리스는 서양의 교육적 이상이 가장 완성된 형태로 가장 찬란하게 펼쳐지던 시기다. 이들은 모두 입을 모아 그 핵심에는 "파이데이아"의 이상이 있음을 주장한다. 그리스는 아직 미완성인 어린이를 완성된 어른으로 성장시키는 최선의 노력으로서 교육을 "파이데이아"로서 개념화시키고 현실화시켰다. 미숙한 인간 존재의 잠재적 본성을 가정하고 그것을 그리스적 삶에 최적화된 수준으로 개발하고 발현시킬 수 있도록 철학적 바탕과 체계적 실천을 마련하였다.

이들은 학교와 사회, 두 통로를 통해서 파이데이아의 이상을 실현시켰다. 팔레스트라와 김나시온이라는 초중등학교와 고등교육 시스템을 통하여 집중적으로 파이데이아의 이상을 실천하였다. 체계적인 커리큘럼을 마련하여 10대 소년들을 교육시켰다. 이에 덧붙여 사회생활 전체가 파이데이아의 이상을 실현시키는 교육의 장으로서 작동할 수 있도록 성인들은 법률, 규칙을 제정하고 관습, 풍토를 조성해냈다. 어른들이 솔선수범으로 아이들을 가르쳤다. 명시적 교육과정과 잠재적 교육과정이 함께 구동되었다. 스포츠교육의 이상이 구현된 시대다.

5

지금 한국 체육에는 개명이 필요한 용어들이 있다. 나는 여기서 작은 의미의 체육 즉, physical education의 명칭 변경에 대하여 말했다. 그런데, 이름만 바꿔 부르자는 주장을 넘어, 개명이 필요한 이유로서 새로운 개념화에 따른 새로운 의미부여와 그에 맞는 새로운 용어를 찾아야 한다고 설명하였다. PE로서의 체육은 백여 년 전 처음 등장하였을 때의 신선함을 소실하였다. 개념적으로도 수사적으로도 편협적이며 구태의연하게 되었다. 나는 새로운 개념화와 수사화를 위하여 그리스 시대의 교육적 이상으로서 "*paideia*"를 되찾아 내었다. 배우는 이의 전인적 자기실현과 사회적 역할수행을 추구하는 자유교양교육으로서 자유교양체육을 의도하였다.

그리고 큰 의미의 체육 즉, sport를 채용하였다. physical education에는 심신이원적 사고방식이 그대로 드러난다. "신체"의 중요성을 강조하는 목적 때문이기는 하지만, 전문인과 일반인 모두로 하여금 더욱 몸과 마음을 확연히 구분토록 만든다. 하지만 이 세상 어떤 활동이든 몸과 마음에 동시에 영향을 끼친다. 사람이란 것이 그런 일원적 존재이기 때문이다. 그래서 sport를 사용한다. 체육의 핵심은 인간과 운동(스포츠, 신체활동)이기 때문이다. 육신과 작은 스포츠가 아니다. 전인적 인간과 큰 의미의 스포츠다.

"스포츠 파이데이아Sport Paideia"가 내가 선호하는 새로운 개념이자 이름이다. 우리말로 옮기면 "스포츠교육"이다. 나는 체육교육보다는 스포츠교육을 쓰고자 한다. 스포츠 파이데이아는 스포츠교육을 학교담장을 넘어, 교정의 울타리를 지나 우리 삶과 사회 속에 자유롭게 풀어놓아 준다. 자유교양체육을 지향하며 지덕체가 균형 잡힌 공동체의 구성원으로서 성인의 삶을 살아나가도록 배우는 사람을 길러낸다.

스포츠 파이데이아는 스포츠교육을 모든 이의 기초교육이자 평생교육, 그리고 교양교육으로서 만들어주는 개념이자 용어다. 단지 학령기의 수업으로서가 아니라, 나면서 죽을 때까지 전 생애에 걸친 매일 매일의 일상사로서 스포츠 배움을 받아들이도록 해준다. 그러니 이제 새로운 이름으로 바꿔 한 번 불러보자. 피지컬 에듀케이션에서 스포츠 파이데이아로!(용어 변경이 용이하지 않다면 PEvsSP, 개념 변화라도 먼저 실행하자 PEasSP)

(2022. 2. 22.)

제 4 부

스포츠 페다고지

Skilling & Wholing

Filling, Voiding & Wholing

FAST & SLOW

SL & SE

Triple S

Technique & Personique

Mindset, Bodyset, Soulset

SE=TDW

STEAM vs. RALPH

EbS

Skilling & Wholing

내가 반백 즈음에 조그마하게 깨달은 것 하나 — 교육은 근본적인 수준에서 두 가지 큰일을 한다. 가장 중요한 역할이다. 기능이라고 할 수도 있다. 효과라고 해도 된다. 교육으로 의도하는 가장 중요한 목적들이다. 내가 쓰는 용어로 정리하면, 성장과 성숙이다. "성장成長"은 외적, 능력적 변화다. "성숙成熟"은 내적, 심성적 변화다. 교육의 목적은 성장과 성숙이다. 배우는 이는 교육을 통해서 자신의 외적/능력적 성장과 내적/심성적 성숙을 도모한다.

교육의 역할이 이러하니, 스포츠교육도 마찬가지로 성장과 성숙의 두 가지 기능을 한다. 우리는 스포츠 배우기를 통해서 성장과 성숙의 두 가지 변화를 겪는다. 물론, 긍정적 변화다. 나쁜 상태가 보통 상태가 되거나, 보통 상태가 좋은 상태가 된다. 배우는 이의 외형적 변화와 내면적 변화 모두에 걸쳐서 진행되는 긍정적 변화다. 신체적, 정신적으로 체형과 체력, 기술과 의지 등이 발달한다. 그리고 인지적, 심정적으로 판단과 지혜, 인내심과 협동심이 높아진다.

성장은 양적 발달, 성숙은 질적 함양이다. 성장은 외형적으로 덧붙여진다. 성숙은 내면적으로 채워진다. 성장은 무엇을 구체적으로 할 수 있는 능能과 력力으로 알 수 있다. 성숙은 마음으로 느끼는 심心과 성性으로 감지된다. 스포츠를 제대로 교육받으면, 이 두 가지 종류의 기능이 원활히 작동한다. 학습자의 겉과 속에서 성장과 성숙이 균형 있게 진행되는 것이 올바른 스포츠교육이다.

나 개인적으로는, 이 두 가지 중에 후자에 보다 관심이 많다. 성장은 모든 이들이 관심을 가지고 실천하고 연구하고 있으니, 나는 소외받는 쪽어 더 눈길을 돌리게 되었다. 스포츠교육자로서 나는 성숙을 촉진하는 스포츠교육에 보다 주목해왔다. 물론, 일상에서는 성장과 성숙 모두 중요하다. 앞에서 이미 두 가지 핵심 기능이라고 하지 않았나? 그런데 성숙에 대한 진지한 관심과 주목은, 적어도 스포츠교육에서는, 정당한 만큼 주어지지 않았다.

나는 오랫동안 스포츠교육에 있어서 성숙에 해당하는 측면, 현상, 과정 등에 관해서 고민해왔다. 스포츠를 잘 배운 상태로서의 성숙은 어떤 상태일까? 사전적 의미로 성숙은 "여문다, 익는다, 철든다, 알차다, 채워진다" 등을 뜻한다. 성숙한 이의 상태는 "지혜로워진다, 포용적이 된다, 욕심이 적어진다, 시야가 넓어진다, 겸손해진다, 침착해진다" 등으로 이야기할 수 있다. 요즘 표현으로, 라이프스킬이 능숙해진다고도 할 수 있는 변화들이 나타난다.

스포츠교육은 두 가지 근본적 변화를 이끌어낸다. 스포츠를 배우는 이는 첫째, "능력 있는 사람" 즉, 무엇인가를 할 수 있는 사람이 된다. 성장은 역량있는 사람을 길러내는 기능이다. 둘째, "사람 좋은 사람" 즉, 바람직하고 인간미 넘치는 사람이 된다. 성숙은 참 좋은 사람을 키워내는 기능이다. 능력의 성장과 심성의 성숙은 서로 다른 성격의 자질들이며, 서로 다른 방식으로 길러지는 자질들이다. 이 두 차원에 대한 개별적 주목이 절대적으로 필요한 이유다.

그런데, 교육의 현장과 일상의 생활에서 이 두 차원은 하나의 과정의 겉과 속, 하나의 현상의 밖과 안의 관계 속에서 진행된다. 뫼비우스의 띠처럼 구분되어 있다가 어느 지점에서 하나로 연결되어진다. 성장과 성숙은 한 과정의 표면과 이면의 관계 속에서 동시에 진행되는 두 측면이라는 말이다. 표면적으로는 성장이 진행되지만, 그 이면에서 성숙이 동시에 진행된다. 우리 눈에는 성장의 징표들밖에는 감지되지 않는다. 성숙의 징후는 간접적으로 희미하거나 흐릿하게 느껴질 뿐이다.

성장과 성숙의 두 기능이 제대로 잘 작동하게 될 때, 나는 그 과정을 "호울링wholing"이라고 부른다. 그 현상이라고 해도 된다. 의미는 동일하다. 학습자가 보다 온전한 존재(상태)가 되도록 점차 여물어가는 현상과 과정은 호울링이다. 호울링은 스포츠교육을 배우는 학습자의 안과 밖, 겉과 속이 알차지는 과정이자 현상이다. 이런 내 생각이 특출하거나 유별난 것은 아니다. 호울링과 유사한 맥락에서 독일인은 근대에 "빌둥Bildung", 그리스인은 고대에 "파이데이아paideia"의 개념을 찾아내었다. 그리고 공자님은 2500년 전 "문질빈빈文質彬彬"이라는 아주 멋진 표현을 우리에게 선사해주셨다.

반면에, 성장에서 머물거나 그치는 스포츠교육의 경우에는 "스킬링skilling"이라고 부른다. 스포츠 기술의 습득과 숙달에 집중하여, 게임을 잘 해서 시합에서 승리할 수 있는 실력을 높이는 것이다. 기술을 익히는 과정 중에 체력도 좋아지고 체형도 나아지는 부수효과도 얻는다. 스트레스 해소로 기분도 상쾌해지고 정신도 맑아진다. 성장적 변화도 큰 문제는 없다. 나쁘지 않다. 좋다. 일상인들에게 스포츠의 이점도 기능과 효과도 충분하지 않은가?

그렇지 않다. 교육의 두 가지 기능(목적)을 살펴보아온 나는 스킬링만으로는 흡족하지 않다. 스킬링은 스포츠 가르치는 데에 꼭 필요는 하되, 충분하지는 않다. 나는 스킬링을 스포츠교육이라기 보다는 스포츠"교습教習"이라고 지칭한다. 스포츠 가르치는 표층적 차원의 효과를 강조하고 집중하며, 그것으로 만족하며 충분하다고 보는 활동이다. 스포츠"교육教育"이 되기 위해서는, 성장을 통해서 배움의 심층裏面까지 들어가 성숙에 닿아야만 한다.

스킬링과 호울링은 한 가지 현상의 두 가지 측면이다. 서로 물리적으로 각각 다르게 존재하는 두 실체가 아니다. 서로 다른 행위가 아니다. 동전의 앞과 뒤처럼 표면과 이면, 앞면과 뒷면으로 붙어있는 하나의 실체다. 어느 쪽, 어느 편, 어느 방향에서 보느냐에 따라

하나의 측면만이 보일 뿐이다. 현실 속에서는 스킬링의 측면만이 가시화되어 눈에 띈다. 사실, 호울링은 스킬링을 떠나서는 실천될 수 없으며, 그러므로 실현될 수도 없다.

농구나 축구, 테니스나 배드민턴, 수영이나 달리기, 그 어떤 스포츠도 스킬링을 배제할 수 없다. 각 운동을 규정하는 가장 기본 특징이 바로 구체적인 기술들이기 때문이다. 드리블이나 점프슛, 포핸드 스트로크나 발리, 자유형이나 주법 등을 배우지 않고 농구, 테니스, 수영이나 달리기를 배웠다고 할 수 있는가? 한글의 자음과 모음, 그리고 기본 단어들을 익히지 않고 글을 읽거나 쓸 수 있는가? 스킬링은 스포츠 학습의 기본이다. 다만, 기본일 뿐이다. 완성은 아니다.

호울링이 완성이다. 스포츠 학습의 최종은 호울링이다. 스포츠 학습의 최고는 성숙이다. 성장을 위해 힘껏 노력하지만, 도달해야 하는 것은 성숙이다. 스킬링으로 시작하지만, 그것에 만족하거나 그곳에 멈추어서는 부족하다. 스포츠를 배우는 이는 문질빈빈의 단계까지 진입하여야만 한다. 성장에 그치지 말고 성숙으로 이어져가야 한다. 성숙은 100점 만점이나 꼭대기 최정상이 없다. 마침 없이 계속 이어지는 여물기만이 있을 뿐이다. 익힘熟達을 통해서 익음熟成까지 나아가는 것이 호울링이다.

스킬링이 호울링이 되도록 하는 데에 도움이 되는 조처는 무엇인가? 스포츠를 가르칠 때에, 어떻게 가르쳐야만 스포츠 교습이 스포츠 교육의 수준으로 향상될 수 있는가? 여물고 알차지기 위하여, 즉 숙성熟成을 위한 교육적 조처는 무엇인가? 무슨 특별하고도 유별난 방법이 있을 것인가? AI와 4차 산업혁명의 시대에 학습과학과 에듀테크의 존재가 성장을 넘어서도록 하는 큰 도움이 될 수 있지 않는가? 스킬링을 최고의 효율성과 정확성으로 실현하면 그것이 호울링으로 이끌지 않을까?

높은 스킬링도 호울링을 보장하지 못한다. 기술적 숙달이 심성적 숙성을 쉽게 가져다주지 않는다. 무슨 이유인가? 그것은, 무엇보다도, 새로 익힌 기능이 기존에 자기 안에 들어있는 심성과 하나로 이어져서 엮여지지 않기 때문이다. 피아제가 말한 동화assimilation와 조절accomodation의 과정, 또는 교육적 표현으로, 내면화internalization나 자기화embodiment가 발생하지 않는 것이다. 이 과정은 자동적으로 이루어지지 않는다. 의도적 노력과 습관적 의식화에 의해서 가까스로 발생할 수 있을 뿐이다.

동화와 조절, 내면화나 자기화를 위한, 즉 스킬링을 호울링으로 질적 전환시키기 위한 특별한 노력은 무엇인가? 지난 동안 찾아낸 소소한 시도가 있다. 인문적 스포츠교육이다. 실천전통으로서의 스포츠, 문화활동으로서의 스포츠를 배우는 데에, 소설, 시, 회화, 조각, 음악, 건축, 역사, 종교, 철학 등 인문적 지혜와 서사적 체험을 스킬링에 더하고 곱하는 것이다. 게임축구를 문화축구로 배움으로써 운동 익힘이 자기 익음으로 될 수 있다(스포츠 리터러시는 그 전환을 실물로 확인할 수 있는 개념적 근거가 된다).

교육은 그 본바탕 자체가 두 가지 근본적 목적을 추구한다. 교육은 성장과 성숙을 동시에 이루어내려 한다. 성숙의 목적지는 성장의 도로 위를 제대로 걸어야만 도착한다. 스포츠교육도 그와 같다. 스킬링과 호울링은 함께 진행된다. 축구 가르치기는 기술 익히기熟練임과 동시에 자아 익히기熟成임을 이해해야 한다. 이 둘 사이에 존재하는 미묘하고 아슬아슬한 긴장과 멋지고 오래된 친분을 깊이 이해하면서 스포츠 가르치기를 실천하자.

> 다른 이들이 스포츠 속에 잠재되어 있는 아름다운 것들을 제대로 드러내 밝혀내지 못한다고 해서, 우리가 우리의 사랑을 쏟아 붓는 스포츠 안에 들어 있는 그 참된 무엇인가를 제대로 추구하지 못해서는 안된다. (Michael Novak, *The Joy of Sports*, 1968)

(2024. 9. 10.)

Filling, Voiding & Wholing

"왜 사니?"라는 질문, 들어본 적 있는가? 나는 들어본 적 있다. 물론, 비난조의 어투로 말이다. 대개 그런 투로 하게 되는 질문이지 않은가, 이 질문은. 물론, 나는 대답하지 않았다(실은 "못 했다"고 말해야 할 듯하다). 대답을 바라면서 던지는 질문이 아니다, 이 물음은. 이 질문은 사실, "지금 당장 자기 자신을 반성해보라"는 주문이기 때문이다. 근본적인 수준에서 말이다. 스스로에게 "나는 왜 사는가?"라는 존재론적 자문을 던지게 한다. 대개는, 자답을 찾도록 부추긴다(대부분 실패로 그치지만 말이다).

이런 개인적 질문을 공동의 질문으로 전환시켜 보자. "우리는 왜 사는가?" 학창 시절 교과서 속에서나 찾을 수 있을 형태로 바뀌었다. 성인이 되어서 중간중간 간헐적으로 묻는 이는 있을지언정, 이 철학적 질문을 개인적 수준에서 깊게, 그리고 본격적으로 탐구하는 사람은 거의 없다. 그냥 열심히 사는 것이다, 대부분의 성인들은. 나에게는, 최의창 본인이 살아가는 이유를 찾는 것이 우선이고 중요하며 의미 있을 뿐이지, 인간존재 자체가 존재하고 살아있는 이유나 의미 같은 것은 너무 어렵고, 또 의미도 없다.

그런데, 철학자나 학자나 소설가 같은 이는 인류 전체를 대신하여 이런 질문을 던지고 답을 찾아내는 사람이다. 철학자나 학자들은 추상화된 개념들을 사용하며 삶 자체가 아니라 개념화된 삶을 다룬다. 사태를 복잡하게 만들어 이해를 곤란하게 만든다. 예를 들어, 철학자 에듀아라트 슈프랑어는 "레벤스 포르멘Lebensformen" 즉, "삶의 형식"이라고 하는 6가지 삶의 가치(이론적 가치, 경제적 가치, 심미적 가치, 사회적 가치, 정치적 가치, 종교적 가치)를 제시한다. 개인이 자신의 삶을 규제해 나가는 삶의 원리를 말하는데, 거꾸로 말하면 그 개인이 삶을 사는 이유라고 할 만하다.

나는 소설가의 답을 선호하는 편이다. 이해하기 쉽고 개인화시키기 편하다. 예를 들어, 러시아의 대문호 레오 톨스토이는 『사람은 무엇으로 사는가』라는 단편 소설집을 내어 이 질문에 대한 답을 여러 편의 짧은 이야기로 다양하게 들려준다. 작가의 종교적 배경을 근간으로 지어진 이야기들이지만, 특정 종교나 시대에만 얽매이지 않는 인간의 보편적 심정과 가치에 근거하고 있어 공감력을 높인다. 나는 어떤 등장인물과 가까운지, 스스로를 살펴보도록 만든다. 백 년 이상 베스트셀러로 자리 잡은 이유이기도 하다(길지 않고 재미도 있으니 직접 읽어보시길 권한다).

내 부족한 지식으로 볼 때, 이 질문에 대한 답의 끝판왕은 인본주의 심리학자 아브라함 매슬로우다. 학자임에도 예외적으로 어렵지 않은 이론을 우리에게 제시해주었다. "욕구위계이론"이라고 불리는 그의 삶의 이유 설명은 나이가 들어갈수록 고개를 절로 끄덕이게 만든다. 인간의 기본욕구는 생리적 욕구, 안전 욕구, 애정·소속 욕구, 존중 욕구, 인지적 욕구, 심미적 욕구, 자아실현 욕구의 7가지 종류이며 낮은 단계에서 높은 단계의 구조로 되어있다. 간단히 말하여, 인간은 이 욕구들을 채우기 위해서 산다.

사람은 낮은 단계에서 높은 단계로의 충족을 갈구하는 성향을 지니고 있다. 이 7가지 욕구는 결핍욕구와 성장욕구의 두 유형으로 크게 구분된다. 결핍욕구(일반욕구)는 한번 충족되면 만족스럽게 되는 욕구들로서 생리적 욕구, 안전 욕구, 애정·소속 욕구, 존중 욕구 등 하위 욕구들이 해당한다. 성장욕구(메타욕구)는 충족이 되면 될수록 더욱 더 증대되는 욕구들로서 인지적 욕구, 심미적 욕구, 자아실현 욕구의 상위 욕구들이 그에 속한다. 성장발달은 결핍욕구에서 성장욕구로의 진행과정이다. 철이 든다, 어른이 된다, 성숙해진다는 말의 학술적 표현이기도 하다.

물론, 이 모든 욕구는 어느 나이에 있건, 어느 수준에 있건 간에 항상 나타났다 사라졌다 한다. 단지 어떤 종류의 욕구가 강약으로 나타나는지, 고저로 드러나는지가 다를 뿐이다. 강하고 높게 표출되는 욕구에 따라서, 약하고 낮게 표출되는 욕구에 따라서, 우리는 각자의 (또한 타인의) 삶의 이유에 대해서 확인하고 알아챌 수가 있게 된다. 결핍욕구에 비중을 두거나 집착하는지, 아니면 성장욕구를 보다 더 갈망하는지에 따라서 말이다. 전자의 성향은 현실적인 삶의 이유를, 후자의 경향은 이상적인 삶의 이유를 추구하도록 자극할 것이다.

이 나이가 된 나도 초라하나마 나름의 삶의 이론을 가지게 되었다. 왜 사는가에 대한 개인적인 생각, 그리 체계적이지도, 대단하지도, 심오하지도 않은 생각이다. 나는 "채움과 비움"이라는 두 범주의 열망(또는 활동)을 위하여 삶을 산다고 말할 수 있다 — "나는 채우기 위하여, 그리고 비우기 위하여 산다." "채움filling"은 필요하거나 좋은 것을 내 안팎에 집어넣는, 붙여넣기를 바라는 마음이며 행위다. "비움voiding"은 필요 없거나 나쁜 것을 내 안팎에서 떨궈버리는, 떼어내 버리려는 마음이며 행위다(물론 때로는 좋은 것도 지나치면 비워내고, 나쁜 것도 아주 약간 정도는 채워 넣는 때가 있을 수 있다).

채우고 싶은 것과 비우고 싶은 것의 구체적인 내용은 사람마다 서로들 다를 것이다. 아니, 어떤 한 사람도 그이의 생애주기에 따라 달라질 수 있다. 소년일 적과 청년일 적과 노년일 적에 각각 말이다. 사실, 대부분 이런 상황이다. 그래서 매슬로우는 7가지 욕구를 종류별로 나누고 또 위계를 부여했던 것이다. 하지만, 위계란 것은 일방향적이고 단계적이라서 실제로 개개의 사람들에게서 모두 그렇게 나타날 것이라고 오해하도록 만드는 위험성이 크다. 어려서부터 자아실현 욕구가 큰 사람들이 있지 않은가?

그래서 나는 위계성을 강조하지는 않는다. 채움과 비움은 항상 한 사람에게 함께 존재하며, 동시다발적으로 발생한다. 다만, 어떤 시기에는 채움이, 어떤 시기에는 비움이 앞서거니 뒤서거니 위치를 바꾸면서 두드러져 드러날 뿐이다. 인생은 어느 순간에든 채움과 비움의 계속적 과정이다. 성숙은 채움과 비움이 시의적절하게 전경과 배경으로 각자의 자리를 양보하는 과정이다. 예전 사람들은 이런 상태를 "시중時中"이라고 불렀다. 좀 더 고차원적으로 "중용中庸"이라고도 이름하였다.

교육학적으로 조금 더 세련된 용어로는 "실천적 지혜phronesis"라고 부를 수도 있다. 현재 지금 어떤 판단을 내려야 할지를 가장 적절하게 알고 그리 행동하는 것을 말한다. 능력이나 역량이라고 말해도 괜찮겠지만, 그러면 "실천적 지혜"의 특성이 충분히 드러나지 않는 아쉬움이 크다. 실천적 지혜는 오로지 인지적 능력이 아니다. 아이큐가 높다고 해서 실천적 지혜가 높은 것이 아니다. 사실 지능지수와 실천적 지혜는 상관관계가 크지 않다. 실천적 지혜는, 조금 크게 규정하여, 한 사람이 살아온 삶의 자세나 태도나 가치가 종합적이고 총체적으로 행동으로 드러나는 것이기 때문이다.

나는 그래서 "실천적으로 지혜롭다"는 표현을 "인의예지롭다"고 쓰고 있다. "그 사람 참 지혜롭다"는 말은 그이는 채움과 비움을 시의적절하게 잘 해내는, 인의예지로운 참 좋은 사람이라는 뜻이다.

오해가 없어야겠다. “요령이 좋다, 눈치가 빠르다, 또는 수완이 좋다”는 수준의 표현이 아니다. 물론 때로는 이런 아주 작은 지혜로움과도 연결될 수도 있지만, 채울 때와 비울 때를 잘 구별하는 것은 보다 큰 지혜로움의 영역이다. 이것은 한 사람이 지닌 전체의 교양, 전문지식, 상황 파악, 상대방 이해 등 모든 것들이 종합적으로 내 몸과 마음과 영혼 안에 무르익어가면서 순간순간 나의 일상생활과 업무처리에서 구사된다.

그리하여 필링과 보이딩(채움과 비움)을 잘해나가는 것이 바로 인생을 살아나가는 것이다. 나는 이 일을 “호울링wholing”이라고 불러왔다(음과 양이 도를 이루어내듯이). 내 삶의 순간순간을 보다 온전한 것으로 만드는 노력이다. 채움과 비움을 적절히 해내는 것, 즉 인의예지로워지는 것은 삶의 전체를 통해서 이루어지는 일이다. 공부만으로, 업무만으로, 육아나 운동만으로 가능하지 않다. 나의 삶 전체로서만 가능하다. 결국 내 일상 체험에서의 반복적 시행착오와 그로부터 얻는 성찰, 그리고 그에 대한 다양한 공부가 호울링의 노력이자 과정이다. 채움과 비움의 지혜는 채움과 비움으로서만 획득할 수 있다.

“왜 사는가?”에 대한 내 답변은 “호울링을 위하여 산다”이다. 채우고 비우는 노력으로 자신을 보다 온전한 존재, 조금 더 지혜로운 존재로 가꾸어나가기 위해서다. 삶에서 채움과 비움의 변주, 비움과 채움의 재즈를 계속 플레이함으로써 초라하나마 내 삶의 연주를 완주하기 위해서다. 이 일에 만인에게 모두 적용되는 무슨 정해진 공식이나 정답 같은 것은 있을 수 없다. 다만, 연주사례들이 즐비할 뿐이다. 우리는 각자 그 사례들을 취사선택하여 본인의 플레이에 응용할 뿐이다. 그러다 보면, 본인 자신이 또 다른 하나의 삶의 사례가 되어있음을 발견하게 될 것이다. 자, 자신에게 조용히 질문해보자, 나는 무엇으로 사는가?

(2021. 5. 10.)

FAST & SLOW

"스포츠교육"이 한창이다! 스포츠를 배우고 가르치는 일이 우리 사회 전반에 넘쳐흘러난다. 학교, 동네, 일터, 야외 등 언제나 어디서나 눈에 띈다. 턱걸이든 스쿼트든 축구든 야구든 발레든 필라테스든, 온갖 종류의 신체활동(스포츠나 운동)을 가르치고 배우는 활동이 생활화되었다. 만약 21세기 한국사회에서 국민교육이 있다면, 그것은 스포츠교육이다. 글 모르는 이가 없도록 탈문맹교육을 했듯이, 운동이나 스포츠를 못하는運動盲 이가 없도록 탈운동맹교육, 즉 스포츠교육이 일상사, 다반사가 된 것이다(이것은 하나의 팩트다. 다만, 아직 이 현상을 스포츠교육이라는 명칭으로 부르지 않을/못할 뿐).

스포츠교육으로 밥 먹고 차타고 살아가는 나로서는, 한편으로, 반갑고 기쁘다. 다른 한편으로는, 아쉽고 걱정된다. 대중화, 일상화, 체계화되었다는 점에서는 전자의 정서로 그득하다. 그렇지만, 제대로 된 방향으로, 올바른 방식으로 펼쳐지고 있느냐의 측면에서는 후자의 감정으로 가득하다. 스포츠교육 전문가의 눈에는 현재의 상황에 우려되는 점들이 눈에 띄게 증가하는 것이 간파된다. 한쪽으로 너무 기울어짐, 즉 편향적 성장의 꼴이 고정되어가는 것이 보인다.

균형이 잡히지 않았다는 말은 스포츠교육에는 "양쪽(전후, 상하, 좌우!)"이 존재한다는 것을 가정한다. 비유하자면, 저울처럼 가운데에 받침을 놓았을 때, 좌우대칭적 균형이 틀어진 상태가 된 것이다. 그렇다면, 스포츠교육의 좌우는 무엇인가? 진보와 보수를 말하는 것이 아니다. 음과 양을 이야기하는 것이다. 스포츠교육에는 두 가지 측면(차원, 층, 쪽 등등)이 존재한다. 이 중에 현재의 한국 스포츠교육은 어느 한 쪽으로 완전히 기울어져가는(이미 기울어진) 상태라는 것이, 안타깝게도, 나의 진단이다.

스포츠교육의 두 측면은 FAST 측면과 SLOW 측면이다. 스포츠교육은 FAST education과 SLOW education으로 되어있다. FAST 교육은 운동기술을 높은 수준으로 습득하는 것을 스포츠교육의 알파요 오메가로 추구한다. "기능 향상"이다. 테니스 교육은 그립 잡는 것에서 시작하여 대회 결승전에서 우승하는 것으로 마친다. 운동기량의 완성이 목적이다. 피트니스도, 댄스스포츠도 동일하다. 이런 스포츠교육은, 쉽게 표현하면, "Fitness and Sport TalentFAST Education"이라고 할 수 있다. 운동 잘하기, 그 이상도 이하도 아니다.

반면에, SLOW교육으로서의 스포츠교육은 배우는 이(그리고 그 과정을 통해서 가르치는 이)의 온전한 성숙을 도모한다. 가르치는 내용인 운동(스포츠)에 담겨진 온전성을 배우는 이에게 최대한 그대로 옮겨서 학습하도록 돕는, 그래서 자신의 온전성을 회복시키는 노력이다. (배우자와 교수자 모두의) "자기 성숙"이다. 체육은 스포츠 리터러시를 통해서 자기성숙을 도모하는 노력이다. 자기성숙을 의도한다는 점에서 교육적 노력이다. 그래서 "Sport Literacy-Oriented WholenessSLOW Education"이라고 할 수 있다. 자기 되찾기다.

물론, 자기성숙wholeness 또는 자기 되찾기wholing는 FAST교육으로도 가능하다. 하지만, 이것이 제일차적 목적은 아니다. 의도된 목적도 아니다. FAST를 추구하는 과정 속에서 이차적으로, 부차적으로, 우연적으로 얻어질 뿐이다. 운동 잘하기 과정에서 운 좋게 얻어지는 자기 되찾기에 그친다. 당연히, SLOW교육에서도 운동실력의 완성은 일어난다. 하지만, 제일차적 목적도, 애써 추구하는 목적도 아니다. 자기 되찾기 과정에 부차적으로 따라오는 운동 잘하기에 불과하다.

이 두 측면은 스포츠교육의 양 날개와 같다. 스포츠교육의 비상은 두 날개 모두를 필요로 한다. 한국 스포츠 애호가 전부를 놓고 보면, 두 그룹이 모두 존재할 것이다. 하지만, 수적으로 FAST 그룹이 SLOW 그룹을 월등히 넘을 것이다. 한 사람을 놓고 볼 때에도, 두 측면이 모두 존재한다. 그래도, 역시나 FAST 측면이 대부분을 차지할 것이다. 물론 두 측면이 반드시 50:50일 필요는 없다. 사람은 각자의 기질지성에 따라, 그리고 인생의 발전단계에 따라 자기에게 맞는, 자기가 원하는 측면을 더욱 충족시키면 된다.

사람에게는 품부 받은 본연지성도 있다. 그것은 우리가 자기 되찾기를 갈구하게 만드는 본성이다. 자신의 홀니스를 온전하게 성숙(완성)시키고자 하는 끊을 수 없는 성향이다. 자신의 존재를 가치있는 것으로 승화시키려는 것이다. 세속적 가치가 아니라 실존적 가치를 말이다. 스포츠교육의 걱정은 스포츠의 경쟁적, 육체적 특성상 FAST 측면이 두드러지게 전면적으로 넘쳐나는 경우가 도래하는 것이다. 사실, 현실에서는 대부분 이런 상황이다. SLOW 측면은 의식되지도, 강조되지도, 추구되지도 않는 것이 일반적이다.

앞으로의 스포츠교육은 FAST와 SLOW의 균형이 요청된다. 한 사람의 스포츠 일생 중에서 어느 한쪽의 일방적 우세는, 최소한으로는, 본인의 행복을 축소시키고, 최대한으로는, 타인의 행복을 감퇴시킬 수 있다. 많고 많은 즐거움들 중에서 오직 하는 즐거움만을 맛보게 한다. 일종의 편식, 즉 즐기기 편식 습관을 생기게 만든다. 일상에서와 같이, 편식이 가져다주는 것은 긍정적인 면보다는 부정적인 면이 더 크다. 스포츠 즐기기에서도 마찬가지다. 편식을 줄이거나 없애야만 한다. 영양 결핍과 성인병 예방을 위해서는.

대부분의 우리는 FAST교육으로서의 스포츠교육은 잘 알고 있다. SLOW교육으로서의 스포츠교육은 낯설다. “스포츠 리터러시 지향(중심, 기반)의 홀니스를 추구하는 교육”은 어떤 교육인가? 스포츠 리터러시와 홀니스가 눈에 띤다. 스포츠 리터러시는 운동소양 또는 운동향유력을 말한다. 운동(스포츠)를 잘 하고能, 잘 알고智, 잘 느낄心 수 있는 자질이다. 운동을 즐길 수 있는, 즉 향유할 수 있는 소양이다. 운동소양은 능소양, 지소양, 심소양으로 되어 있고, 능지심 소양은 운동을 하기, 알기, 느끼기로 즐길 수 있도록 해준다. 축구를 하기, 읽기, 보기, 듣기, 쓰기, 말하기, 그리기, 부르기, 셈하기, 모으기, 나누기, 느끼기, 생각하기, 사랑하기, 응원하기 등으로 즐길 수 있게 된다.

홀니스는 전일성, 온전성을 뜻한다. 어떤 것을 그것의 원래 모습으로 온전하게 만드는 상태, 또는 특성이다. 모든 사물에는 홀니스가 있다. 스포츠의 홀니스가 있고, 사람의 홀니스가 있다. 운동과 스포츠는 기술技, 지식識, 정신魂으로 되어있다. 이 셋이 온전하게 하나된 상태가 홀니스의 상태다. 축구의 기, 식, 혼을 온전하게 배우는 것이 바로 축구교육의 목적이자, 축구를 배우는 이유다. 사람의 온전성은 지, 덕, 체 또는 몸, 마음, 영혼이다. 나는 체성, 지성, 감성, 덕성, 영성의 다섯 가지 차원으로 사람의 홀니스를 간주한다. 축구교육은 축구의 홀니스를 사람에게 제대로 전달하여 배우는 이의 홀니스를 되찾아주는 노력이다.

축구의 홀니스가 사람의 홀니스로 되는 것. 이것이 축구를 배운다는 말의 SLOW교육적 의미다. 축구의 홀니스를 사람의 홀니스가 되도록 하는 노력이다. 말장난 같지만 사실이다. 애매하고 모호하지만, 더할 나위 없이 정확하다. 이런 의도를 지닌 애씀의 행위가 교육이다. 교육은 미숙한 상태에서 성숙한 상태로 성장시키는 노력이다. 전혀 없었던 능지심 소양을 미숙한 능지심 소양으로, 미숙한 능지심 소양을 성숙한 능지심 소양으로 온전하게 숙성시키는 애씀이다. 이 성숙을 위한 재료 혹은 비료(그리고 역설적이게도, 결실이자 열매)가 바로 운동소양이다.

FAST 스포츠교육은 스포츠과학적 내용으로 효과적으로 실현시킬 수 있다. 체력을 증진시키고 기능을 향상시키는 일에는 신체와 운동에 대한 과학적 원리와 기법들이 요긴하다. 부상과 탈진을 예방하면서 최고의 기량을 발휘할 수 있는 심신의 상태를 준비시켜준다. 축구장을 종횡무진 달려 넘나들면서 90분간의 축구시합을 최고로 능수능란하게 펼쳐보이게 된다. 축구심리학, 축구생리학, 축구영향학, 축구역학 등 축구과학적 지식들이 총동원되어 최상의 축구교육을 가능하게 한다.

SLOW 스포츠교육은 스포츠인문적 내용으로 온전히 실현시킬 수 있다. 축구의 기식혼을 올바로 파악하고 이해하려면 축구소설, 축구자서전, 축구시, 축구다큐멘터리, 축구회화, 축구음악을 읽고, 쓰고, 감상해야 한다. 축구의 기식혼은 기술, 전술, 경기 속에만 들어있지 않다. 이것들은 축구를 문학, 예술, 종교, 철학, 역사 등 인문적으로 표현하여 드러낸 작품들 속에 간접적으로 스며들어있다. 축구의 기식혼, 즉 홀니스를 내 것으로 만들기 위해서는 축구를 실지로 행하면서, 반드시 축구를 인문적으로 체험하는 기회를 함께 맛보아야만 한다. 배우는 이의 홀니스는 바로 축구의 이런 홀니스에 감응하여 더욱 성숙(보다 온전)하게 된다.

스포츠교육은 스포츠를 제대로 가르치고 배우는 노력이다. "제대로"라는 말은 두 가지를 같이 해야함을 의미한다. 스포츠교육은 FAST교육과 SLOW교육의 두 측면으로 이루어진다(태극도 음과 양의 균형이다). 교육자나 학습자는 모두, 각자의 취향과 성향에 따라, 어느 한쪽에 더욱 이끌리고 편하고 즐거움을 더 느낄 수 있다. 그렇게 가르치고 배우면 된다. 다만, 어느 하나만 존재한다고 생각하면 오해고 잘못이다. 각각 다른 반쪽(차원, 측면)을 항상 인정하면서, 존중하고 함께하면서, 교육하고 교육받아야 한다.

오랫동안 일상과 생활에서 패스트 푸드나 패스트 피트니스가 유행이다. 그에 대한 반동으로 얼마 전부터 슬로우 푸드와 슬로우 피트니스(엑서사이즈)가 주목받고 있다. 이제 스포츠교육에서도 패스트 교육과 함께, 슬로우 교육으로 살짝(또는, 크게) 고개를 돌려보는 것은 어떨까?

(2022. 10. 21.)

SL & SE

운동 배우기가 한창이다. 새벽부터 한밤중까지, 동네 공원이건 스포츠센터건 때와 장소를 가리지 않는다. 코로나가 풀려서 보복소비에 상응하는 보복운동이다. 운동(다양한 신체활동을 아우르는 일반명사로 포괄하여 sport로 통칭) 배우기는 이미 일상이 되었을 뿐 아니라, 평생에 걸쳐 행하는 것이 되었다. 어린이건 어른이건 상관없이, 새로운 운동을 배우는 데에는 모두가 열심, 아니 전심전력이다. 어렸을 때에 수영과 태권도를 배우고, 커서는 골프와 GX를 배운다. 남녀노소를 막론하고 운동 배우기가 대세다.

체육전문가로서 즐겁고 행복한 상황이다. 체육과에 입학하였던 사십년 전과는 상전벽해, 천지개벽된 상황이다. 오래살고 봐야 한다는 옛말이 이렇게 맞아떨어지는 분야가 어디 있으랴. 운동 잘하기가 행복한 삶의 디폴트가 되어버렸다. 게임과 오락으로 스트레스 해소와 비만 탈출을 도와 건강한 몸과 마음을 가꾸어준다. 심신의 건강을 바탕으로 즐겁고 행복한 생활을 만들어나간다. 신체적 건강과 운동 잘하기는 행복한 생활의 영위에 필수를 넘어 필연이 되었다.

그래서 운동 배우기가 끊이지 않는 것이다. 전 세계적으로 체육이 부상하고 있는 이유다. 국민체육진흥법이 오래전에 마련되고, 스포츠기본법이 최근에 추가된 이유다. 운동은 국민의 기본권이 되었으므로, 국가는 국민의 운동배우기를 책임져야 할 의무가 있다. 동네마다 공공 스포츠센터와 사설 피트니스센터가 쉽게 눈에 띄는 이유다. 운동을 배우려는 국민의 필요와 요구는 지속적으로 증가하고 심화되고 있다. 그냥 배우는 것을 넘어서, 잘 배우고 제대로 배우고자 한다. 양과 질을 모두 요청하고 있다.

운동 배우기가 국민적 기본필요가 되어버린 이 시점에서 한번 고민해볼 사안이 있다. 그것은 지금 진행되는 운동 배우기의 성격이 "스포츠 러닝"에 그치고, "스포츠 에듀케이션"의 수준에 못 미치고 있다는 사실이다. "Sport Learning(스포츠 학습, 체습)"과 "Sport Education(스포츠 교육, 체육)"은 그렇게 다른 것인가? 그렇다. 개념적으로 다른 수준의 활동이자 배움이다.

"체습"은, 일차적이고도 최종적인 목적으로, 신체적 동작과 기술을 몸으로 익히고, 그것으로 체형을 멋지게 바꾸거나 게임을 잘 하고자 하는 배움이다. "체육"은 그렇지 않다. 체육은 총체적 배움을 지향한다. 체육은 전인적 배움을 추구한다. 체육은 체형을 변형시키거나 게임을 숙달하는 것에 만족하지 않는다. 체육은 사람(자신과 타인)을 변화시키며 문화를 향유하는 것에 관심을 갖는다. 문화로서의 신체활동 전체에 주목하면서, 그것을 올바로 배움으로써 자신과 타인을 더욱 잘 이해할 수 있게 되는 것을 희망한다.

물론, 체습의 배움도 내면적 변화나 자기 개선의 배움이 따라올 수 있다. 하지만, 그것은 일차적이거나 최종적인 목적으로 그리되는 것이 아니다. 그같은 총체적 배움은 체습에서는 부가적인(또는 우연적인) 얻음이다. 체습은 신체적 (운동)기술의 습득과 정련이 목적인 배움이다. 운동(신체)감각적 기량을 최대화, 극상화 시키는 것이 최고의 지향인 배움이다. 그래서, 체습의 결과는 "운동기량sport competency(또는 스포츠기량)"이다. 시합능과 경기력을 갖추게 된다.

반면에, 체육의 결과는 "운동소양sport literacy(또는 스포츠소양)"이다. 운동소양은 운동을 잘 하고, 잘 알고, 잘 느낄 수 있는 자질, 소질이다. 운동능소양, 운동지소양, 운동심소양으로 이루어져있다. 운동능지심 소양이 당사자의 몸과 마음에 갖추어져서, 운동 자체를 제대로 향유하며, 그것을 향유하는 과정에서 자기 성장과 타인 행복을 함께 얻어낼 수 있게 된다. 운동 향유, 자기 성장, 그리고 타인 행복을 함께 얻으려고 하는 노력이 바로 "체육"이다. 체습은 운동 잘하기가 제일 중요한 배움의 노력이다.

이런 연유로 스포츠 학습, 신체적 학습(체습)은, 비유하자면, 일차원적 배움이다. 기능의 차원에 집중하고 술기術技의 측면에 몰두하는 배움이다. 이에 비하여 스포츠 교육, 신체적 교육(체육)은 삼차원적 배움이다. 기능과 지력과 심성의 차원 모두에 영향을 미치는 노력이다. 삼차원적 존재, 지덕체 합일된 존재로서의 사람으로 성장시키기 위한 노력이다. 학습이 중성적 의미를 가진 개념이라면, 교육은 규범적 의미를 지닌 개념이다. 기능숙달과 경기발휘는 어떤 가치적인 의미가 반영되지 않은 학습의 목적이다. 생리학, 물리학, 심리학적 원리들의 효과적 적용을 이루어냄으로써 제대로 습득되고 수행할 수 있는지가 판가름 나는 것이다.

지덕체, 지정의가 균형 잡힌 온전한 존재로서의 사람으로 되는 것은, 완전히 어떤 특정 가치를 공공연히 추구하는 것이다. 교육은 규범적 활동인 것이다. 축구인이 되는 것과 일반인이 되는 것은 한가지다. 축구 기술이 능수능란하더라도 그것을 규정과 스포츠맨십이 허용하는 방식대로 실행하지 않는다면, 그의 축구는 잘 하는 축구, 올바른 축구라고 할 수 없다. 축구장에서는 귀신같은 축구 솜씨를 뽐내더라도 일상생활에서는 부족한 일반인이라면, 그이는 축구인으로서도 부족한 사람이다. 축구기량은 몰라도, 축구소양을 제대로 갖추지 못한 상태다. 축구학습은 해냈지만, 축구교육은 이루지 못한 것이다.

물론, "학습"이란 배움은 그것 자체로 나쁜 것이 아니다. 체습은 그것만으로도 쉽지 않은 일이다. 충분히 가치 있는 노력이다. 이것만 잘 해나도 일상생활을 즐겁고 재미나게 이뤄낼 수 있다. 이것을 잘 해내면, 지력과 심성도 함께 저절로 따라오지 않던가? 최근의 뇌 과학적 연구결과들도 이런 사실을 지속적으로 밝혀주지 않던가? 운동기능을 높은 수준으로 습득하게 되면 부수적으로 얻게 되는 것들에 대해서 말이다. 뇌 기능 향상이라던가, 라이프 스킬 개발이라던가 하는 표현들을 사용하여 말이다.

아쉽게도, 운동기능 향상과 지성과 인성 발달의 관계가 "자동적으로, 저절로, 적어도 최소한도로"라는 표현은 아직은 결정적이지 않다. 신뢰할만한 과학적 연구결과가 조금씩 나오기는 하지만, 절대적이며 최종적인 결론을 내려줄 정도와 수준은 못된다. 연구는 차치하고라도, 당장, 우리가 매일 TV와 인터넷 뉴스, 그리고 동네에서 목도하는 그렇지 않은 사례들이 넘쳐나지 않은가? 무조건적인 긍정적 결과 예상은 의문시할 수밖에 없지 않는가? 치열한 경쟁을 통해서 승부를 가리는 스포츠의 경우는 더욱 그렇지 않겠는가?

저명한 교육철학자 Gert Biesta는 "학습화learnification"라는 개념을 만들어, 학습을 교육으로 착각, 또는 전용하는 작금의 경향에 대해서 우려를 표명하였다. 학습화는 학습결과, 학습자, 학습과정 등에 초점을 옮겨놓음으로써, 배움을 당사자 개별적 사안, 결과지향적인 노력, 개인적 과정으로 간주하도록 만든다. 가르치고 배우는 과정의 목적과 이유, 가르치고 배우는 이들의 존재와 관계, 가르침과 배움이 발생하는 상황과 맥락 등에 대한 고려가 그다지 중요하지 않게 된다. 학습은 배움의 일차원적 수준에 그친다.

운동 배움의 과정을 신체적 학습으로 간주함으로써 체육에 있어서도 이와 유사한 상황이 발생한다. 단순히 단어의 일치 수준이 아니다. 체습의 특징을 설명하는 데에도 드러나 있듯이, 신체적 학습은 진행상 신체적 학습화로 전개되는 것이 명확하다. 일차원적인 운동 배움은 결국 외형적 결과중심의 지향성을 갖게 되며, 외적 학습결과의 강조는 운동의 기능(술기)적 차원에 대한 집중을 불러올 수밖에 없기 때문이다. 보이지 않고 측정하기 어려운 측면이나 차원에 대한 고려는 수용되지 못한다.

운동을 배우는 것은 운동만 배우는 것을 넘어선다. 그것은 운동을 배우는 것이며, 동시에 운동을 통해서 배우는 것이다. 운동은 그러한 잠재력과 가능성을 듬뿍 지니고 있는 교육내용이다. 운동을 기능의 집합체인 게임 행위로만 보는 것을 넘어, 사람들의 체험이 역사적으로 누적된 문화 활동으로 이해해야한다. 축구 시합을 하는 방법만이 배울 것이 아니라, 축구라는 문화를 다면적, 총체적으로 체험하고 향유할 수 있게 되는 것이 바로 축구를 교육받는 것이다.

나는 이런 축구 배움을 "스포츠 파이데이아"라고 부른다. 파이데이아는 "교육"을 의미한다. 교육내용의 일차원적 학습과 그로 인한 지적, 또는 신체적 성장을 넘어서는 배움이다. 교육내용의 온전한 배움을 통한 한 사람의 온전한 성숙됨이 바로 파이데이아다. 서양 고대 그리스가 추구한 교육의 올바른(온전한) 모습이다. 이것은 동양의 중국과 한국에서 추구한 온전한 모습의 교육과 다르지 않다. 표피적이고 외형적 변모를 뚫고 들어가서 저 안쪽 깊은 곳의 변혁까지도 이루어내는 진짜배기 깊은 배움을 뜻한다.

이제, 생활 속 일반인들의 운동 배우기는 학습화를 넘어 교육화되어야 한다. 교육화의 바로미터는 운동소양을 갖추는 것이며, 운동을 하기 만이 아니라 읽기, 보기, 쓰기 등 다채롭게 향유할 수 있게 됨이다. 일선에서 진행되는 스포츠교육(체육)은 몸쓰기만이 아니라, 머리쓰기와 마음쓰기까지도 함께 이루어지는 융합적 활동이다. 학습과 교육을 구별하자. 체습과 체육을 식별하자. 체습과 체육을 혼돈하거나 착각하지 말자. 체습에 머물고 만족하지도 말자. 스포츠 파이데이아(체육)를 찾아내고 이뤄내자.

(2022. 7. 11.)

Triple S

왜 그럴까? 무엇 때문일까? 사람들이 이토록 스포츠를 좋아하는 이유는? 우리는 무슨 까닭에 운동하기를 그리도 좋아하는가? 축구, 농구, 골프는 물론이고, 피트니스, 등산, X-Game, 댄스 등 온갖 종류의 신체활동에 대하여 물어보는 것이다. 나는 이 모든 유희적 신체활동의 대표명칭으로서 스포츠(운동)를 사용하고 있다. 사람들은 무엇 때문에 스포츠를 하는가? 스포츠의 유익과 가치는 무엇인가?

깔끔히 정리하려는 시도가 있었다. 노르웨이 스포츠사회학자 Ornulf Seippel은 body/appearance, keep fit, mental recreation, achievement/competition, joy/fun, expressivity, social factors를 선별했다. 미국 체육학자 Shirl Hoffman은 self-sufficiency, health, work, competition, leisure, self-expression, education을 구별했다. 나도 survival, health, protection, competition, fun, expression, actualization을 꼽아 본적이 있다. 모두 7가지를 선정한 점이 흥미롭

다. 생존, 건강부터 자기표현, 자기실현까지 포함하고 있다.

문화체육관광부에서는 매년 국민체육참여실태조사를 실시하고 있다. 그동안 이 조사에서 밝혀낸 바에 따르면, 우리나라 사람(어린이부터 성인까지, 남성과 여성 모두 전 연령대)들이 스포츠 활동을 통해서 얻고자 하는 것은 10가지 정도로 파악된다. 그것들은 건강유지 및 증진, 체중조절 및 체형관리, 여가선용, 스트레스 해소, 개인의 즐거움, 자아실현 및 자기만족, 대인관계 및 사교, 신체수행능력 향상, 시간 때우기, 가족유대 강화다. 처음 세 가지가 주된 이유다. 합해서 전체의 80%를 넘는다.

당연히, 스포츠를 하는 구체적 이유는 십인십색, 백인백색일 것이다. 수십억의 사람들이 어찌 한 두 가지 이유만으로 이렇게 다양하고 인기 있는 운동에 그리 열정적이고 오랫동안 빠졌을 것인가? 이 7~10가지 이유들은 가장 대표적인 것들만 추려낸 것이다. 지금까지 운동을 행한 수많은 사람들이 각자 지니고 있었을 이유들도, 유사한 것들을 한 곳에 모아보고 거의 등장하지 않는 내용들은 걸러내게 되면, 십중팔구 이 정도 숫자들로 정리된다.

나는 여기서 한 걸음 더 나아가, 이 숫자를 좀 더 줄여보고 싶다. 간단하고도 이해하기 용이하게 세 가지로 정리해보겠다. 나는 우리가 스포츠를 좋아하고 참가하는 이유를 "the sensual, the social, the spiritual"로 요약할 수 있다고 생각한다. 우리는 감각적 즐거움을 위해서, 사회적 행복감을 위해서, 그리고 전인적 성숙함을 위해서 스포츠에 빠져든다. 이것은 무슨 말인가?

첫째, 스포츠를 하는 일차적 이유는 감각적으로 "재미있기(손맛, 발맛)" 때문이다. 발로 공을 차서 원하는 방향으로 보내거나, 상대방의 빠른 공을 방망이로 쳐서 멀리 날려 보내는 것은 신체적, 정서적, 정신적 짜릿함을 선사해준다. 눈 위를 엄청나게 빠른 속도로 타고 내려오거나, 파도가 만든 터널 안을 타고 나오는 것은 또 어떤가. 모든 스포츠는 신체적 기술을 발휘하여 방해물을 이겨내며 자기가 원하는 결과를 얻어냈을 때, 견줄 수 없는 신체적, 정서적, 정신적 감각의 즐거움을 맛보도록 해준다. 아드레날린의 분출, 묵은 땀의 배출, 스트레스의 방출로 심신 전체에 걸쳐 카타르시스가 일어난다. 이 저릿한 재미는 중독성이 강하다.

둘째, 스포츠는 다른 이와 함께 하는 행복감, 다른 이를 즐겁게 만드는 행복감을 선물해준다. 함께 하는 이가 같은 편이든 상대편이든, 경쟁과 도전을 통해서 함께 하는 이들과의 공동 행복을 얻을 수 있다. 스포츠는 사회적 동물인 인간이 만들어낸 최고의 교류장치 가운데 하나다. 등산, 수영, 스키, 피트니스는 개인적 활동이지만, 우리는 여럿이서 함께 하기도 한다. 같은 일행으로 모여서 하든(러닝크루), 하나의 장소에서 모여서 하든GX. 사회적 즐거움은 감각적 즐거움이 증폭되도록 돕는다. 사람은 사회적 행복감의 축적으로 인간애, 협동심, 리더십, 용기같이 인성적으로 바람직한 덕들의 함양이 가능해진다.

그리고 세 번째 범주가 있다. 이 두 가지와는 약간 차원을 달리하는 목적이다. 현실을 넘어서는 차원에서 추구되는 이유로 때로는 초월적이라는 수식어가 붙는다. 앞서 언급한 다양한 목적들 가운데 expressibity, self-expression, actualization 즉, 자기표현, 자아실현 등과 밀접히 연결되는 차원의 목적이다. 사람에게는 신체적 차원과 정신적 차원이 존재하고, 또 영성적 차원이 존재한다. 전자의 두 차원과는 달리, 후자의 차원은 객관적, 과학적으로 확인이 불가능하다. 주관적 깨달음과 개인적 확신으로서만 존재한다. 이 차원은 전인적 존재로의 온전함wholeness을 되찾는 효과를 가져다준다.

영성적 차원은 영혼 그 자체는 아니다. 인류가 수 백 만 년간 미지의 세계를 탐험하고 체험해오면서 그 존재성을 인정하게 된 차원이다. 정신, 얼, 넋, 또는 영혼 등으로 명명한 차원이다. 인간이라면 누구나 자신의 내면 저 깊숙하고 가장 근원적인 부분을 소지하고 있다. 자기 자신의 본 모습, 세상을 관장하나 보이지 않은 신적 존재, 자연과 우주의 섭리를 이끄는 근본 원리 등에 대하여 반응하는 차원이다. 자크 마리탱은 인간은 순수과학적 존재 차원과 철학—종교적 존재 차원으로 되어있다고 주장하였는데, 전인적 성숙함을 위한 영성적 목적 추구는 후자로서의 완성을 위한 신체활동 추구다.

감각적 목적들과 사회적 목적들은, 일반인으로서, 충분히 납득할 수 있다. 나 자신도 매일 당장은 이런 이유로 운동을 한다. 나는 등산과 수영과 배구와 배드민턴을 좋아하는데, 일상에서는 건강을 목적으로, 사교를 도모하려고, 또는 단순히 재미를 위하여 한다. 그런데, 마슬로우의 욕구위계설(생리적, 안전, 사회적, 자존, 자아실현 욕구)을 들먹이지 않더라도, 슈프랑거의 삶의 가치론(이론적, 경제적, 심미적, 사회적, 정치적, 종교적 가치)을 거론하지 않더라도, 나같은 보통사람도 가끔은 운동을 하며 이것들을 넘어서는 이유를 찾고, 좇고 또 실제로 강구하기도 한다.

스포츠를 행하는 이 초월적 범주의 목적들은 자아의 실현(전인적 성숙, 참 사람 되기)을 훨씬 넘어, 자연과의 하나됨, 실재와의 합일 등과 같이 고원하면서 추상적인 형태로 표현되기도 한다. 예를 들면, 깊은 숲속이나 계곡을 장기간 트레킹하거나, 6,000m가 넘는 설산과 고봉을 등산하게 되면, 한없이 미약한 인간으로서 자기 자신의 존재를 깨닫게 된다. 동시에 자연과의 거룩한 일체감도 맛보게 된다. 이 자연과의 전일감은 한 걸음 더 나아가 온 우주(실재)와의 하나됨까지도 체험할 수 있도록 해준다. 이같은 초월적 체험을 겪은 이들은 이것이 마치 종교체험과 유사하다고 말한다.

이러한 일체감atonement 또는 각성지覺醒智, enlightenment는 최근 심리학에서 이야기하는 몰입flow이나 무아지경in the zone과는 유사해보이나 본질적으로 다르다. 또는 생리학에서 운동중 힘듦이 감소하는 신체적 적응상태second wind와는 질적으로 구분된다. 신체활동 참가가 가져다 줄 수 있는 영성적 효과의 특징은 그것이 체험자 내면의 본질적 변화transformation를 수반한다는 점이다. 자기 자신을 다른 각도에서 볼 수 있게 되는 것, 그리고 자신은 물론, 타인, 사회, 그리고 이 세상과 우주, 나아가 감각으로는 파지되지 않는 세계(형이상학적 차원)에 대한 민감성을 높여준다는 것이다.

너무 거창하게 들릴 수도 있겠다. 테니스 한 세트, 골프 한 라운드, 수영 두 시간, 20Km 단축마라톤으로 매번 자유자재로 깨달음을 돈오할 수 있다는 말이 아니다. 단지, 그런 목적을 추구하면서 테니스하고, 골프하고, 수영하고, 달리기를 할 수 있다는 말이다. 필연성보다는 가능성을 이야기하는 것이다. 전혀 허황된 목표가 아니다. 우리가 하는 스포츠, 즉 운동으로 심신적 효과만이 아니라, 영성적 효과도 기대가 가능하다. 일상의 평범한 활동이 우리를 초월적 차원에 들어가는 입구로 안내하거나, 아예 입구 안으로 들여보내줄 수 있는 말이다(이것은 書道, 茶道, 武道 등의 동양적 표현에 반영되어있다).

지금은 고대도 중세도 아니다. 현대다. 모든 것을 과학과 이성에 근거하여 판단하고 행동하는 시대다. 행복한 삶을 위한 스포츠의 인기도 이런 시대 특성에 근거해 높아지고 있다. 실제적 체험과 객관적 과학은 스포츠가 때와 장소를 막론하고 모두에게 감각적 즐거움과 사회적 행복감을 가져다준다는 점을 확인해주고 있다. 스포츠를 하면 내 육체와 정서가 즐겁다. 다른 이들과의 교류가 확산하고 사회를 하나로 묶어주기도 한다. 아주 분명한 사례로, 월드컵 경기와 올림픽 대회 때 사람들을 상기해보라.

이제는 여기서 한 걸음 더 나아가, 스포츠의 영성적 차원, 초월적 차원의 목적들에 대해서 주목하고 귀기울여보자. 감각적 즐거움은 당연히 출발점이다. 하지만 여기 만족하여 중독되지 말자. 이 차원에 멈추어 머물지 말자. 여기서 스포츠 참가자의 바깥으로 뻗어나가면 사회적 차원의 행복감으로 발전한다. 반대로, 스포츠 실행자의 안쪽으로 파고들면 영성적 차원의 절정감으로 심화된다. 자기 내면의 우주로 고개를 돌려보자. 그리하여, 블레이크의 속삭임처럼, "한 알의 모래 속에서 세계를 보고, 한 순간 속에서 영원을 잡아내라."

이를 위한 필수적 조처가 스포츠교육이다. 스포츠교육은 기술을 습득시켜주어 감각적 즐거움을 갖도록 하는 운동 가르치기skilling, 몸과 마음을 건강하게 만들어 타인들과 사회적 행복감을 느끼게 하는 운동 가르치기wellbeing, 인간, 자연, 세계, 우주를 사랑하게 도와 전인적 성숙함을 이뤄주는 운동 가르치기wholing가 될 수 있다. 배우는 이가 어떤 가르치기를 추앙하도록 가르칠 것인지는 오로지 스포츠교육자의 몫이다. 이 모든 것은, 전적으로, 그의 스포츠 리터러시 수준에 달려있다.

(2022. 10. 3.)

Technique & Personique

나는 "방법"에 관심이 많다. 전문가나 달인, 뭐 그런 수준이라는 말이 아니다. 역량이나 식견이 뛰어난 것이 아니라, 흥미가 많은 것이다. 나는 온갖 종류의 모든 방법들 전체에 관심이 있지는 않다. 나의 관심은 가르치는 방법, 즉 "교육방법(교수방법, 지도방법)"에 초점이 맞추어져 있다. 스포츠교육에 대해서 연구하고 공부해서 그런 것이다. 나는 스포츠를 가르치는 방법에 대한 관심이 지대하다. 물론, 잘 가르치는 방법(그리고 잘 못 가르치는 방법)에 흥미가 막대하다.

방법이란 무엇인가? "목적을 달성하기 위해 취하는 방식이나 수단"이라고 (다음)사전에 적혀있다. 나는 스포츠 교육방법에 관심이 많으니, 스포츠를 잘 가르치는 목적을 성취하도록 하는 방식이나 수단에 대한 호기심이 높다. 스포츠를 잘 가르치는 방법, 즉 스포츠 교육방법, 교수방법, 지도방법은 무엇인가? 구체적인 방법상의 특징들을 묻는 것이다. 농구, 축구, 태권도, 수영, 무용을 잘 가르치려면 스포츠지도사(코치, 강사)는 어떻게 해야 하는가?

다양한 종목들을 모두 처리해버리는 어떤 마법 같은 노하우 몇 가지가 있다면 얼마나 좋을까? 축구, 태권도, 수영, 무용 등 성격이 서로 다른 운동들에 똑같이 작동하는 메카니즘 말이다. 물론, 그런 것은 (거의) 없다. 운동학습이나 스포츠심리학이나 운동역학 연구자들은 그런 과학적 연금술을 찾아내려 하지만, 그런 것은 좀처럼 찾아내기 어렵다는 것이 그간의 확실한 성과라면 성과다. 그러니 각 종목마다 서로 다른 코치나 강사가 있는 것 아니겠는가? 각각의 그 운동에 특화된 가르치는 방법을 지닌 사람들 말이다.

다른 종목들을 가르치는 구체적인 노하우들에 대한 관심은 현장의 지도자들에게 맡기자. 나는 스포츠교육 연구자로서 이들 각각의 지도방법들의 공통된 특징에 대하여 더 집중하자. 이런 측면을 고민하는 것이 공부하는 사람의 몫이다. 나의 질문은 이런 것이다. "스포츠를 가르친다는 말은 무슨 뜻인가?" "잘 가르친다는 말의 의미는 무엇인가?" "잘 가르치는 방법은 어떤 기준을 충족시켜야 하는가?" "잘 가르치는 사람이 되려면 어떤 특징을 지녀야 하는가?" 등등.

오래 동안 건져낸 성찰 중 한 가지를 이야기해보자. 모든 교육방법에는 두 측면이 존재한다. "테크닉technique"이라는 표면적 측면과 "퍼스닉personique"이라는 이면적 측면이다. 모든 교수방법은 테크닉적 차원과 퍼스닉적 차원으로 되어있다. 전자는 기법技法, 후자는 심법心法이라고, 나는, 부른다. 교육방법은 사람이 펼쳐내는 방법이기 때문에, 기법적 차원과 함께 심법적 차원이 함께 펼쳐지게 된다. 아니, 펼쳐질 수밖에 없다. 운동 가르치는 일은 운동기법과 운동심법의 동시적 구사 행위다.

통상적으로 방법에 대해서 이야기할 때, 우리는 테크닉을 생각한다. 어떤 목적을 성취하는 구체적인 노하우다. 즉 기술적 방안, "술기術技"다. 기법이라고 부르는 이유다. 체계적 절차를 따라 진행하는 과정적 술기다. 단순에서 복잡한 수준까지 있으며, 그에 따라 교수기술, 교수방식, 교수전략, 교수모형, 교수론 등등으로 확장되어진다. 그 수준에 상관없이, 이것들은 모두 기법(또는 기법들의 모음)이다. 기법의 특징은 그 절차를 차근차근, 제대로 따르면 주어진 목표를 성취할 수 있도륵 해준다는 약속이다. 객관적이고 절차적인 특징을 지님으로써 언제 어디서 누가 실행하더라도 높은 성공률을 보장한다.

그런데, 가르치는 행위는 사람에 의해서 구사된다. 지도방법은 "사람"에 의해서 실행되기 때문에, 그 방법에는 사람의 행위 때문에 생겨나는 특징이 담겨질 수밖에 없다. 순수한 테크닉만으로 행사될 수 없다는 말이다. 현실적으로 더더욱 그렇다. 나는 교수방법의 이 측면을 지칭하기 위하여 "퍼스닉"이라는 단어를 찾아내었다. 사람됨으로 펼쳐지는 지도방법(적 차원)을 의미한다. 이것은 가르치는 사람의 개인적, 개성적, 인간적 특성이 테크닉에 실려서(묻어서, 배여서, 스며서) 방법적 효과를 발생시키는 것이다.

무슨 말인가? “전달 매체가 전달 내용이다the medium is the message”라는 잘 알려진 영어 문구가 있다. 매체의 특성 자체가 전달되는 내용이 된다는 말이다. 매체는 전달방법(전달주체)인데 이것이 전달되는 내용 그 자체가 된다는 것을 드러내준다. 예를 들어, 축구를 가르치는 장면에서 드리블이나 슛을 가르치는 기능적인 테크닉이 있지만, 배우는 선수들은 그 전달과정을 진행하는(미디엄) 코치, 지도자가 그 가르치는 내용(슛, 드리블)에 대하여 보여주는, 말해주는, 알려주는 방식(방법)을 통하여 각자 습득하는 내용들이 또 있다는 것이다. 배우는 내용은 표면적으로 슛, 드리블이지만, 배우는 이의 몸과 마음의 내면에 착상着床되는 것은 그 가르치는 사람의 스타일과 함께 묻어나온 슛과 드리블이다.

또 “우리는 스스로를 가르친다we teach ourselves”는 표현도 있다. 중의적 의미를 지닌 말인데, 일차적으로는 가르치는 대상이 자신이라는 말이다. 자기가 자기를 가르치는 자기교육의 상황이다. 이차적으로는 가르치는 내용이 자신이라는 말이다(대상은 타인, 주로 학생). 가르치는 사람은, 의식적이건 아니건, 어떤 내용을 가르칠 때, 그와 함께 자신의 일부분을 가르치는 내용으로 하게 된다. 그 내용을 가르치는 방식의 형태로 자신의 일부분이 묻어 나가고 실려 나가면서 배우는 이에게 전달되는 것이다.

이 두 사례에서 드러나는 것은 가르치는 방법이란 것이 가르치는 사람과의 연결과 오버랩 없이는 이해될 수 없다는 점이다. 방법은 그것 독자적으로 성립할 수 있다. 즉, 글자로 세밀하고 정확하게 옮겨져서 종이나 컴퓨터에 기록될 수 있다. 따라야 하는 절차나 과정으로서의 방법, 즉 문자로 옮겨져서 다른 사람에게 소통될 수 있는 형태로 존재할 수 있다. 이러한 형태로 존재하는 방법이 바로 테크닉이다. 또는, 가르치는 방법의 테크닉적 차원인 것이다.

그런데, 종이에 적힌 방법이라도 결국에는 사람에 의해서 "구사"되어야만 방법으로서의 기능을 발휘할 수 있다. 즉, 배우는 이에게 학습을 일으킬 수 있는 것이다. 지도방법이라는 무형물은 사람이라는 매체(미디움)를 필요로 할 수 밖에 없다. 이 매체는 기계가 아니고 살아 숨쉬는, 게다가 생각과 개성을 지닌 존재다. 지도방법을 100% 글자 그대로 동일하게 시전하지 못한다. 결국, 자기화 시키는 수밖에 없다. 모든 교육방법은 자기화된 방법이다. 가르치기의 심법이란 바로 이런 측면을 강조하는 개념이다. 사람됨, 인간됨이 펼쳐지면서 발휘되는 퍼스닉인 것이다. 그래서 심법을 인법人法이라고도 부른다.

퍼스닉적 차원은 가르치는 이의 개인적 특성에 근거해서 구현된다. 가르칠 때에 꼼꼼하다, 대충이다, 부드럽다, 강하다, 친절하다, 엄하다, 급하다, 느긋하다 등등 개인의 스타일이 펼쳐지는 방식이다. 그런데, 퍼스닉은 완전히 구사하는 이의 일방적 행위는 아니다. 퍼스닉은 배우는 이의 상태에 대하여 가르치는 이의 판단이 가미된 대응적 행위다. 배우는 이의 현재 상태에 따라, 그리고 그에 대한 가르치는 이의 교육적 판단에 근거해서 항상 미묘하게 수정되어 구가 된다(물론 무감각한 이는 일방적인 구사를 할 가능성이 높다).

가르치는 이가 잘 가르치고 제대로 가르치고 싶은 마음이 매우 강렬하고, 또 주변 상황이 우호적이라면, 시간이 지나갈수록 가르치는 방법의 이 두 차원(측면)에 대한 의식이 뚜렷해진다. 그것의 자유자재로운 구사력이 높아진다. 이 구사력의 상승, 이것이 바로 잘 가르치게 되는 상태다. 축구를 잘 가르치고 싶다면, 축구지도 테크닉과 축구지도 퍼스닉을 모두 체득해야만 한다. 이 두 가지 방법(방법의 두 가지 차원)을 모두 터득해야만 한다. 그래야, 간절히 원하는 바, "잘" 가르칠 수 있게 된다.

퍼스닉은 어떻게 길러지는가? 역사로 증명된 간단한 방법 세 가지가 있다. 첫째, 테크닉을 제대로 익혀야 한다. 퍼스닉은 테크닉을 구사하는 방식에 묻혀서, 실려서 발휘된다고 하였다. 축구 기술과 전술을 배울 적에 그것의 메카니즘적 차원과 정신적, 철학적 차원을 함께 배워야 한다whole sport. 축구기술에 이런 차원이 들어있는가? 믿기 어렵겠지만, 반드시 들어있다. 그것을 분명하고 제대로 들려줄 코치를 찾아라.

둘째, 퍼스닉은 그것을 구사하는 사람의 사람됨과 스타일 그 자체다. 가르치려는 이는 자기 자신의 인간됨을 드높여야 하며, 사고와 행동의 세련됨을 가다듬어야 한다. 축구코치가 되려는 이는 스스로를 보다 나은 사람으로 만들어나가야 한다whole person. 우리는 스스로를 가르친다! 그러니 참 좋은 어른이 참 좋은 축구교육자가 된다. 좋은 사람들을 곁에 두고, 그 사람들 곁에 머물고, 그 사람들과 함께 생활하고 일하라.

셋째, 스포츠에 대한 인문적 지혜와 체험을 많이 깊게 가져야 한다. 테크닉과 퍼스닉을 하나로 버무려 맛깔난 가르침을 시전하기 위해서는 사람과 세상과 인생에 대한 속 깊은 이해가 필수적이다 whole life. 이 이해가 자기가 가르치려는 운동종목(축구, 야구, 태권도, 무용 등)에 대한 입체적이고 컬러풀한 요해了解를 가능토록 해준다. 스포츠 소설, 시, 회화, 조각, 사진, 음악, 영화, 연극 등을 꾸준히 섭취하라.

축구 하나 가르치는 데 무슨 이런 복잡한 생각과 과정이 필요한가라고 못마땅한 표정으로 얼굴을 찡그릴 만하다. 뭐, 그렇게 하지 않아도 된다. 그런데, 그런데 말이다. 축구를 "제대로" 가르치고 싶은가? 축구를 "올바로" 가르쳐보고 싶은가? 그렇다면, 이런 질문을 던지고 그에 대한 답을 찾는 노력은 회피할 수 없는 관문이다. 이 때 던져야 하는 첫 번째 질문, 그것은 바로 — "테크닉과 퍼스닉이란 무엇인가?"

(2022. 10. 28.)

Mindset, Bodyset, Soulset

유명한 심리학 개념 한 가지가 있다. "마인드셋mindset"이란 개념이다. 우리말로 "마음가짐(정신자세, 마음됨됨이)"이라고 옮겨 적어도 하등 무리가 없는 용어다. 한 개인이 자신의 능력과 가능성에 대해서 갖는 이해와 태도를 가리킨다. 고정 마인드셋과 성장 마인드셋의 두 가지로 나뉜다. 고정 마인드셋fixed mindset은 인간의 자질은 변하지 않는다는 믿음이다. 우리 각자가 지닌 최종 자질은 마치 돌에 새긴 듯이 불변한다. 성장 마인드셋growth mindset은 인간의 자질은 고정되어있지 않다는 믿음이다. 우리 각자가 지닌 최종 자질은, 한없이는 아니더라도, 노력과 도움에 의해서 지속적으로 성장하고 변화한다.

물론, 일상 속에서도 이미 우리는 이런 두 가지의 마음가짐을 어느 한쪽으로 기울여 지니고 있는 사람들을 많이 보았다. 그래서 이 두 가지 마인드셋이 실재한다는 사실을 잘 알고 있다. 마인드셋 개념의 창안자인 케럴 드웩은 이것을 연구를 통하여 과학적, 심리학적 사실로 우리에게 확인시켜준 것이다. 분명한 하드 데이터를 신뢰성 높은 방식으로 뒷받침해서 보여주었다. 또한 고정 마인드셋을 어떻게 성장 마인드셋으로 바꾸는지, 성장 마인드셋을 어떻게 더 강화시키는지 등에 관한 구체적인 방향과 방안을 제시해주었다.

나처럼 스포츠교육을 공부하고 실천하는 사람이 매우 솔깃해지도록 만드는 개념이다. 한 사람의 변화를 바라보는 가장 근본적인 두 자질, 그리고 그것에 대한 변화의 구체적 방안을 제시하는 것, 이것이 교육과 중요한 관련을 맺지 않는다고 생각할 이가 있을까? 교육은 사람의 변화, 즉 능력, 이해, 태도의 변화를 도모하는 행위이지 않은가? 마인드셋의 아이디어는 바로 이 변화의 내용과 방향에 대한 기본적 이해, 그리고 그에 바탕을 둔 구체적 실행에 대한 스포츠교육자의 관심을 세차게 끌어당긴다.

스포츠교육을 전공하는 나는, 케럴 드웩의 마인드셋으로부터 한 가지 힌트를 얻는다. 교육에 있어서는 마인드셋에만 초점을 맞추어서는 부족하다. 사람은 마인드, 바디, 그리고 소울로 되어있다. 그러니, 우리에게는 바디셋bodyset과 소울셋soulset도 있다(고 가정해야 한다). 바디셋은 무엇인가? 우리의 신체가 지닌 바탕, 자질을 말한다. 몸됨됨이다. 소울셋은 무엇인가? 우리의 영혼이 지닌 특성, 본성을 말한다. 마인드셋에 대한 간단한 이해가 바디셋과 소울셋에 대한 이해를 돕는다. 영혼됨됨이다.

바디셋은 우리의 몸이 어떤 존재인지에 대한 근본적 시각(몸가짐, 체성)이다. 바디셋은 단련 바디셋과 수련 바디셋으로 나뉜다. 단련 바디셋training bodyset으로서 우리 신체는 훈련을 통해서 강건하게 만들어나가는 대상이다. 반면에, 수련 바디셋practicing bodyset으로서 우리 신체는 육체와 정신의 통합체로서 수련을 통해서 둘을 통합적으로 성장시키는 존재다. 단련 바디셋에서는 우리 신체를 정신과는 독립된 객체로 바라보며, 과학적인 유기체로 이해한다. 수련 바디셋에서는 사람은 심신적 존재로서 도저히 분리해서 취급할 수 없는 상호 밀접한 융합을 이룬 인격체로 이해한다.

소울셋은 우리가 지닌 영혼을 바라보는 근본적 관점(영혼됨, 영성)이다. 소울셋은 소아 소울셋과 범아 소울셋으로 나뉜다. 소아 소울셋self soulset에서는 영혼을 나 개인의 제한 내에서만 이해하며, 그것을 맑고 깨끗한 존재로 다듬어 나가는 것을 지향한다. 범아 소울셋Self soulset에서는 개인의 자아를 넘어서는 총체적이고 신적인 큰 자아凡我를 인정하며, 자신의 작은 자아小我를 그것과 하나가 될 수 있도록 간구한다. 소아 소울셋은 나의 영혼을 개인적이며 즉자적이며 사적으로 취급한다. 범아 소울셋은 나의 영혼을 집단적이며 대자적이며 공적으로 대우한다. 마인드셋으로는 부족하다. 바디셋과 소울셋도 함께 고려되어야 한다.

그러므로 마인드, 바디, 소울의 융합체The Mind-Body-Soul Set, 즉 "세트"로 되어있는 "사람"은 고정/단련/자아의 한 세트와 성장/수련/범아의 한 세트로 되어있다고 할 수 있다. 그리하여 한 사람의 총체적 특징(사람됨)을 하나의 세트로 보고 "퍼슨셋Personset"으로 부를 수 있겠다. 사람됨을 가르는 이 두 세트는 좌우 양 극단으로 뻗어나가는 하나의 연속선상으로 표시할 수 있다. 고정/단련/소아로 된 사람됨은 왼쪽 방향을 향하고, 성장/수련/범아로 된 사람됨은 오른쪽 방향을 향하는 화살표로 위치시키는 것 말이다. 편의상, 좌향을 "안주지향 사람됨됨이", 우향을 "변화지향 사람됨됨이"로 부르자.

사람은 마음과 몸과 영혼이 하나로 되어있는 존재다. 케럴 드웩의 마인드셋(다음됨됨이) 아이디어는, 스포츠교육자인 내게는 퍼슨셋(사람됨됨이)으로 확장되고 심화된다. 일체유심조一切唯心造, 불교에서 말하듯 모든 일은 마음가짐에 달려있지만, 이때의 마음먹기는 서양식 마인드셋에 국한된 것이 아니다. 오히려 이 말은 "모든 것은 몸과 마음과 영혼의 됨됨이에 달려있다"로 해석되어야 한다. 즉, "모든 것은 그 사람(자기 자신)의 본모습에게 달려있다." 다시 말해, "당사자가 어떤 사람인가"에 좌우된다는 말이다. 나의 퍼슨셋, 사람됨됨이는 어떤 것인가? 내 퍼슨셋은 어느 방향을 지향하고 있는가? 나는 어떠한 사람이 되고 싶은가?

(2022. 11. 18.)

SE = TDW

1

1982년 사범대학 체육교육과에 입학했다. 1986년 대학원 석사과정, 1988년 박사과정에 입학하여 스포츠교육을 전공하였다. 그 후 1998년 체육교육과 교수가 된 이래로 2022년이 되었다. 19세에 시작하여 59살이 되었다. 40년이다. 이제 나도 조금 연식이 되었을까나? 체육교육으로 시작하여 스포츠교육으로 전공이 바뀌었지만, 뭐, 내용은 같다. 시대에 맞춰서 이름이 좀 바뀐 것이다. 내가 몸담고 있는 학회의 명칭은, 설립된 1992년이나 30년 지난 지금이나, 한국스포츠교육학회다.

40년. 체육교육이건 스포츠교육이건, "교육"에 몸담은 시간이 한 세월이 되었다. 학교선생과 대학선생을 해 왔지만, 나는 몸만 담은 것이 아니다. 나는 마음까지도 완전히 교육에 담가왔다고 말할 수 있다. 공부하는 분야 자체가, 스포츠교육, 체육교육이라고 말했지 않은가. 그렇다. 나는 체육 공부도 실천도 "교육"이라는 맥락 내에서 해온 것이다. 정말로 행운이라고 말하지 아니할 수 없다. 내가 간절히 원한 분야이며 주제이기 때문이다. 나는 대학교 2학년 때 교육과 체육에 마음을 빼앗긴 이후, 줄곧 스포츠의 교육적 이해와 실천(스포츠교육)에서 한 순간도 한눈을 팔지 않았다. 오직 교육, 오로지 스포츠교육이었다.

그렇다면, 나는 교육과 스포츠교육에 대해서 일가一家를 이루었다고 보아야겠다. 일제 강점기간보다 더 긴 세월동안 한 우물을 팠으니 말이다. 그러나 아쉽게도 나는 그런 수준이 되지 못한다. 독자적인 일가를 이루기는커녕 아직 외국학계 의존상태로부터 분가分家도 못한 처지다. 여전히 교육과 스포츠교육에 대한 나 자신만의 독보적이고 확연한 깨달음이 부족한 상태다. 다른 이들에게 외면적으로는 이 분야 권위자로 비춰지겠지만, 솔직히 말하자. 자신은 스스로가 제일 잘 알고 있지 않은가? 부질없이 세월만 보낸 것이다.

나는 교육에 대해서 먼저 나만의 이해(사실, "깨달음"이라고 하고 싶으나 그 수준과는 너무 떨어지므로)를 갖고 싶었다. 소위 말하는 "한 소식"을 듣고 싶었다. 나만 그런 것이 아니라, 교육을 공부하는 이는 누구나 같은 마음일 것이다. 다른 이들의 개념이나 정의를 가져다 쓰는 그런 모양새가 아니라, 내가 얻은 개념과 정의로 다른 이들을 끌어당기는 그런 상황 말이다. 하지만, 그것은 언감생심일 뿐, 능력과 실력이 태부족이다. 스포츠교육(체육교육)에 대한 이해는 교육에 대한 이해가 이루어지면 그 맥락 내에서 후속적으로 진행되어야 한다고 믿었다. 큰 것이 먼저고, 작은 것은 그 안에서 해결해야 하지 않은가?

하지만, 거의 모든 스포츠교육 관계자들의 접근은 달랐다. 이들은 그냥 교육과는 상관없이, 스포츠교육으로 바로 돌진해서, (체육교육과) 스포츠교육을 정의해버리는 방식을 택했다. 일반 교육의 정의(특히, 피터스의 교육 개념)들이 주지적 성격을 띤 채로 규정되어 스포츠교육과는 거리를 두고 관련성이 없거나 아예 정반대 방향으로 내달았기 때문이다. 일반 교육의 정의들이 스포츠교육의 개념을 흥하게 하는 데에 도움이 안되거나 방해가 되는 것은 물론, 아예 교육적 가능성을 부정해버리는 경우도 있었다. 몸과 운동은 교육에 있어서 부차적이거나 우연적인 소재나 영역일 뿐이었다.

나는 한편으로 그것은 그것대로 의미가 있다고 생각하면서도, 다른 한편으로 스포츠교육이 보다 주류의 교육적 인정을 받으려면, 일반 교육적 정의 내에서의 개념규정이 필수적이라고 확신하였다. 그리고 그런 노력을 오랫동안 기울여왔다. 내가 쓴 논문과 글들을 관심있게 읽으신 분들이라면, 전인교육과 자유교양교육의 철학적 전통 내에 스포츠교육을 위치 시키려는 처절한 분투를 느끼고도 남으셨을 것이다. 나는 "전인체육全人體育"과 "자유교양체육自由教養體育"이라는 표현을 사용하면서, 비록 엉성하고도 미약하지만, 교육학적인 사고의 한가운데에 스포츠교육의 자리를 마련하고자 했다.

이 짧고 간단한 글에서 그 길고 복잡한 이야기를 하려는 것이 아니다. 내가 조금 이해한 교육의 본질을 쉬운 방식으로 풀어서 소개하고, 그 맥락에서 스포츠교육이라는 활동을 일상적 용어로서 이해해보려는 시도다. 이 나이, 이 연륜에 너무 기초적인 내용을 너무 초보적인 방식으로 전달하는 것에 대해서 송구하고 창피한 마음 가득하다. 스포츠교육에 속하는 활동이 너무도 많이 진행되고 있으며, 그 활동의 의미나 가치를 올바로 이해하면서 진행해야만 하는 시점이다. 스포츠 배우고 가르치기, 즉 스포츠 지도를 교육적으로 이해하고 실천해야 할 때다. 스포츠 교육으로 무엇을 의도하고 기대해야 하는지 알아보자.

2

교육의 정의는 너무도 다양하다. 하지만, 한 가지 공통점은 부인할 수 없다. 그것은 교육은 모종의 "변화"를 도모하는 활동이라는 점이다. 의도적 활동으로서 교육은 "이전before"과 "이후after"가 다른 상태를 도모한다. 변화의 내용과 수준이 다르지만, 변화를 의도하지 않는 행위는 교육이라고 할 수 없다. 이전보다 나아진 이후를 기대하며 진행하는 활동이다. 한 번 가만히 눈을 감고 머리 속에 여러 가지 종류의 교육활동들을 떠올려보라. 어떤 것이라도 변화를 추구하는 특징은 빠지지 않는다. 자, 단순화의 오류를 무릅쓰고 3가지

유형의 변화를 크게 분류해보겠다. 그것은 첫째 습득, 둘째 개발, 셋째 성숙이라는 변화다.

첫째, "습득習得"은 지니고 있지 못하던 것, 알지 못했던 것, 하지 못했던 것을 지니게 되고 알게 되고 하게 되는 변화를 말한다. 기능, 지식, 태도적 차원에서 이전에는 없던 것이나 부족했던 것들을 단순 소지하는 수준으로 갖추게 되는 변화다. 반복적 동작, 기계적 암기, 습관적 반응 등으로 형성되는 일차원적이고 그리 복잡하지 않은 변화들이다. 스포츠교육에서는 운동기능의 습득(기초정보와 단순태도) 수준이다.

둘째, "개발開發"은 잠재되어 있는 자질이나 능력을 최대화시키는 변화다. 사고력, 협동심, 창의력 등을 불러일으키고 최대한도로 발전시키는 것이다. 의도적이고 체계적인 방식으로 인지적, 정의적, 신체적 차원의 주요 자질들을 길러내는 것이다. 일차원적 소지나 증가가 아니라, 복합적이고 통합적인 역량과 능력의 변화들이 진행된다. 스포츠교육에서는 스포츠에 대한 전문적인 지식이나 식견이 개발되는 수준이다.

셋째, "성숙成熟"은 질적으로 숙성되는 변화다. 이전과는 질적으로 다른 수준으로 발전되는 변화다. 없던 것이 새롭게 생겨나는 것이 아니라, 습득과 개발로 얻은 것, 자라난 것이 더욱 높은 수준, 깊은 수준으로 바뀌어 나아지는 것이다. 더욱 깊이 내면화되면서 자기화로 진전되어 자기만의 독특하고 개성있는 자질로 변모된 상태이다. 스포츠교육에서는 기능, 지식 강화보다는 안목이나 판단력으로 드러나는 수준이다.

교육이라고 부르는 인간의 행위는 습득, 개발, 성숙이라고 하는 종류의 변화를 도모한다. 이런 변화를 도모하는 행위들에 우리는 교육이라는 단어를 사용한다. 운전교육, 요리교육은 운전기술과 요리방법을 습득시키는 지도행위를 말한다. 수학교육, 과학교육은 논리적 사고와 과학적 탐구역량을 개발하는 가르침 행위다. 인간교육, 지혜교육은 사람됨됨이를 바꾸고 세상사에 대한 안목을 숙성시키는 가르치기를 의미한다. 변화의 수준은 아주 간단한 것(습득)에서부터 매우 심오한 것(성숙)까지 그 스펙트럼이 매우 넓다. 우리가 교육이라고 부르는 것은 이것저것을 폭넓게 수용하는, 다양한 종류의 활동들이 포함되는 인간행위다. 모두가 교육이다. 키가 크나 작으나, 잘 생겼으나 못 생겼으나 모두 사람이듯, 습득적 변화, 개발적 변화, 성숙적 변화는 모두 교육적 변화다.

자, 이제 각각의 변화를 도모하는 교육행위에 영어 명칭을 부여해보자. 구분을 위해서 조금 더 전문적인 이름을 붙여보도록 하자. 습득 수준의 변화를 의도하는, 일으키는 교육은 "트레이닝training"이라 부르자. 운전훈련, 요리훈련이라고 해도 틀리지는 않는다(물론, 기분은 좋지 않겠지만). 개발 수준의 변화를 도모하는 노력에는, 더 적합한 단어가 없으니, "디벨롭핑developing"이라고 하자. 얼마나 안성맞춤인지 "역량개발"보다 더 나은 표현을 찾기가 어렵다(인적 자원 개발이란 용어는 또 어떤가?). 그리고 성숙 수준의 변화를 가져오려는 시도는 "호울링

wholing"이라고 하자. 온전한 스포츠를 배움으로써 온전한 사람으로 변모할 수 있도록 돕는 노력이기 때문이다. 그러면 각각의 변화를 위해 노력하는 교육자들을 트레이너Trainer, 디벨롭퍼Developer, 호울러Wholer라고 부를 수 있겠다.

트레이닝, 디벨롭핑, 호울링TDW으로서의 교육은 서로 완전히 구별되어 따로 존재하는 것은 아니다. 예를 들어, 운전이나 요리가 트레이닝 성격을 주로 띠는 교육 수준에 머물기는 하지만, 항상 그런 것은 아니다. 디벨롭핑과 호울링 수준으로 높아지고 깊어질 수 있으며, 실제로 이 세상의 쇼퍼運轉技士나 쉐프料理師 중에는 그런 분들이 있다. 반대로 전문가로서 대학이나 학교에서 디벨로핑 성격의 교육을 펼치는 것으로 알고 있으나, 실지로는 트레이닝이나 그에도 못 미치는 수준으로 자기 일을 수행하는 교사와 강사들도 있다. 가장 높은 수준의 교육적 성취를 이루는 호울링을 보이는 이들도 있는데, 이것은 항상, 언제나, 매번 가능한 일이 아니다. 호울링 수준의 교육은, 일류가수가 항상 최고의 가창력을 보여주듯이, 매번 발휘되는 것이 아니다. 오히려, 북극광처럼 예고 없이 모양 없이 나타나고 사라진다.

TDW는 교육활동들의 종류를 엄격히 구분하는 기준이 아니다. A와 B는 트레이닝 교육, C와 D는 디벨롭핑 교육, E와 F는 호울링 교육에 속한다고 낙인찍기 위한 장치가 아니라는 말이다. TDW는 어떤 한 가지 교육행위가 3가지 수준으로 수행될 수 있음을 나타내는 아이디어다. 운전교육도 디벨롭핑 교육과 호울링 교육 활동으로 될 수 있으며, 지혜 교육도 트레이닝 교육으로 진행될 수도 있음을 알려준다. 어떤 종류의 교육활동이던 간에 이 세 가지 수준(단계)이 잠재적으로 갖추어져 있으며, 그것을 가르치는 이에 의해서 발휘된다. 가르치는 이의 수준이 어느 수준에 머무느냐, 더 높은 수준으로 진전하느냐를 결정하게 된다는 말이다. 교육은 습득, 개발, 숙성의 총체다. 조금 눈에 띄게, <E = TDW>라고 써보자.

3

그리하여, 나는 스포츠교육도 교육의 이 같은 특성을 그대로 반영한다고 주장하는 것이다. 신체활동스포츠, 운동을 가르쳐서 모종의 변화를 의도하는 스포츠교육도 습득, 개발, 성숙의 수준에 해당하는 교육을 펼친다. 아예 외형적으로 드러나는 모습이나 수준으로 인해서, 트레이닝, 디벨롭핑, 호울링에 해당하는 스포츠교육이라고 분류하고 단정지을 수 있는 경우가 있다. 하지만, 스포츠교육이 교육의 영역인 한, 어떤 스포츠교육이라도 높은 수준으로 발전하거나 낮은 수준으로 전락할(또는 습득이나 개발에 멈춰버리는) 가능성을 그대로 내포하고 있음을 명심해야 한다. 트레이닝 수준의 스포츠교육, 디벨롭핑 수준의 스포츠교육, 호울링 수준의 스포츠교육이 각각 따로 있는 것이 아니다. 배구 지도하기가 트레이닝도, 디벨롭핑도, 호울링도 될 수 있는 것이다. 누가, 어떻게 가르치느냐에 따라서 말이다.

조금 더 현실적 수준에서 살펴보자. 스포츠교육에서 시작은 훈련적 모양을 띤다. 그럴 수밖에 없다. 기능습득이 시작이기 때문이다. 배구를 할 수 있도록 돕는 것이 일차적 목적이다. 스포츠교육자, 즉 코치로서 나는 피치 못하게 배구 트레이너로 시작한다. 한동안 기능 습득이 진행되면, 시합을 제대로 이해할 수 있도록 공격, 수비 룰과 전술을 이해시킨다. 배구팀과 선수와 감독들의 특징과 스타일에 대해서 알려준다. 게임을 할 수 있게 되면서 좀 더 배구와 관련된 다양한 역량들을 개발하도록 돕는다. 배구 디벨롭퍼로서의 역할을 덧붙이는 게다. 그리고 틈틈이 배구의 안목과 배구인으로서의 사랑을 더욱 깊게 숙성시킬 수 있도록 틈틈이 적절한 때에 적절한 내용을 가르친다. 배구 호울러로서의 솔선수범을 선보인다. 굳이 분류하자면, 각각 배구기술排球技術, 배구역량排球力量, 배구안목排球眼目을 시연하는 것이다.

현실적으로 스포츠교육은, 교육과 마찬가지로, 습득과 개발의 수준에서 거의 모두 진행된다. 사실, 습득의 수준에 멈추어도 큰 문제는 없다. 사람들이 스포츠에 대해서 가장 바라는 건강과 여흥의 맥락에서는 운동기능의 습득이 전부다. 그것으로 충분하다. 신체기능의 최대 발휘를 목적으로 상대방이나 자신, 또 자연을 상대로 대결을 펼침으로써 그 과정에서 얻어지는 흥분과 희열, 그리고 부수적으로 따라오는 정서적, 신체적 건강은 습득 수준의 스포츠교육으로 만족하도록 판을 깔아준다. 현재 우리나라는 (생활, 전문)스포츠지도사라고 하는 국가자격을 받은 스포츠교육자들에게는 이 정도만 요청되고 있는 형편이다. 이 이상은 있다고 생각하지도 않으며 그 이상을 추구하지도 않는다.

체육교사들에게는 개발 수준의 스포츠교육(체육교육)이 요청되고 있다. 학생들이 지닌 신체적, 인지적, 정의적 차원의 능력과 자질을 최대한으로 발달시키는 것을 목적으로 한다. 특히 2015 체육과 교육과정은 역량중심 교육과정이라고 불리며, 건강관리, 신체수련, 경기수행, 신체표현 능력의 개발을 강조하고 있다. 인내심, 협동심, 경기력 등과 같은 분절적 요인들을 통합적으로 발휘하여 문제를 해결하도록 하는 체육과 교과역량으로 선정하여 이 융합적 자질들을 집중적으로 개발하는 것을 강조하는 것이다. 스포츠교육의 이상이 가장 충실히 추구되고 구현될 수 있는 학교체육에서 바람직한 방향으로의 교육적 지향이라고 할 수 있겠다(실제로 완전히 성취하고 있느냐는 또 다른 문제이지만 말이다).

4

교육에서 드러나는 세 가지 전형적 변화의 양상들을 살펴보았다. 그것들에 기대어 스포츠교육에서 찾을 수 있는 세 가지 변화의 모습들도 간단히 엿보았다. 우리의 스포츠교육은 습득과 개발의 수준에서는 매우 큰 발전을 보이고 있다. 앞으로도 성장의 여지가 많다고 확신한다. 과학적 접근과 학문적 지식의 도움으로 운동기술의 습득과 그것을 통한 인적 역량의 개발은 매우 체계적이고 지속적으로 진행될 것이다. 그에 따라 스포츠교육에서 추구하는 습득적 변화와 개발적 변화의 성장은 나로 하여금 큰 기대를 갖게 한다. 하지만 반면에 또 다른 한편으로는, 한 가지 깊은 우려가 마음속에 내려앉는다.

이제 원로의 말단 그룹에 막 편입한 나로서 한 가지 아쉬운 것은, 한국 스포츠의 그 어느 곳에서도 성숙적 스포츠교육을 추구하고 있지 않다는 현실이다. 우선, 학교체육에서 전인체육의 소실이다. 체육과 교육과정은 전통적으로 전인교육을 강조함으로써 성숙지향적 스포츠교육을 도모하는 모습을 보여왔다. 물론, 현실적으로 수사학에 그쳤음을 부인할 수 없다. 하지만, 역량중심적 스포츠교육에 대한 강조로 인하여, 교육과정 문서상에서도 전인교육의 이상이 흐릿해져있고, 조만간 사라질 운명을 맞이하게 되지 않을까 염려된다. 그리고 전문체육에서도 지나친 메달강조, 승리우선의 풍토로 아레테 스포츠로서 훌륭한 삶을 만들어나간다는 "칼로카가티아*Kalokagathia*"의 이상이 더 이상 보여지지도 들려지지도 않는다. 생활체육은 습득적 스포츠교육이 주는 오락의 달콤하고 짜릿한 향과 맛에 중독되어 더욱 깊이 빠져 들어가는 형편이다.

다시 말해서, 우리의 스포츠교육은 이제 더 이상 트레이닝과 디벨롭핑 수준의 교육 너머를 바라보지 않으며, 그 이상을 추구하려고 하지 않는다는 말이다. 세 가지 스포츠교육의 모습에서 호울링으로서의 스포츠교육은 완전히 소실되어가고 있다. 아니, 이미 소멸되어버렸다는 것이 좀 더 정확할 듯하다. 호울러로서의 스포츠교육자의 역할도 함께 망실되었다. 성숙을 위한 스포츠교육의 부활이 절실히 요망되는 시점이다. 교육적 변화의 핵심이자 알짬이며, 그래서 스포츠교육이 길잡이로 삼아야 하는 변화의 이상이기 때문이다. 스포츠교육을 완성시켜주는 최고의 변화 양상이기 때문이다. 스포츠교육, 즉 SE = STDW다.

40년차 원로 스포츠교육자로서 큰 책임감을 느낀다. 나는 그동안 무엇을 했단 말인가? 왜 호울링으로서의 스포츠교육이 부흥되도록, 성취되도록 하지 못하였는가? 아니, 적어도 소실되고 멸실滅失되는 것을 막지 못하였는가? 비겁한 변명이지만, 나름대로는 애써왔고 이 글도 그런 몸브림과 발버둥의 일부다. 나는 성숙적 변화를 위한 도움은 스포츠 리터러시를 함양해주는 인문적 스포츠교육으로부터 얻을 수 있다고 오랫동안 설득해왔다. 그런데, 그 일을 제대로 잘 못해내고 있는 것이 분명하다. 가시적인 성과가 그다지 따르지 않는 것이다. 하지만, 내 역량이 그 정도에 멈추고, 내가 그나마 할 수 있는 것은 이런 하찮은 글짓기가 유일하다. 나로서는 한스럽고 안타깝고, 또 부끄럽기 그지없지만, 묵묵히 지금까지 해왔던 이 일을 계속할 뿐이다. 스포츠교육 입문 50년차가 될 때까지. 잘 할 때까지.

(2022. 1. 24.)

STEAM vs. RALPH

2009 교육과정 이후 고정된 교육 방향이 있다. 융합, 복합 또는 융복합 교육이다. 분리되고 격리된 채 가르쳐지던 교과 내용을 서로 합쳐서 가르치라는 주문이다. 블록처럼 서로 분절된 지식 습득으로는 21세기 사회에서 필요한 창의력과 문제해결력을 기를 수 없다는 이유였다. 틀리지 않은 지적이었고, 올바른 교육 방향이었다. 세상 현실은 단순하지 않고 복합적이다. 삶의 문제는 간단하지 않고 복잡하다.

많은 새로운 방법론들이 제안되었다. 그 가운데에서도 융복합적 교육을 성취하는 데에 효과적인 대표적인 교수원리, 교수방법론으로서 소개된 아이디어가 있다. STEM이다. Science, Technology, Engineering and Mathematics를 통합적으로 지도하는 방안이다. 과학 분야의 대표적인 지식영역들을 하나로 묶어서 실제적인 과학 역량을 제대로 키워낼 수 있는 유용한 교수학습방법이다. 2001년

미국국립과학재단NSF이 과학, 기술, 공학, 수학을 통합적으로 가르치는 대표적 방안으로 채택하여 유명해졌다.

한국은 여기에 하나를 더하였다. 우리가 채택한 접근은 보다 확장된 형태로, STEM에 Arts, 즉 예술을 포함시켜 STEAM으로 발전시켰다. 미국국립과학재단의 과학중심적 교수방법론에 예술적 지식 영역을 덧붙여 한국적 융복합 교육으로 발전시킨 것이다. STEAM은 기본적으로 문제해결의 학습과정을 중심으로 탈교과적 내용융합을 원칙으로 하여 설계한다. 그 설계된 내용을 어떤 형식 내에서 구체적으로 어떤 방식을 활용하여 사용하는가는 상황에 맞춰 개별적으로 결정된다.

STEAM(융합인재교육으로 번역해서 활용 중)은 그동안 융복합적 교수와 학습의 강조를 위한 효과적 홍보역할을 충분히 해내었다. 약 15년이 지난 현재 학교교육에서는 일상화된 개념과 용어가 되었다. 물론, 현장에서의 수용과 실행은 완전히 일반화되지는 못했으나, 융복합적 교과지도와 교육방법의 실천을 위한 제일차적 접근, 가장 중요한 언어적 레토릭으로 언급되고 활용되고 있음은 명백하다.

STEM에서 STEAM으로 확장된 것은 현명한 조처였다. 하지만, 그럼에도 불구하고, 여전히 과학기술중심적 융복합 접근이라는 사실에는 변함이 없다. 과학기술이라는 전골에 예술이라는 고명만 올렸을 뿐이다. 과학기술이라는 찌개에 예술이라는 양념만 뿌렸을 뿐이다. 주연의 역할이 못되고 조연이나 단역의 배역에 불과할 뿐이다. 심지어는, 턱시도에 갓을 쓴 것처럼 어울리지 않는다는 생각까지도 들게 된다. 과학기술은 과학기술중심으로 뭉쳐있을 때에 보다 큰 효과를 발휘할 수 있기 때문이다.

같은 논리로, 온전히 인문예술중심의 융복합적 교육방안도 구안해볼 수 있다. 아니, 구안해야만 한다. 나는 오래 전부터 체육에서 그런 시도를 해오고 있다. "인문적 체육교육(인문적 스포츠교육)"과 "하나로 수업"이 바로 그것들이다. 체육활동을 지도할 때에 문학, 예술, 종교, 철학, 역사와 같은 인문적 지혜들과 함께 가르치는 것이다. 축구를 가르칠 때에 축구 시와 소설과 수필, 축구 미술과 음악, 축구의 신앙적 차원, 축구와 동서양 철학, 축구와 연관된 역사적 사건과 인물들을 익히도록 한다.

나는 인문적 체육교육과 하나로 수업에서 취하는 융복합적 접근을 요약하여 "RALPH(랄프)"라고 부른다. Religion, Arts, Literature, Philosophy, and History(종교, 예술, 문학, 철학, 역사)를 아우르며 통합하는 방법론이기 때문이다. STEAM 말고 RALPH! 물론, 스팀을 전부 버리고 랄프로 대체하자는 주장이 아니다. 과학기술중심적 융복합 교수법과 함께, 인문예술중심적 융복합 교수법을 고려하고 적용하자는 주장이다. RALPH는 국어, 영어, 사회만이 아니라, 과학 교과들에서도 도움이 될 수 있다. 체육교과에서는 이미 그 효력이 입증되었다.

융복합적 교육이 강조된 근본이유는 크게 두 가지다. 첫째, 지식이란 원래가 계란판처럼 서로 분리되어 존재하는 것이 아니다. 교사들은 교과중심으로 서로 따로 가르치더라도 학생들은 각자의 머리와 몸속에서 하나로 뭉쳐서 지니고 있어야 한다. 둘째, 우리 삶의 문제들은 복합적 특성을 지닌다. 시험지 위에 적힌 사지선다형이나 단답형 문제 풀 듯 간단명료히 해결되지 않는다. 얽히고설킨 실타래를 풀 듯 복잡한 사고와 판단력을 필요로 한다. 이러한 융복합적인 자질은 융복합적으로 가르침으로써 길러진다.

행복한 삶과 일을 만들어나가기 위해서는 정보처리용량이 아니라, 현명한 지혜력이 필요하다. 공식의 적용력이 아니라, 올바른 판단력이 요구된다. 한 가지 사태를 여러 방면에서 입체적으로 파악하고 해결해내는 실행력이 있어야 한다. 인문예술중심적 융복합, 즉 RALPH는 STE(A)M과 함께, 학생(배우는 이)에게 긴요한 자질, "역량"이라고 하는 지혜력과 판단력과 실행력을 길러주는 핵심 교육접근이다. 음과 양의 역동적 조화로 태극이 완성되듯, STE(A)M과 RALPH로 융복합적 인재교육을 제대로 이루어내자.

(2023. 8. 16.)

EbS

전인체육, 자유교양체육, 인문적 체육, 자유교양교육적 스포츠교육, 스포츠 리터러시 교육. 내가 활용해온 용어들이다. 이미 들어본 것도 있고 처음 보는 것도 있을 것이다. 여전히 낯선 용어도 있고 약간은 익숙해진 단어도 있을 것이다. 기존의 체육교육이나 스포츠교육의 부족한 점들과 부정적 측면을 지적하며, 그 대안으로서 제안한 철학과 개념과 용어들이다.

기존의 체육은 “신체적 교육”으로 불린다. 영어단어 “Physical Education”을 기초로 세워진 개념 체계와 가치 지향이다. 이것이 지난 백여 년간 “신체의 교육”과 “신체를 통한 교육”의 두 철학으로 발전되었다. 영어 표현으로는 각각 “Education of the Physical”과 “Education through the Physical”이다. 축약어가 대세인 요사이, 나는 줄여서 “EoP”와 “EtP”로 사용하기도 한다. 교육의 지향과 목적으로 EoP는 신체적 측면을 강조하며, EtP는 정신적 측면을 강조한다.

나는 그동안 내가 지향하는 스포츠교육(체육교육)을 위에서 소개한 것처럼 다양하게 이름 지어 불러왔다. 설명하는 차원과 시점, 강조하는 측면과 요점에 따라, 서로 다른 명칭이 필요했기 때문이다. 내가 지향하는 새로운 스포츠교육의 다른 측면들을 확대해서 드러내어 보여주는 효과를 갖는다. 오늘 나는 또 다른 방식으로 나의 스포츠교육을 부르는 새 단어를 살짝 소개해보겠다.

“EbS”가 바로 그것이다. “Education by Sport”를 줄인 표현이다. “스포츠에 의한 교육”이다(더 풀어쓰면, “스포츠에 의한 인간의 교육”). 스포츠가 주체가 되어 이루어내는 교육을 말한다. 이 명칭은 2가지를 두드러지게 보여주기 위함이다. 첫째, 교육의 초점이, 사람의 신체적 측면, 또는 정신적 측면이 아니라, “사람” 전체임을 가정한다. 둘째, 그리고 그것을 “스포츠”를 활용하여 성취하려고 한다는 점을 강조한다.

먼저, 스포츠교육은 스포츠라는 내용을 가르침으로써 총체적 존재로서의 사람을 전면적으로 변화시키는 인간의 오래된 노력이다. EoP나 EtP에서 주장하는 바, 신체적인 차원 또는 정신적인 차원이 핵심이 아니다. 스포츠교육이란 인간의 행위는, 몸과 마음과 영혼으로 되어있는 전인적 존재로서의 사람 전체에 영향을 미치려는 시도다. 나는 기본적으로 총체적 인간됨을 강조하면서, 이해를 위해서 이 셋을 세분하여 체성, 지성, 감성, 덕성, 영성의 다섯 가지 기본 성향으로서 소개해왔던 것이다.

그리고 스포츠교육의 핵심을 대상에서 내용으로, 신체에서 스포츠로 되돌려놓는다. 가르쳐지는 내용으로서의 스포츠라는 인간활동은 단순한 신체활동physical activity에 그치지 않는다. 그것은 오랜 시간 동안 사람들이 형식과 가치와 의미를 축적해온 실천전통practice이다. 실천전통으로서 스포츠를 배워야지만, 사람에게 총체적인 영향을 미치는 스포츠교육이 이루어지게 된다. 적어도 우리가 사회적으로 제도화시켜서 공적으로 배울 가치가 있는 일정 수준 이상을 지향하는 스포츠교육으로서 말이다.

이런 의미에서 "EbS"라는 용어는 EoP와 EtP에 내재되어있는 심신이분법적(이원론적) 사고방식을 벗어던지고 있다. 교육을 정신교육과 신체교육으로 나누고, 국어, 영어, 수학, 과학은 주지교과이며, 체육은 비주지교과, 기능교과라는 구분을 파괴한다. 이와 더불어, 가르쳐지는 내용에 대한 기능적인, 비가치적인 이해를 넘어설 수 있다. 선별하여 가르칠 가치가 높은 것으로서 (활동보다) 개념이 최고로 인정받지 않는다. 모든 교과는 모두 동등한 자격과 지위를 지닌 실천전통들이기 때문이다.

"스포츠에 의한 교육"은 교육의 장면에서 이 같은 이분적 인간이해와 위계적 지위 구분을 파괴해준다. 다른 교육 분야에 열등하지 않은 교육내용을 가르치고 배움으로써, 온전한 하나의 존재로서 사람의 전 측면에 변화를 도모해주기 때문이다. 스포츠교육은 신체를 위한 교육에 제한되지도 않을뿐더러, 신체를 통해서 진행되는 교육도 넘어선다. 그것은 육체와 정신과 영혼, 모두를 위한 것이면서, 이 모두를 통해서 이루어진다.

수학교육은 수학에 의한 교육이며, 국어교육은 국어에 의한 교육이다. 수학과 국어에 의한 인간의 교육이다. 스포츠교육이 다른 (수학, 과학, 영어 등)교육들과 다른 점은 단 하나다. 가르치며 배우는 내용이 다르기 때문이다. 이것들이 서로 달리 취급되는 이유는, 내용의 차이 때문이지 대상의 차이때문이 아니다.

물론, EcP와 EtP도 다른 교과와의 차별성을 강조하는 하나의 방식이며, 나름의 장점을 가지고 있다. 하지만, 나에게 그것은 올바른 스포츠교육을 제대로 표현해내지 못한다. 내게 설득력을 갖는 용어는 이제 "스포츠에 의한 교육, EbS"다(부디, EBS 방송국에서 소유권 주장이 없기를! 새해 첫 소원이다).

(2024. 1. 1.)

제 5 부

스포츠 페다고그

스포츠지도사는
무엇을 하는 사람인가?
체육교사가 길러주는 것
스포츠교육자의 건강론
체육교사의 내비게이션
전인은 과제가 아니다
스포츠교육의 콰트롤로지

스포츠지도사는 무엇을 하는 사람인가?

2020년 기준 약 310,000 명이 스포츠지도사 자격증을 소지하고 있다. 코로나19 전인 2019년 한 해에만 약 17,000여명이 자격증을 취득하였으니, 2025년은 최소한 350,000명으로 증가하였을 것이다. 이 정도 규모면 가히 국가적 수준에서 매우 중요한 전문인력군으로 간주될 수 있을 정도다.

실제로, 신체활동(헬스, 스포츠, 요가, 무용 등. 스포츠로 통칭)을 가르치고 배우는 교습 활동은 대한민국 국민의 일상이 되었다. 우리 생활의 핵심적 한 부분을 채우는, 빠트려서는 곤란한, 그러한 필수 활동이 되었다. 남녀와 노소를 가리지 않고 전 국민 모두가 스포츠 활동에 진심으로 시간과 비용을 투자한다. 그만큼 자신의 생활(인생, 삶)에 중요하다고 여기기 때문이다.

국민 각자의 생활에서 스포츠 활동은 이렇듯 중요하게 자리를 잡은 지 오래다. 재미를 위해서, 건강을 위해서, 또는 자기 성장을 위해서, 사람들은 스포츠 활동을 자신의 삶 속에 중요하게 위치시켜 놓은 것이다. 태권도장, 헬스센터, 배드민턴장, 테니스장, 수영장, 스키장, 골프장, 풋살장, 야구장, 탁구장 등등에 가보지 않았거나, 회원등록 해보지 않은 국민은 거의 없을 것이다.

이 과정에 있어서 스포츠지도사는 최전선에서 가장 큰일을 해내는 이다. 스포츠를 배우고 싶어 하는 회원들을 맞이하여 최전선에서 면대면으로 스포츠를 가르치는 이다. 이 일이 일상화된 이유로 그렇게 많은 지도자 자격증이 발급되었고, 또 매년 그렇게 많은 이들이 시험을 통과해 자격증을 획득하려고 한다.

스포츠지도사 자격증 제도는 약 50여년이 되어간다. 운동지도에 한정한 전문체육지도자와 생활체육지도자의 두 종류 형식을 벗어던지고, 2015년 크게 탈바꿈을 하여 현재와 같은 6가지 종류의 지도사 제도로 되었다. 이 중에 내가 주목하는 것은 일반인들이 가장 많이 만나게 되는 생활스포츠지도사다. 발급되는 스포츠지도사 자격증의 수량도 이 종류가 거의 대부분을 차지한다.

나는 스포츠지도사를 다르게 부른다. 물론, 개인적 수준에서다. 스포츠지도사는, 그 일의 성격을 고려한다면, "스포츠교육사"라고 불러야 한다. 교육부 관할의 평생교육사, 문화체육관광부 관할의 문화예술교육사는 모두 "교육사"라고 부른다. 나는 같은 문화체육관광부에서 발급되는 자격증의 명칭이 이렇게 차이나는 현실을 몹시 아쉬워한다.

물론, 발급되는 숫자와 거쳐야 하는 교육훈련의 과정과 수준의 차이에서 이러한 명칭의 차이가 발생했을 것이다. 간단한 실기와 필기시험을 거쳐 년 간 1만5천장 이상이나 발급되는 자격증이 어떤 사회적 권위를 인정받기는 쉽지 않다. 최소한의 기본 자질을 갖추고 희망하는 전 국민에게 국가자격증 취득의 기회를 준다는 취지에 부합하는 수준의 자격증일 뿐이다.

실제로 이들이 하는 일은 운동기능을 지도하는 이상도 이하도 아닌 것으로 간주되고 있다. 레슨을 받는 회원은 당연히 그리 이해하고, 지도사 당사자도 그렇게 생각하는 경우가 많은 것이 현실이다. 라켓을 휘두르고 공을 던지고 차며 시합을 하고, 물위를 헤엄치고 눈 위를 달리도록 하는 운동기술을 습득하도록 가르치는 교습행위자라고 말이다.

그런데, 정말로 이것이 전부인가? 테니스 지도사는 단순히 테니스 기술과 게임 요령을 전달하고, 생활체육 동호회 테니스 대회에서 시합을 할 수 있도록 가르치는 이에 불과한가? 생활스포츠지도사가 하는 일은 이것이 핵심이자 전부인가? 물론, 체육이니 기능지도가 가장 중요한 업무일 것이다. 하지만, 이것이 본질이며 핵심인가? 나는 이러한 의견에 이의를 제기한다.

당연히, 지도사가 운동기능만 가르치는 것은 아니다. 지도사 직무에는 다른 일도 포함된다. 행정관리 업무와 회원 관리 활동도 있다. 그렇기는 해도, 주된 업무와 가장 많이 하는 일은 결국, 축구나 농구나 피트니스와 같은 게임하기와 건강증진을 위한 운동기능의 지도다. 운동능력을 습득하도록 하는 일이 지도사의 알파요 오메가라는 말이다.

이 사실에 대해서 이의를 제기하는 이가 있을까? 스포츠지도사가 하는 가장 중요한 일이 운동기능을 가르치는 일임에 말이다. 그런데, 나는 이 사실이 현실적으로는 맞지만, 근본적으로는 부족하다고 생각한다. 내가 이의를 제기하는 이유다. 외현적 사실이 이렇다면, 본질적 사실은 어떠한가? 스포츠지도사가 하는 일에 본질적 차원이 있는가? 있다면 무엇인가?

겉보기와 속사정은 일치하지 않는 경우가 있다. 겉보기에는 이러하나, 그것의 안쪽에서 벌어지는 일은 또 다를 수 있는 것이다. 스포츠지도사의 일은 운동기능을 지도하는 일이면서도, 보이지 않는 다른 차원에서는 또 다른 의미를 갖는다. 전자를 표면적 의미라고 하고, 후자를 이면적 의미라고 한다. 표층적 차원의 활동과 심층적 차원의 활동이라고도 할 수 있다.

스포츠지도사는 운동기능만을 가르치는 것이 아니다. 운동기능을 넘어, 그 운동의 전부, 총체를 전수하는 일을 한다. 골프의 기술과 게임 요령을 넘어, 골프의 정신과 문화까지도 가르친다. 드라이버와 아이언샷, 칩샷과 퍼팅 기술을 넘어, 골프라는 스포츠의 역사와 인물들 속, 골프장의 조경과 자연 속에서 골프애호가들이 만들어낸 골프의 문화를 함께 전달한다.

조금 어렵게 표현하면, 스포츠지도사는 초보자를 골프라는 스포츠에 "입문initiation"시키는 일을 담당하는 이다. 입문이라는 표현은 중요한 의미를 갖는다. 농구기술을 "습득"시키는 것은 입문의 한 부분, 작은 일부분에 불과하다. 입문이란 어떤 곳의 "일원"이 된다는 말이다. 그 세계와 문화의 구성원으로서 인정받게 된다는 뜻이다. "골프인이 된다"는 말이다.

어떤 사회나 문화의 정식 일원이 되는 것은 그곳에서 생활하는 것만으로 충족되지 않는다. 그곳의 문화나 풍습, 규정이나 관습 등을 따르고 익히게 되었음을 의미한다. 비유하자면, 외국인이 영주권과 시민권을 차례로 얻어서 그 나라의 국민이 되는 것과 유사하다. 합법즈 시민으로서 배워야 하는 것은 법이나 규칙만이 아니다, 역사와 문화와 풍속까지 익혀야한다.

우리가 어떤 운동을 배운다는 것의 (심층적) 의미는 바로 이런 것이다. 스포츠지도사는 이런 일을 하는 이다. 어떤 사람이 테니스를 배운다고 할 때, 지도사는 자신이 테니스라는 스포츠의 대리인이라는 생각을 하면서 테니스를 지도해야 한다. 지도사는 테니스라는 하나의 문화 전통에 입문시키는 일을 테니스라는 스포츠로부터 위탁받은 대리인인 것이다.

지도사들이 하는 일은 표면적으로는 담당 스포츠의 운동기능을 숙달시키는 일이지만, 이면적으로는 그 스포츠의 문화에 입문시키는 일을 하는 것이다. 이 두 가지 일은 한 가지 활동의 두 측면(또는 두 차원)이다. 내가 의식하건 안하건, 스포츠지도사로서 나는 이 두 가지 일을 동시에 하고 있는 것이다. 나는 지도하는 스포츠를 대표하는 한 명의 합법적 대리인이다.

스포츠지도사는 가르치는 회원들을 "테니스인" 또는 "골프인"으로 성장하도록 이끌어 안내하여 입문시키는 이(대리인)다. 부모가 가정이라는 사회적 제도로 자녀들을 입문시키는 대리인이듯, 교사가 교육이라는 사회적 제도로 학생들을 입문시키는 대리인이듯 말이다. 테니스를 배우면서, 골프를 배우면서 우리는 그 스포츠의 구성원이 되는 것이다.

너무 거창한 말인가? 운동기능을 가르치는 (하급, 이차)전문인에게 너무 큰 부담을 지우는 것이 아닌가? 사회적 인식도 그렇고, 경제적 보상도 그렇고, 그런 막중한 일을 감당하는 전문가로 간주할 수 있을까? 법무사나 노무사, 또는 적어도 교사나 간호사 정도의 대우를 받아야 이런 식으로 자신의 일을 이해할 수 있지 않을까? 내가 그 스포츠의 대리인이라니, 받아들이기 쉽지 않다.

우리 삶에서 행해지는 (거의) 모든 행위는 표층적 의미와 심층적 의미, 또는 외현적 의미와 본질적 의미로 이루어져 있다. 인류학자들은 이것을 개인적 동기와 집단적 이유, 또는 개인적 의미와 제도적 의미라고 부른다. 내가 하는 어떤 행위에는 내가 개인적으로 부여, 파악하는 이유(동기)가 있다. 그러나 그것만이 아니다. 내가 속한 집단이 이미 부여해온 공동체적, 사회적 의미도 있다.

결혼은 개인적 행위인가 집단적 행위인가? 물론, 둘 모두다. 남녀가 부부가 되는 것은 두 사람 사이의 행위이면서, 동시에 그 사람이 속한 직계 친족과 친척간의 행위이기도 하다. 그 범위의 좁음과 넓음에 차이가 있을지언정, 이것은 동서와 고금을 막론하고 모든 인간 사회와 문화에서 면면히 지켜져 내려온 제도이자 문화다.

테니스를 지도하는 행위는 개인적 행위이면서도, 집단적 행위다. 테니스라는 문화전통은 테니스지도자들 개개인의 행위에 의해서 그 존재를 유지시켜온 것이며, 앞으로도 그렇게 될 것이다. 테니스지도자들은 단순히 테니스 기술의 전수만이 아니라, 테니스의 전부, 총체로 회원들을 이끌어 입문시키는 테니스(라는 문화전통)의 가디언인 것이다.

게임시합을 넘어 문화전통으로서의 테니스는 기능적 차원이 기본이지만, 그것으로 충족되는 것이 아니다. 테니스는 기능적 차원, 지식적 차원, 정신적 차원을 되어있다. 문화전통으로서의 테니스는 테니스의 역사를 통하여 동양과 서양에 걸쳐서 테니스인들이 쌓아온 테니스의 문화전통 전체로서 존재한다. 테니스의 역사, 예술, 인물, 철학, 건축 등을 모두 망라한다.

테니스지도자는 회원들에게 이러한 전체로서의 테니스 문화전통으로 회원들을 안내해야만 한다. 그것이 올바른 테니스, 온전한 테니스를 체험하도록 하는 것이기 때문이다. 테니스의 전체를 총체로서 맛보고 누릴 수 있도록 하는 것이 테니스지도자에게 부과된 임무요 책임이다. 테니스지도 자격증이란 것은 이런 일을 할 수 있고, 해야만 되는 허가증인 것이다.

그리하여, 테니스 학습자(회원)는 테니스 교수자(강사)로부터 테니스라는 세계로 안내되어 입문된다. 테니스강사는 회원이 처음 맞닥트리는 테니스 세계 그 자체다. 그 강사가 보여주는 테니스가 바로 본인이 맛볼 수 있는 테니스 그 자체인 것이다. 마치 갓 태어난 오리새끼가 눈을 뜨고 처음 보는 동물을 자기 어미라고 인식하는 것과 비슷한 상황이다.

첫 단추를 잘 끼워야 하듯, 첫 레슨자를 잘 만나야 한다. 많은 것들이 방향 지워지기 때문이다. 스포츠 강습에서 그 첫 단추는 첫 레슨자다. 그 지도자를 통하여 그 세계로, 그 문화로 첫발을 내딛으며 입문되기 때문이다. 바꾸어 말하여, 교수자는 학습자의 테니스 인생을 방향 지으며 그 삶의 질을 결정한다고까지 말할 수 있는 것이다.

이 정도면 내 이견의 의도를 전달하기에 충분한듯하다. 스포츠지도사의 일은 간단하지 않다. 물론, 스포츠 지도를 기능숙달을 넘어 문화입문으로까지 확장하고 심화하여 이해하는 선에서 말이다. 스포츠지도사는 이 두 차원을 스스로 선택할 수 있다. 나로서는, 양자택일의 방식이 아니라, 문무겸전의 방식을 추천한다. 스포츠 지도는 기능숙달과 문화입문, 이 둘 모두가 되어야 한다.

스포츠지드사가 이 둘을 해내기 위해서는 특별한 소양이 필요하다. 기능숙달을 위한 지식과 태도에 대해서는 많은 것들이 이미 소개되어있다. 스포츠지도사 시험과 연수에서 강조하며 주지시키는 것들이다. 그런데 문화입문을 위한 자질에 대해서는 그동안 올바로 인식하지도 강조하지도 가르치지도 않았다. 전자는 과학적 전문성으로 실천되었다. 후자는 인문적 전문성이 요청된다.

스포츠지도사에게 요청되는 인문적 전문성이란 어떤 것인가? 가장 먼저, 스포츠 문학, 예술, 역사, 철학, 종교 등과 같은 인문적 소양이다. 테니스의 인문적 차원에 대한 지혜가 가득해야 한다. 테니스 소설이나 시, 테니스 회화나 조각, 테니스 음악이나 영화, 테니스 철학이나 역사 등에 대한 포괄적인 이해와 심도 깊은 안목을 지녀야 한다.

테니스를 문화전통으로서 총체적으로 안내하고 입문시키기 위해서는 테니스에 대한 이같은 인문적 소양이 절대적이다. 테니스 지도사는 운동 기술의 연마와 함께 문화 전통에 대한 이해를 끊임없이 도모해야만 한다. 테니스 기술 향상에만 몰두하거나 그것이 전부라고 확신하는 것은, 자신의 일을 기술지도에 머무르게 하는 것이다. 자기 임무를 스스로 저 아래로 낮춰버리는 행위다.

간단히 말하여, 스포츠지도사는 회원에게 스포츠 리터러시를 길러주는 일을 한다. 테니스강사는 테니스 배우는 이로 하여금 테니스 스킬을 넘어 테니스 리터러시(테니스 소양, 테니스 향유력)를 함양시키도록 하는 것이다. 테니스 리터러시를 갖춘 테니스 애호가(애테자?)로 성장시키는 것이다. 테니스의 모든 측면들을 맛보도록 습관들이며 인도하는 자이다. 테니스를 시합만이 아니라, 미술과 음악, 건축과 영화, 철학과 역사 등 총체적으로 향유할 수 있는 소양을 길러주는 일을 하는 이다.

스포츠지도사가 이같이 다차원적이며 가치 있는 일을 해낼 때, 그는 단순한 기술 "지도" 행위를 수행하는 것이 아니다. 그는 우리가 일상에서 이야기하는 "교육" 활동을 수행하는 것이다. 입문이란 말은 이런 수준의 일에 어울리는 표현이다. 스포츠지도사는 스포츠교육을 실행하는 이며, 그러므로 그 이는 "스포츠교육자"라고 불려야 마땅하다. 지금 우리에게, 스포츠지도사를 넘어서는, "스포츠교육사"라는 제도적 조처가 절실한 이유다.

(2025. 6. 1.)

체육교사가 길러주는 것

| 운동소양 |

체육교사가 아이들에게 길러주어야 하는 것은 무엇인가? 체력? 운동기술? 사회성? 지덕체? 운동을 배우면 아이들에게는 무엇이 길러지는가? 나는 그것을 운동소양運動素養, sport literacy이라고 부른다. “스포츠를 잘 하고 잘 알고 잘 느낄 수 있는 자질이다.”

운동소양은 한 사람이 운동과 관련해서 지니고 있는 여러 가지(기능적, 지식적, 태도적) 측면의 자질들을 종합해서 부르는 것이다. 한 사람이 운동에 대하여 가지고 있는 총체적인 자질이다. 운동소양은 한 사람의 기본적 능력과 자질을 이루는 소양이며, 운동적 측면의 소양을 포괄적으로 의미한다. 운동소양은 능지심能智心의 세 차원으로 구분되어 축적되고 발휘된다. 운동을 하는 능력運動能(능소양), 운동에 관한 지식運動智(지소양), 그리고 운동을 대하는 태도運動心(심소양)를 포함한다.

운동을 할 수 있는 능력能素養에는 체력과 기능이, 운동에 관한 지식智素養에는 개념적 지식과 감각적 지식이, 운동을 대하는 태도心素養에는 감성과 덕성이 구체적으로 포함된다. 운동소양은 능지심의 세 차원으로 축적되어나가면서 배우는 이의 전체적 소양에 연결되고 융합되어 그 사람의 내외면모를 만들어나가고 변화시킨다. 한 사람이 지닌 소양의 양과 질이 그 사람의 인간적 가치를 말해주는 것이다. 운동소양은 한 사람의 전인적 가치를 형성시켜주는 데에 체육이 반드시 필요하다는 점에 대한 한 가지 정당화 논리를 제공하는 개념이기도 하다.

체육교사가 체육수업에서 운동을 가르치면 학생들은 운동소양을 키우게 된다. 농구를 통해서 농구소양이, 축구를 통해서 축구소양이, 발레를 통해서 발레소양이 만들어지게 된다. 수영강사는 회원들에게 수영소양이 생겨나도록, 에어로빅 강사는 에어로빅 소양이 쌓여지도록 지도한다. 그리고 육상코치는 육상소양이, 태권도코치는 태권도소양이 길러지도록 선수들을 코치한다. 농구소양, 육상소양, 수영소양, 발레소양 각각의 종목소양을 포괄적으로 운동소양이라고 부르는 것이다. 한강, 낙동강, 금강, 두만강을 모두 강이라고 하듯이 말이다.

체육교사인 나는 우리 아이들이 운동소양을 골고루 "균형 있게" 갖추도록 가르치고 도와주고 있는가? 신체활동이 한 가지 영양소로만 되어있는 철분약이나 비타민C가 아니라, 비타민, 미네랄, 식물섬유가 모두 들어있는 종합영양제로 작용하도록 지도하고 있는가?

단지 육체만이 아니라 감성과 지성까지도 영향을 주고 있는가?

다양한 재능과 기호를 지닌 아이들 개개인이 지닌 운동능지심 소양들을 충분히 골고루 함양시켜서 능지심 향유를 만끽할 수 있도록 도와주고 있는가? 움직임만이 아니라 색으로 소리로 글자로, 경기만이 아니라 건축으로 미술로 음악으로 과학으로 시로, 손과 발만이 아니라 온몸과 마음과 감성과 영혼으로?

하는 것으로만 즐기는 성향에 초점을 맞추고 그것에 치우쳐서 가르치지 않는가? 우리 아이들의 전 생애주기에 걸쳐 보았을 때, 하는 것만이 우리 아이들의 삶을 행복하게 만들어주는 것이 아닐 수 있지 않은가?

하는 것 이외의 다양한 방식으로 스포츠를 즐김으로써 자기 삶을 행복하게 만들어나가도록 하는 운동소양을 길러주는 것이 체육교사의 최종적 임무가 아닐까? 무용을 잘 하도록 만들어주는 것, 그림을 잘 그리도록 돕는 것, 연주를 잘 하도록 가르치는 것만이 대세는 아닌 것처럼 말이다. 이해하고 감상하고 음미하고 느낄 수 있도록 돕는 것도 주된 목적인 것이다.

체육교사는 체육을 입체적으로 체험하도록 만들어주어야 한다. 능지심 소양을 갖춰서 능지심 향유를 가능하도록 만들기 위해서는 하는 것간으로는 가능하지 않다. 하기, 읽기, 쓰기, 보기, 듣기, 그리기, 말하기 등 축구, 야구, 수영을 총천연색으로 체험하도록 만들어주어야 한다. 체육이 단면적이고 흑백적이지 않음을 맛보도록 해줘

야한다.

평생 동안 하는 것만이 아니라, 읽는 것, 쓰는 것, 그리는 것, 듣는 것, 말하는 것, 감상하는 것 등 다면적이고 컬러풀한 방식으로 체육을 맛보고 즐기도록 기회를 제공해주어야 한다. 몸으로 맛보도록 하고 머릿속 생각을 활짝 열어주고 정서적으로 다채로운 느낌을 맛보도록 해주어야 한다.

체육(운동, 스포츠, 무용 등)은 하는 것이기도 하지만, 읽는 것이기도 하고 그리는 것이기도 하며 듣는 것이기도 하고 쓰는 것이기도 하다. 그리고 학교에서는 무엇보다도, 능지심 모든 방면으로 만끽할 수 있는 열려있는 인간의 활동이요 체험이라는 것을 깨달을 수 있도록 해주어야 한다.

| 운동향유력 |

운동소양은 우리 각자가 자신의 삶을 보다 행복하게 만들어내도록 돕는 동력원이자 노하우로 작용한다. 우리가 체육을 배우고 행하는 목적은, 최종적인 수준에서, 행복해지기 위한 것이다(익숙한 표현으로는 삶의 질을 높이는 것이다. 이것은 체육만이 아니다. 모든 인간의 활동은 사람이 자신의 삶을 행복하게 영위하도록 만들기 위해서 배우는 것이다. 행복의 정의는 각자 다르겠지만 말이다). 테니스나 골프를 향유하면서 자신에게 주어진 삶을 즐기고 누리고 맛보는 것이다. 간단히 말해서, 체육활동체험을 바탕으로 한 행복한 생활을 통해서 자기 삶의 질을 높여가는 것이다.

운동소양이라는 사람의 소질은 그것을 지닌 이로 하여금 "운동향유력運動享有力"을 구사하도록 한다. 운동향유력이란 다양한 방식으로 운동을 즐기는 능력적, 정신적, 사회적 역량을 부르는 말이다. 기능적으로, 지식적으로, 그리고 마음적으로 운동을 즐기는 (능향유, 지향유, 심향유) 힘이다. 운동을 다양한 방식으로 즐김으로써 자신과 타인의 삶을 행복하게 만드는 역량을 말한다. 운동소양이 스포츠 리터러시의 정적인 상태를 표현한 것이라면, 운동향유력은 그것의 동적인 상태를 나타내는 말이다. 몸과 마음에 가만히 놓여져 있는 운동소양이 작동되어서 어떤 목적을 성취하기 위하여 실행되는 모습으로 드러나는 것이 운동향유력이다.

운동소양이 능지심의 차원으로 되어있으므로, 운동향유력은 능지심의 형태로 발휘된다. 능향유能享有는 해봄으로써 맛보는 것, 지향유智享有는 지성으로 즐기는 것, 심향유心享有는 마음으로 누리는 것을 말한다. 하는 것은 운동을 향유하는 하나의 방식에 불과하다. 운동은 실행을 통해서도, 인식을 통해서도, 정서를 통해서도 마음껏 즐길 수 있는 것이다.

예를 들어, 촌철살인적 문장으로 지난밤 야구시합을 분석하고, 그 사회적 의미를 풀어내는 칼럼을 읽을 때의 행복감은 2루타를 얻어낸 것과는 다른 종류의 기쁨을 선사한다. 머리로서 향유하는 것이다. 또한 자기 지역의 축구팀에 대한 사랑과 열정으로 매 시합 응원하며 후원하며 지원하는 것, 국가대항전 A매치 시합에서 우리나라 팀의 서포터즈로 해외원정까지 떠나는 것은 축구를 가슴으로 향유하는 것이다. 이것들은 모두 몸으로 실제 운동을 하는 것 못지않게 즐거움과 행복감을 선사한다. 그 순도와 강도도 능향유의 그것에 못지않다.

우리는 너무도 다양한 방식으로 스포츠 활동을 향유할 수 있다. 그리고 그것을 통해서 행복해질 수 있다. 우리는 야구시합을 관전하면서도, 야구만화를 읽으면서도, 야구뉴스를 시청하면서도, 야구소설을 탐독하면서도, 야구영화를 관람하면서도, 그리고 야구를 실제로 수행해보면서도 행복감에 휩싸일 수 있다. 모두가 각자에게 편하고 능숙한 방식으로 운동을 맛보고 누리면서 자신과 주변 사람들의 하루하루를 더할 나위 없이 만족스러운 것으로 만들 수 있다. 이것이 "향유"라는 말의 의미다.

운동향유력은 바로 이렇게 자신의 운동소양을 활용하여 자신과 타인의 삶을 행복하게 만드는 역량을 말한다. 그것은 꼭 운동의 기량이 높아야만 할 수 있는 것이 아니다. 지향유와 심향유로도 너끈히 가능하다. 물론, 능향유, 지향유, 심향유의 삼차원적 향유가 입체적으로 이루어질 때에 최고의 행복감이 증배될 가능성이 높아질 것임은 명확하다.

체육교사가 체육을 이렇게 가르치면 남과 여, 비만아와 보통아, 소극적 학생과 적극적 학생을 불문하고 자신이 좋아하는 방식으로 자신의 수준이 허용하는 만큼 체육의 즐거움을 맛보고 알아갈 수 있게 되는 것이다. 체육교사는 하는 것(능소양, 능향유)이 좋은 것이며 바람직한 상태라는 것을 인정하면서도, 다른 것(지심소양, 지심향유)도 동등하게 각자를 행복하게 해줄 수 있는 체육의 차원임을 알 수 있도록 허용해주어야만 한다. 이러한 바탕이 생기게 되면 하는 것은 이후에, 인생의 긴 궤도 중 어느 지점에서라도 행할 수 있다.

스스로에게 물어본다. 나는 우리 아이들에게 체육활동을 어떻게 체험시키는가? 농구와 축구는 게임시합일 뿐인가? 농구는 시이기도 하고 회화이기도 하고 랩이기도 하고 종교이기도 하고 물리학이기도 하다는 사실을 깨달을 수 있는 기회를 주고 있는가? 우리 반 25명의 남자와 여자 아이들이, 지능과 재능, 몸무게와 키, 성향과 심성이 모두 다른 아이들이 수학은 셈하기, 과학은 법칙알기, 소설은 분석하기로서만 배우듯 체육은 운동하기라고만 이해하고 체험하고 있도록 가르치지는 않는가?

체육교사가 아이들에게 길러주어야 하는 것은 운동기량sport competency에만 한정되지 않는다. 스포츠를 기능적으로 잘 할 수 있도록 해야 하는 것이 가장 중요하고도 제일차적 목적이 아닐 수 있다. 만약 그렇다면, 중등학교에서 국어를 배우는 이유는 시와 소설을 잘 쓰는 것이 목적이란 말인가? 말과 글 생활을 제대로 하고 문학을 음미할 수 있도록 하는 언어소양을 키우는 것이라고 할 수 있다.

체육도 마찬가지다. 체육을 배우는 목적은 우리 삶 속에 문화로서 널리 퍼져있는 다양한 모습의 체육을 송두리째 향유할 수 있는 기본적인 소양, 현대 삶 속에서 더더욱 중요해져가는 인간의 기초자질을 종합적으로 길러내는 것이다. 그것은 하는 것만으로 이루어져 있지 않다. 하는 것은 스포츠를 향유하는 한 가지 방식에 불과하다.

이런 맥락에서 나는 우리 체육교사들이 아이들에게 길러주어야 하는 것이 운동소양sport literacy이라고 말하는 것이다. 운동소양은 우리 아이들로 하여금 운동향유력을 갖추고 자신과 타인의 삶을 위해서 그것을 마음껏 발휘하도록 해준다.

진선미 체육

운동소양을 지니고 하는 운동의 향유는 두 가지 방향으로 진행될 수 있다. 하나는 "다대고多大高" 지향적으로, 다른 하나는 "진선미眞善美" 지향적으로 이루어질 수 있다. 전자는 많고 크고 높은 방향으로의 지향이다. 양적인 측면에 집중하면서 더 많은 메달 수, 더 큰 승수, 더 높은 등수를 쫓는 것이다. 반면에 후자는 질적인 측면에 관심을 두면서 더 참되게 더 올바로 더 아름답게 체육을 음미하고 실행할 수 있도록 노력하는 것이다.

능지심향유의 다대고적 추구와 진선미적 추구가 있을 수 있다는 말이다. 물론, 우리 아이들은 평생에 걸쳐 이 두 가지를 모두 맛보게 될 것이다. 하지만, 체육교사라면 어느 쪽에 좀 더 주목하면서 운동을 향유할 것인지 조심스럽게 고민해야 한다. 교사가 하는 일은 교육이지 훈련이 아니기 때문이다. 교육에서는 오로지 승리만이 아니라 멋진 승리가 더 중요하다.

부모라면 누구나 자식이 잘 살기를 원한다. 가능하다면 남들이 부러워하는 삶을 살았으면 한다. 그것이 인지상정이고 부모지심이다. 좋은 대학, 훌륭한 직장, 높은 보수, 넓은 아파트 등 다대고적 삶을 바란다. 그러나 역시 정상적인 경우라면, 자신의 자녀가 인간적으로도 올바른 사람이 되고 훌륭한 삶을 그려가기를 바란다. 즉, 진선미적 잘 삶도 희망하는 것이다.

아이들은 교사에게 있어서 자식과도 같다. 체육교사는 자기 아이들이 올바른 체육을 배우길 원한다. 그래서 올바른 체육을 행하기 원한다. 균형 잡힌 운동소양을 지니고 즐거운 생활을 누리길 기대한다. 다대고적 방향과 진선미적 방향, 양쪽으로 잘 할 수 있기를 희망한다. 두 마리 토끼를 다 잡기를. 능지심으로 입체적으로 향유할 수 있기를 바라되, 양과 질, 다대고와 진선미를 흡족히 체험하길 바라는 것이다.

제한된 학교체육시수 내에서 이런 성과를 얻어내기란 사실 불가능에 가까울 것이다. 1개 학년 혹은 2개 학년에 걸쳐 6, 7개 학급의 약 200여 명이나 되는 아이들에게 일주일 겨우 2-3시간으로 이런 엄청난 일을 수행해내는 일은 감히 상상하기 어려운 일일 것이다. 나도 그렇다고 생각한다.

그러나 체육교사란 결코 쉬운 직업이 아니다. 어떤 체육교사도 자기 일이 쉽기를 바라지 않는다. 어려운 일을 성취해낼수록 보람이 큰 것이며, 사회적인 인식과 인정도 받을 수 있는 것이다. 이 세상에 가치로운 일치고 손쉽게 해결되는 일은 아무 것도 없다. 어려운 일일수록 그것은 우리 학생들의 현재와 앞으로의 삶에 훨씬 더 많은 것을 가져다 줄 수 있는 가능성이 있다.

최근 들어 정과체육시간의 증가, 스포츠클럽활동의 확대, 토요스포츠데이 실시, 방과 후 활동 활성화 등 다양한 체육활동 프로그램들이 급증함으로써 학교에서 참가할 수 있는 체육시간의 양적 증가가 많이 이루어졌다. 이런 모든 기회를 운동소양을 함양하는 일관된 방향으로 실천해나가야 할 것이다.

축구소양을 길러서 축구향유력을 키워내는 것이 바로 축구를 가르치는 참된 이유다. 그리고 이러한 노력은 훈련을 넘어서 교육이라고 부를만한 수준의 인간 활동이다. 축구소양과 축구향유력을 기르는 것은 축구를 문화활동으로 받아들이고 축구의 세계에 입문시키는 총체적인 노력을 필요로 한다. 능소양과 능향유의 습득은 그 전 과정의 일부분에 불과할 뿐이다. 지소양과 지향유, 그리고 심소양과 심향유의 전 측면이 고려되어야만 한다.

| 인문적 접근 |

이런 일을 해내기 위해서는 운동을 가르치는 방식에 대해서 기존과는 다른 관점과 접근을 취해야만 한다. 다시 한 번 거두절미하고 말한다면, 그것은 운동을 인문적人文的 방식方式으로 가르치는 것이다. 운동소양의 세 요소가 몸과 마음에 쌓이고 운동향유력의 세 형태가 충분히 발휘될 수 있도록 하기 위해서는 운동을 인문적으로 이해하고 느끼고 실천해야만 한다. 즉, 게임 활동으로서 야구를 문학적, 예술적, 종교적, 역사적, 철학적인 차원으로 맛보고 즐기고 누릴 수 있어야 한다.

야구라는 시합을 중심으로 야구를 소재로 한 시(야구공을 던지는 몇 가지 방식)와 소설(삼미슈퍼스타즈의 마지막 팬클럽), 감독과 선수의 자서전(끝이 있어야 시작도 있다)과 기자의 수필(인사이드 피치), 만화(공포의 외인구단)와 야구를 소재로 한 회화, 조각, 사진, 건축 그리고 건축과 연극과 영화(글로브), 다양한 주제로 만든 야구용 음악, 그리고 야구 안의 기독교적 차원과 불교적 차원, 야구대회의 다양한 종류와 시합과 선수와 사건의 에피소드들, 그리고 야구안에 담겨진 철학적 측면들(소크라테스, 야구장에 가다)을 통해서 머리와 가슴과 손발로, 즉 전인격적으로 야구를 체험할 수 있도록 돕는 것이다(인문적으로 운동을 가르치는 것이 구체적으로 어떻게 이루어지는가는 지난 십 년 이상 학교체육중심으로 꾸준히 소개하였다. 그 모형은 "하나로 수업"이라고 불린다).

체육교사는 농부다. 체육교사는 아이들의 머리, 가슴, 손발 속에 운동소양이라는 씨앗을 심는 교육농사꾼이다. 교육은 백년지대계, 농부는 천하지대본이라고 한다. 내게는 백년지대계의 핵심이 체육이고 교육천하의 대본이 체육교사다. 교육 농사 중 최고가 체육농사고, 운동소양을 잘 심어 가꾸는 노력으로 백 년 후의 교육이 완성된다고 본다.

체육교사는 우리 아이들에게 능지심으로 체육을 향유할 수 있는 운동소양을 소중히 가꾸어가도록 도와주고, 우리 아이들이 성인이 되었을 때에 진선미 체육의 값진 열매로 자기 삶을 풍요롭고 행복하게 만들도록 해주는 사람들이다. 그래서 나는 체육교사를 행복가꿈이라고 부른다. 행복가꿈이들에게 물어본다. "당신은 체육을 통해서 아이들에게 무엇을 길러주고 계신가요?"

(2013. 12. 2.)

스포츠교육자의 건강론

1

건강이 화두다. 개인적 수준에 그치지 않는다. 사회 전체, 나라 전체가 건강에 촉각을 곤두세운다. 그 화두의 중심은 운동이다. 동네에는 편의점처럼 피트니스 센터가 디폴트로 장착된 지 오래다. TV 방송의 아침이나 저녁 시간 프로그램들도 의사들과 트레이너들이나와 건강한 삶을 위한 전문지식과 운동요령을 펼쳐낸다. 유튜브나 인터넷 블로그들도 온통 건강과 운동에 대한 정보와 지식으로 넘쳐난다.

건강은 스포츠교육자로서의 내게도 큰 화두다. 꼭 풀어야 할 문제라는 말이다. 그런데 잘 풀리지 않는 문제이기도 하다. 화두(또는 공안)란 원래 그런 것이다. 모두에게 들어맞는 정답은 없고, 그것과 씨름하는 개개인들 각자에게 맞는 답만이 있다. 개인별 해답은 있되,

한 가지 정답은 없다. 해답은 각 개인이 스스로 풀어낸 답안이다. 자기에게는 납득이 되나, 타인에게는 그렇지 않을 수 있다. 그간 씨름하여 겨우 정리한 나의 변변찮은 답을 간단히 적어본다.

2

결론부터 시작하자. 건강은 삼중적이다. 건강은 신체건강, 심신건강, 전인건강의 세 차원(또는 측면, 단계)으로 되어있다. 세 종류가 있다는 말이다. 나는 각각을 칭하는 영어 명칭으로 피트니스, 웰니스, 홀니스라는 단어를 선택하였다. 피트니스는 신체건강, 웰니스는 심신건강, 그리고 홀니스는 전인건강이다. 피트니스는 몸의 튼튼함, 웰니스는 몸과 마음의 안녕함, 홀니스는 몸과 마음과 영혼의 온전함에 놓인 건강 상태를 추구한다.

피트니스와 웰니스는 대부분 잘 알고 있는 용어다. 사람은 몸과 마음으로 되어있다. 1980년대 건강이 피트니스, 즉 몸의 튼튼함을 의미하는 단계에서 시작하였다. 2000년대 들어와 몸과 마음이 모두 안녕하다는 웰빙과 웰니스의 개념을 받아들였다. 2020년대 이제는 웰니스를 한 차원 높은 건강의 의미로 당연시하게 되었다. 신체적, 정신적, 사회적으로 완전한 상태를 건강으로 보는 세계보건기구 WHO의 건강 개념도 웰니스로서의 건강과 일치한다.

홀니스wholeness는 어떤 상태의 건강인가? 홀니스를 건강으로 보는 관점에서는 사람을 다차원적 존재로 이해한다. 몸과 마음의 이차원적 구성을 넘어서는, 몸과 마음과 영혼의 삼차원적 존재로 간주한다(주장자에 따라서, 4가지, 5가지 차원, 또는 그 이상의 차원들이 제안되고 있다. 상식적 수준에서 몸, 마음, 영혼의 세 가지 차원을 대표적 샘플로서 언급하는 것이다). 홀니스는 사람의 몸과 마음과 영혼이 온전함으로 이루어진 건강 상태다.

홀니스 건강은 전인건강全人健康으로 부른다. 통상적으로 심·신·영이 온전한 사람을 "전인whole person"이라고 칭해왔다. 일반적으로 (물론 근대에 와서이지만) 서양에서 호울 퍼슨이라고 지칭하였고, 동양에서는 그것을 번안하여 전인으로 옮겨 적어 사용해왔다. 특히, 교육과 체육 분야에서 적극적으로 활용되었다. 그런데, 전인의 개념은 건강과의 관련 속에서는 거의 활용되지 못했다. 나는 그 틈을 메워 보고 싶다.

사실, "건강"에 해당하는 영어 단어 health의 어원에 이런 가능성이 내포되어 있다. 잉글랜드 고어 "hælþ"로부터 발전하였는데, 이 단어는 다시 고대 게르만어인 "hailitho," 그리고 고대 인도유럽어인 "kailo"에서 유래하였다. 이 두 단어들은 모두 "온전한, 흠집이나 상처 없는whole, uninjured"이란 의미를 지녔다. 그러니, "건강"이란 개념에는 이미 애초부터 "총체적으로 온전한 상태wholeness"라는 뜻이 담겨져 있었다고 생각할 수 있다.

비유컨대, 신체건강은 1차원적 건강, 심신건강은 2차원적 건강,

그리고 전인건강은 3차원적 건강이라고 할 수 있다. 당연히 1차원적 건강도 제대로 얻기 힘들며, 유지하기는 더더욱 어렵다. 그러니, 몸과 마음 모두가 건강한 상태로 스스로를 만들어나가는 것은 얼마나 어려울 것인가? 이런 상황이니, 한 차원 더 높은 (최고 수준의) 전인건강을 얻는다는 것은 거의 불가능에 가깝지 않을까? 일반인이라면, "틀림없이 그럴 것이다"라고 생각하게 된다. 누가 아니겠나?

그럴 것이다. 이 같은 의미라면 3차원적 건강을 얻는 것은 현실적으로 가능하지 않는, 저 멀리 하늘 위에 놓인 이상이라는 생각이 든다. 게다가, 그 이전에, 도대체 "영혼"이란 차원을 사람의 일부분으로 인정하는 것 자체에 동의하는지가 의문이다. 그렇지 않겠는가? 영혼이란 과학과 이성이 제대로 발현되지 못한 고대나 중세 시대에나 어울릴 개념이다. 또는 특정 종교를 지닌 사람들에게만 용인되는 표현이다.

영혼은, 육체나 정신처럼, 뚜렷하게 과학적 절차를 통과하여 객관적으로 그 실체를 인정받지 못한 상태다. 아니, 어떤 이들은 더 나아가 그런 것은 존재하지 않는다고 주장한다. 인간이란 존재에게 육체와 정신 이외에 영혼이라니? 비과학적 미신이거나 종교적 신념에 불과하다고 생각한다. 사진이나 영화에서 보는 영혼의 이미지들은 상상력의 조작, 즉 헛것을 그려낸 것일 뿐이다. "영혼은 없다."고 단언한다.

일단, 영혼이란 것이 있거나 없거나의 문제(존재유무)와 그것이 감각기관이나 기계장치로 포착될 수 있는지의 문제(계측가능성)는 서로 다른 문제다. 존재하더라도 보이지 않을 수 있다. 계측되지 않더라도 없다고 할 수 없다. 사실, 우리가 살고 있는 현실 세계에서는 아직도, 다양한 방식과 형태로 영혼의 존재를 명시적, 암시적으로 인정하고 있다. 특히, 신앙을 가진 이들에게는 명백한 사실로 인정된다.

나는 영혼이 육체(또는 마음)처럼 감각적으로 식별될 수 없다고 생각한다. 영혼은 그런 상태로 존재하지 않는다. 사실 마음(정신)도 그렇지 않은가? 마음도 (영혼처럼) 눈, 코, 입, 귀, 피부로 감지할 수 없다. 하지만, 나는 "나" 안에 (마음과는 구별되는) 내 영혼(이라고 불리는 것. 얼, 넋, 양심, 심츤, 천성)이 있다는 사실을 느끼고(알고) 있다. 다른 사람은 어떤지 모른다. 그렇지만 나는 인간이고 다른 이들도 나와 똑같은 인간이니, 나와 다를 것이라고 믿지 않는다.

내 의견은 3차원적 건강, 심·신·영이 온전히 하나가된 상태로서의 건강, 즉 전인건강이라는 개념은 성립할 수 있다는 것이다. 그런데, 현실의 행복을 위해서는 신체건강, 조금 더 나아가 심신건강만으로도 충분하다. 전인건강은 성취하기도 어렵지만, 성취할 필요도 그리 많지 않다. 2단계만으로도 필요한 건강이 충족되기 때문이다. 설상가상으로, 도대체 3단계 건강을 구체적으로 성취하는 것에 대한 보편적인 합의나 인정된 방법론이 없는 상황이다.

그렇다면 전인건강에 도달하는 방법은 무엇인가? 특별하고 독특한 방법을 기대하는 것은 잘못이다. 3차원 건강은 1차원 건강과 2차원 건강을 포용하지 않고는 성취할 수 없다. 1차원과 2차원 건강 상태에 다다르려는 노력에 최선을 다하고, 그것을 유지하려는 태도와 행동을 기울이는 것, 그것이 핵심이다. 어떻게 보면, 전인건강은 심신건강의 최고 상태라고도 할 수 있다. 적어도 외형상으로는 그리 다르지 않다(신체건강의 최고 상태가 심신건강의 한 측면이다).

그렇기는 해도, 이 노력에 덧붙여야 하는 노력이 있다. 그것은 영혼의 상태에 변화를 가져다주는 조처다. 심신건강에서 정신心이라고 부르는 것은 지성과 정서의 측면이다. 영혼(나는 영성을 보다 선호한다)과는 다른 측면이다. 영혼의 성장을 위한 모종의 조처가 필요하다. 사람마다 자기 영혼을 위한 최적의 양식이 다르다. 개개의 영혼은 그것에 더욱 잘 맞는 영혼의 양식이 있다. 전인건강을 위해서는 이에 대한 조처가 심신건강에 더해져야 하는 것이다.

철칙과 법칙은 없다. 개인별 원칙이 있을 뿐이다. 나는 인문적 방법론을 선호한다. 문학, 예술, 종교, 역사, 철학의 인문적 양식을 내 영혼에 더한다. 신체건강과 심신건강에 최선을 다하면서, 거기에 인문적 양식을 더하여 전인건강을 성취하려고 시도한다. 운동과 스포츠를 행하면서, 시와 소설을 읽고, 음악을 듣고, 그림을 보며, 영화를 보고, 신화를 읽고, 경전을 살펴 성찰하고, 세상과 사람들에 대하여 관조한다. 운동과 연결시키려 애써본다.

전인건강에 도달하기 위하여 나는 엑서사이즈exercise가 이너사이즈innercise가 되도록 노력한다. 인문적 전인건강법의 핵심은 엑서사이즈의 이너사이즈화다. 엑서사이즈는 사람의 외형에 변화를 준다. 이너사이즈는 사람의 내면을 변화시키는 운동을 의미한다. 단순한 신체운동(엑서사이즈)이 나의 심·신·영, 나의 전 존재를 온전히 만들어주는 전인운동(이너사이즈)으로 될 수 있는 것은 바로 인류가 일구어놓은 인문적 지혜들을 함께 섭취하기 때문이다.

뜬금없지만, 김치 만들기의 비유가 적절할 수 있다. 김치는 배추로 만든다. 배추는 먼저 숨을 죽여야 한다. 배추를 깨끗이 씻고 소금을 뿌려 절여 숨을 죽인다. 숨죽여 부드러워진 절임배추에 갖은 양념을 버무린다. 적절한 온도 속에서 적당한 시간동안 재워 놓으면 김치가 된다. "나"라는 배추는 운동으로 절이고 재워 놓는다. 양질의 양념으로 절인 배추를 버무림으로써 나는 심·신·영 전체가 숙성된 온전한 나가 된다. 그렇게, 나는 건강한 자아로 성숙한다.

3

대략 이런 정도다. 스포츠교육의 손길로 가다듬은 나의 건강론이다. 투박하고 매끄럽지 않다. 과감한 전제와 설익은 개념이 있다. 당연하다. 나는 건강철학자나 이론가가 아니다. 스포츠교육에 대한 성찰의 과정에서 건강에 대한 상식도 재검토할 필요성을 실감했고, 그 맥락 내에서만 다루었다. 나만 아니라, 스포츠교육자는 누구든 건강의 개념을 소홀히 할 수 없고, 해서도 안된다. 모든 생각과 실천이 영향 받는 핵심 개념 중 하나이기 때문이다.

내 의견의 안쪽을 가만히 들여다보면, 건강에 대한 생각에서 핵심이 되는 것은 결국, "인간이란 어떤 존재인가?"라는 존재론적 측면이 발견된다. 건강은 "인간의 본래적 상태"를 나타내는 단어에 다름 아니기 때문이다. 인간이란 어떻게 되어있는 존재인가, 인간을 만들어내는 본질적 부분들은 무엇인가, 인간의 핵심 본질은 무엇인가 등등의 질문들이 바로 "건강이란 무엇인가?"라는 표층적 질문의 저 아래 깊은 곳에 조용히 앉아 있는 심층적 문제의식인 것이다.

강조하건대, 이런 문제의식과 연결되지 않는 건강에 대한 이해는 스포츠교육과는 그다지 강한 관련성이 없다. 교육은 근본적 수준에서 3차적 건강을 위하여 인간이 만들어 놓은 가장 훌륭한 제도이기 때문이다. 교육의 이상은 전인교육이다. 스포츠교육도 마찬가지다. 스포츠교육의 지향은 전인건강이다. 이때 건강은 교육과 동의어다. 건강과 교육은 같은 개념이다. 스포츠교육도 마찬가지다. 스포츠교육은 건강교육이며 동시에 전인교육이다.

그리하여, 이제 막 가까스로 "건강이란 무엇인가?"에 답한 나는, 또 다시 "인간이란 어떤 존재인가?"라는 화두를 맞닥트린다. 간신히 건져 올린 건강의 이해를 디딤돌 삼아 이 화두에 답하기 위해 또한 시절을 보내야 한다. 그런데, 그게 끝이 아니다. 먼발치로 얼핏 그 뒤에 “교육이란 무엇인가?”라는 또 다른 화두가 바짝 붙어있는 것이 보인다. 탐구에, 수행에 끝은 없다. 한번 물어본다. 스포츠교육자인 그대, 당신이 희망하는 건강은 어떤 건강인가?*

(2025. 3. 7.)

* 최의창(2007). 피트니스, 웰니스, 홀니스. 스포츠과학, 101, 57-65. 최의창(2019). 스포츠 호울링: 피트니스, 웰니스를 넘어 홀니스로. 서울스포츠, 344, 44-45. 최의창(2020). 엑서사이즈와 이너사이즈. 서울스포츠, 352, 44-45. 최의창(2024). 한국인의 운동 열풍은 우리를 어떤 건강으로 이끄는가. 스포츠돋보기. 대한체육회 12월 블로그 참고.

체육교사의 내비게이션

때로는 지침이 장애가 될 때가 있다. 안내서가 방해물, 가이드가 해저드가 되는 경우도 있다. 지나친 뚜렷함이 가림막이 되기도 한다. 교사에게 있어서 그것은 교육과정이다. 교육과정은 지침이자 가이드이면서도, 방해물이자 가림막이기도 하다. 체육교사에게도 마찬가지다. 체육과 교육과정은, 어떤 개정 버전이든 간에, 양날의 칼이 된다. 체육교사는 그것을 가지고 베기도 하면서 그것에 베이기도 한다. 유용한 장비가 되기도 하지만, 위험한 도구가 되기도 한다.

당연한 이야기지만, 체육과 교육과정은 체육교사들에게 도움이 된다. 틀림없다. 무엇을 왜 어떻게 가르쳐야하는지 막막한 상황에서 훌륭한 안내지침이 되어준다. 미국 같은 곳을 보라. 국가교육과정과 해설서와 교과서가 정해져있지 않은 나라들 말이다. 모든 것이 학교나 교사에게 달려있다. 가르치고 싶은 것을 가르치고 싶은 수준과 방식으로 가르쳐도 괜찮다. 그러니, 학교체육 수업이 중구난방의 실험장이 된다. 스포츠 선진국일지는 몰라도 학교체육 선진국은 어림없다.

한국의 교육수준이 높은 가장 큰 이유, 교육시스템 상의 가장 큰 이유를 표준화된 교육을 펼칠 수 있도록 하는 국가교육과정으로 판단하는 국가들, 그리고 연구들이 많이 있다. 의무교육과 필수교육을 마친 국민 대부분은 일정 수준의 교양과 기술을 갖추게 된다. 국가교육과정은 그러한 설명서와 지침서로서의 역할을 수행함으로써, 전국의 (교과)교사와 행정가들을 하나의 집단으로 (거의) 일렬대오로 동일 목적과 방향을 지향하도록 돕는 것이다.

일리가 있고, 맞기도 하다. 그런데, 일방향과 일관성이 언제나 좋은 것만은 아니다. 내 경험과 관찰에 따르면, 교사들은 교육과정의 울타리 안에 갇히게 되는 경우가 다반사다. 지금 가르치는 행위, 어떤 교과를 어떤 학교급의 학생들에게 교육하는 행위를 교육과정에만 비추어서 이해하고 판단하는 성향을 갖게 된다. 교육과정과 교과서는 가르치는 목적과 내용과 방법에 대해서 친절하게 안내(소프트한 지시?)한다. 교육적인 취지와 논리, 그리고 훌륭한 이론과 뛰어난 레토릭으로 그리 한다.

이 친절이 도움이 되기는 해도, 부지불식 간에 교사를 땅만 보도록 만드는 결과를 낳는다. 발등의 불을 끄도록 돕지만, 하늘의 별을 보도록 이끌지 못한다. 안주하고 안심하도록 만든다. 교원으로서 당장 해결해야 하는 체육수업의 책무를 다하도록 하지만, 그것을 학생 신분과 학교 시절을 넘어서는 시기와 장소로 확장시켜 연결시키는 데에는 대부분 못 미친다. 체육교육과정 상의 목표, 성취기준의 달성은 이루어내지만, 학생들이 각자의 삶 속에서 자신의 체육을 어떻게 즐기게 할 것인가에 대해서는 큰 그림을 보여주지 못한다.

가르치는 학생들에게 대학에 진학한 이후, 또 졸업해서 성인이 되어, 최소 50여 년간 스스로의 생활과 삶 속에서, 자기 인생의 중요한 핵심 영역으로서 체육(스포츠)이 어떻게 자리 잡아야 하는지에 대한 뚜렷한 인식을 안겨주지 못한다. 물론, 체육교사는 다양한 운동체험을 하면서 생활체육으로 축구, 농구, 야구, 수영, 배드민턴 등에 대한 관심과 애정을 갖도록 초기 자극과 관심을 제공해줄 것이다. 그것이, 체육과 교육과정에 들어있는 장기적 의도, 궁극적 목적이다.

그런데, 학교 교육이라고 하는 특정 가치의 영역 내에서, 체육 수업이라고 하는 특정 형식의 맥락 내에서 (아직 어린) 학생들에게 평생스포츠의 인식을 심어주는 것은 특별한 노력을 필요로 한다. 체육교사가 가장 먼저 체육교육과정과 기조는 같이 하지만, 체육교육과정의 한정된 범주와 교육적 수사학의 제한을 넘어서는 인식을 지니고 있어야 한다. 이같은 폭넓고 속깊은 스포츠교육론의 맥락 내에서 자신이 펼치는 학교체육의 전체를 살필 수 있어야 한다. 스포츠교육론은 체육과 교육과정보다 더 크고 넓고 깊다.

최고의 체육교사, 아니 모든 체육교사는 체육교육과정에 대한 이해만이 아니라, 스포츠교육 전체에 대한 포괄적이고 광의적인 이해와 지식을 지녀야 한다. 그같은 인식의 토대 위에서 체육교육과정의 실천과 구현이 이루어져야만, 체육교사는 우리 학생들로 하여금 체육수업을 넘어 평생스포츠, 인생스포츠의 즐거움을 추구하는 진정한 스포츠애호가로 키워낼 수 있다. 체육에 관심갖고 좋아하고 사랑하기까지 하는 사람으로 말이다. 지금 우리 체육교사들은 새로운 체육과 교육과정 연수와 함께, 체육선생을 넘어 스포츠교육자로서의 자각을 갖는 기회가 꼭 필요하다.

그 기회를 통해서, 체육교사는 이번이나 다음번, 그 어떤 교육과정으로 개정되어도, 변함없이 그대로 남게 되는 자신의 가치관과 지향성을 갖게 될 수 있다. 스포츠교육의 평생에 걸친 전개과정을 보았을 때, 학창시절의 스포츠교육자들의 역할이 가장 강력하고도 오래간다. (6 또는) 12년이란 세월은 한 사람의 모든 것을 바꾸어놓기에 충분하고도 남는 시간이다. 체육교사는 그 기간을 전담하는 매우 중요한 스포츠교육자 그룹이다. 체육교사는 국민의 스포츠교육에 막대한 영향력을 발휘하는 스포츠교육자인 것이다. 이 점을 자각하는 것이 참으로 중요하다.

2022 개정 체육과 교육과정의 본격적 학교현장 적용과 새로운 교과서에 따른 체육수업이 시작되었다. 체육교사들이 교육과정을 잘

이해해서 활용하되, 그것에 너무 안주하고 만족하지 않기를 기도한다. 교육과정과 교과서의 저변에 묵직이 깔려져있는, 학교체육을 포함하는 스포츠교육의 큰 그림을 그릴 수 있기를 기대한다. 체육교사들이 자기 자신의 스포츠교육관을 명확하게 갖추고, 우리 학생들이 학교체육의 좁은 여객선에서 하선하여 평생스포츠의 넓은 육지로 기쁘게 뛰쳐나갈 수 있도록 가르치기를 희망한다.

내비게이션이 있다. 실시간으로 가는 곳을 알려주는 편하디 편한 장치다. 이 장치로 종이로 된 지도책조차 볼 필요가 없어졌다. 지상이건 해상이건 그 어떤 모르는 곳이라도 주소만 있으면 된다. 화면에서 실시간으로 가리켜주는 파란선만 따라가면 된다. 체육과 교육과정이 체육교사의 교육 내비게이션이 되어서는 안된다. 이것 없이는 길을 제대로 못 찾게 되는 바람직하지 않은 상황이 틀림없이 발생한다.

우리 학생들은 졸업 후 체육교사와 체육교과서라는 체육 내비게이션 없는 자가용 요트를 타게 된다. 학생들은 성인이 되어서는 교육과정에 적혀있는 그런 멋지고, 말 그대로, 교과서적인 이유와 레토릭 때문에 평생 스포츠에 참여하게 되지는 않는다. 이들은 각자 자신의 개인적 필요와 욕구를 충족시키기 위하여 스포츠를 하게 된다. 이때에 학생의 머리 속에 떠오르는 이미지와 느낌은 체육교사가 몸과 마음으로 보여준 자신의 스포츠교육론이다.

우리 체육교사들의 몸과 마음에 장착된 교육 내비게이션은 그이의 스포츠교육론이다. 체육과 교육과정의 범위를 뛰어넘어, 학생이 아니라 성인으로서 평생에 걸쳐 체육의 즐거운 대륙 위에서 행복한 스포츠 향유를 해낼 수 있도록 가르치는 각자에게 내장된 길찾기 장치다. 우리 체육교사들에게 반드시 필요한 그것, 체육교육과정을 넘어 평생스포츠 전체를 담아내는 스포츠교육론은 무엇인가? 그것이 알고 싶다. 지금 이 글을 읽는 독자의 스포츠교육론은 무엇인가? 나의 그것은 스포츠 리터러시다.

(2025. 4. 20.)

전인은 과제가 아니다

완연한 봄이다. 상춘의 시기다. 상춘, 요즘은 잘 쓰이지 않는 표현이다. 즐길 상賞, 봄 춘春, "봄의 경치를 구경하며 즐김"이라는 뜻이다. 노란색 개나리와 분홍빛 진달래가 길옆과 산위에 활짝 이다. 길가로 나란히 줄지어선 벚나무들에는 활짝 핀 벚꽃 잎이 듬뿍 이다. 앙상했던 나뭇가지에는 연두색 이파리들이 빠끔 고개를 내밀고 있다. 전국의 산과 들과 강에는 만개한 봄을 온 몸과 마음에 듬뿍 담으려는 상춘객들로 가득하다.

이 봄 즐기기를 특별한 방식으로 실천하는 이들이 있다. 스포츠 애호가들이다. 개구리가 겨울잠에서 깨어나 개울물을 찾듯, 이들은 참았던 운동 갈증을 채우려 밖으로 쏟아져 나온다. 프로 야구와 프로 축구 직관으로 시작하여, 자전거 타기와 마라톤 하기, 골프 치기와 테니스 치기로 이어 간다. 응원의 환호 소리와 가쁜 숨소리가 한국 전역에 가득 찬다. 이들이 뿜어내는 열기로 대한민국의 평균 기온이 최소 1도는 상승한다. 명백히, 스포츠로 상춘한다.

이런, 시작부터 옆길로 (두 문단이나) 샜다. 그만큼, 봄이 좋고 상춘이 즐겁다는 말이다. 상춘은 목적이 아니다. 봄이 되어 스포츠를 즐기다보니, 그것이 상춘이 된 것이다. 상춘은 과제가 아니다. 상춘이라는 과제를 위해서 봄과 스포츠를 즐기는 것이 아니다. 상춘이란, 어떤 맥락에서 어떤 것을 즐기는 것, 그것에 타인이 붙여준 이름이다. 나는 상춘을 목적으로 봄에 스포츠를 즐기고, 과제로서의 그것을 성취한 것이 아니다.

해치워야하는 과제 하듯, 뭔가 목적을 달성해야하는 행위가 아니다. 따뜻한 날씨와 자연을 즐기는 것, 그 자체가 바로 상춘이다. 스포츠로 그것을 즐기는 사람은 "스포츠 상춘"을 하는 것이다. 문득, 그런 작은 깨우침이 들었다. 어제 봄비에 땅 위로 떨어진 벚꽃 잎들을 보면서 그런 깨달음이 생겼다. 지난 주 맑은 날씨에 산책하며 마음껏 쬐었던 봄볕으로 몸과 마음의 광합성이 잔뜩 되었기 때문일 것이다.

이 작은 통찰은 스포츠교육의 평생 화두 중 하나인 "전인의 교육"에도 시사점을 준다. 즉, "전인은 과제가 아니다." 전인은 특별한 방법과 노력을 들여 만드는 것이 아니다. 전인교육이란 말은 전인을 목적으로 하여 그것을 과업으로 삼는 교육의 관점이 아니다. 전인교육은 어떤 교육이던 그것을 올바른 방식으로 제대로 성취해내었을 때, 그것에 붙여지는 추가적 명칭, 즉 별명 같은 것이다. 최선을 다해 진행된 모든 교육, 그것이 바로 전인교육이다.

사람에게 행해지는, 사람을 대상으로 이루어지는 교육은, 그것에 어떤 수식어를 붙이건, 전인교육이다. 모든 교육은 어떻게 행해지던 간에, 사람의 전 측면에 영향이 미친다. 영어 교육, 수학 교육 등 지식교과, 음악 교육, 체육 교육 등 기능교과도 예외 없다. 인간은 "사람"이라는 하나로 통합된 상태로 존재하고, 체성, 지성, 덕성은 하나로 된 사람 속에 뭉쳐져서 기능한다. 사람의 안쪽에서 각각 따로 분리되어, 독립된 공간을 나누어 가진 채 존재하지 않는다.

가장 기본적인 수준에서, 교육은 내용과 방법, 그리고 그것을 전달하는 이와 전달받는 이, 이렇게 네 가지 요소(요인)들의 화학적 작용으로 벌어지는 생성 과정이다. 목적은 이 화학적 작용의 결과를 특정한 생산물로 몰고 가는 방향타다. 특정 항구의 이름일 뿐이다. 하지만, 그 항구는 결국 어떤 지역, 또는 국가의 한 부분에 불과할 뿐이다. 창의력, 표현력, 체력은 목적지이며, 그 항구는 동해안, 남해안, 서해안 어디건 전인이라는 지역이나 국가에 속해있다.

한국에 가기를 원하는 나는, 어떤 특정 항구(나 공항)에 도착해야만 한다. 그리고 그곳은 어디이든, 한국임이 분명하다. 나는 거기 머물 수도 있고, 다른 도시들에 갈 수도 있다. 어디를 가든, 그곳은, 또 다시, 분명한 한국이다. 국어를 배우든, 영어를 배우든, 축구를 배우든, 수채화를 배우든, 모든 배움은 전인적 배움이다. 머리를 주로 쓰던, 가슴을 가득 채우던, 손발을 계속 놀리던, 어떤 내용과 어떤 방식으로 가르치고 배우던, "사람"은 "전인적 교육"을 받는다.

전인은 과제가 아니다. 또한 전인은 목적이 아니다. 과제는 축구를 가르치는 것이다. 목적은 축구교육이다. 축구교육이 전인교육이다. 축구교육이 전인교육을 실행한다. 축구가 전인을 만든다. 축구가 사람의 지성, 덕성, 체성을 모두 자극하여 전인적 변모를 일으킨다. 축구기술에 초점을 맞추어 그것을 습득하도록 하는, 체성의 능력 개발을 하는 것 같지만, 그렇지 않다. 축구는 배우는 사람의 전 측면(차원)에 전반적, 총체적 울림을 가한다.

전인은 목적이 아니다. 그것은 과정이다. 축구를 가르치고 배우는 전 과정에 걸쳐서 진행되는 과정이다. 그래서 그것은 과제가 아니다. 비장한 결심으로 성취하고 달성해야 하는 과업이 아니다. 어떤 교육 내용이던지, 그것을 그 성격에 올바른 방식으로 가르치면, 그것은 전인의 (부수적?) 효과를 낸다. 전인교육은 축구교육의 과정 속에서 얻어지는 것이다. 축구교육이 바로 전인교육이다. 그렇지 않은 스포츠교육은 없다. 농구, 수영, 테니스 막론하고 예외가 없다.

핵심은 "축구를 제대로 가르치는 것"이다. 축구를 원래의 모습 그대로 가르치는 것이다. 즉, 축구는 잘 가르쳐져야만 한다. 인성을 과제로 목표하고 축구를 가르치는 것은 옳지 않다. 올바른 축구, 그 자체를 제대로 가르쳐야만 한다. 진정한 축구를 잘 가르쳐야만 한다. 참된 축구를 가르쳐야만 하며, 참된 축구를 배워야만 한다. 스포츠 교육에 있어서는 이것만이 목적이며, 이것이 주요 과제다. 축구,

진짜 축구의 교육 말이다.

진짜 교육에서는, 내용이 중심이다. 가르치는 내용이 핵심이다. 가르치는 이는 가르치는 내용을 가지고 있다. 그이가 그 내용을 어떤 방식으로 지니고 있는지가 핵심 중의 핵심이다. 단순하게 지니고 있는지, 아니면 다층적, 다차원적으로 내면화하고 있는지가 중요하다. 1차원적으로 소지하고 있는지, 3차원적으로 체화하고 있는지가 결정적이다. 축구를 잘 한다고 진짜 축구를 안다고 할 수 없다. 잘 하는 것은 축구의 1차원을 구성할 뿐이다.

게임을 잘 하는 것은, 아무리 잘 말해주어도, 반쪽 축구에 그친다. 온전한 축구, 총체로서의 축구에는 못 미친다. 이래서는 전인적 교육의 효과가 제대로 발효되기 어렵다. (기, 식, 혼이 모두 갖춰진) 온전한 축구, 3차원 축구, 입체적 축구를 가르치고 배우기 위해서는 축구의 전모에 노출되어 체험할 기회를 가져야 한다. 올바른 축구 교육은 이런 과정을 거친다. 축구의 기능과 전술만이 아니라, 전통과 정신, 문화와 정서, 지혜와 지식까지도 습득해야 한다.

교육에 있어서는 빠른 배송이 미덕이 아니다. 전달 내용의 본질에 최적인 전달 방법이 채택되어야 한다. 퀵서비스는 교육의 과정을 왜곡시킨다. 로켓 배송은 결국 축구교육 자체가 바로 전인교육이 되는 정상적 과정이 발현되기 어렵게 만든다. 축구 가르치기가 (신속하고 정확하게) 해결해야할 과제가 되고 성취해야할 목적이 되어버리기 때문이다. (반쪽) 축구는 문 앞에 전달되지만, 균형 잡힌 영양이 가득한 음식은 기대할 수 없게 된다.

전인을 목적으로 삼지 말자. (명시적) 목적으로 삼을 때, 전인은 달성해야 할 과업이 된다. 축구 잘 가르치기를 목적으로 삼자. 기법과 심법을 총동원하여 축구 잘 가르치기를 이뤄내자. 기·식·혼이 잘 갖추어진 진짜 축구를 올바로 배우면 배우는 이는 체·지·덕의 전인적 성향을 함께 갖추게 된다. (축구능·지·심의) 축구 리터러시가 전인적 성향의 씨앗이다. 축구를 배우면 배울수록 축구소양, 축구향유력이 함양되도록 가르치자. 축구교육이 전인축구가 되도록 하자.

봄을 즐기는 상춘, 그것은 목적이 아니다. 해내야할 과제가 아니다. 축구 가르치기도 그렇다. 축구 교육의 일차적 목적을 인성 교육이나 전인 교육에 꽂지 말자. 그냥 축구 즐기기賞蹴?가 되도록 하자. 축구를 잘 가르치면 배우는 이는 전인적 성향을 지니게 된다. 축구를 제대로 가르치는 일에 전념專念하자. 그리하려면, 참된 축구란 무엇인지, 진짜 축구를 제대로 가르치는 것은 무엇을 뜻하는지 뼈 속까지 절절하고 명료히 깨달아야 한다. 내가 알고 있는 축구는 어떤 축구인가?

(2025. 4. 15.)

스포츠교육의 코트롤로지

내가 매일 스스로 묻는 질문이 있다. 하루에도 여러 차례 떠올리고 답을 찾아본다. "어떻게 하면 교육을 제대로 할 수 있는가?" 또는, 묻는 내용은 같지만 스케일을 조금 작게 축소하여, "어떻게 해야 잘 가르칠 수 있는가?" 매일 이 질문을 되묻는 이유는 내가 교육을 전공으로 하는 전문가이고, 또 수업을 가르치는 당사자이기 때문이다. 나는 한 때 내가 잘 가르친다고 (잘못) 생각했고 작은 상도 (순전히 실수로) 몇 개 받은 적이 있다. 하지만, 이제는 아닌듯하다. 아니, 확실히 아니다. 우수 강의상 수상은커녕 매학기 수업평가도 평균 이하다.

그럼에도 불구하고, 나는 여전히 제대로 된 교육방법과 효과적인 수업방법에 대해서 고민한다. 사실이다. 습관이 되어서 그럴까? 30년 정도 한 일이니 말이다. 무의식에 의한 자동적 반사작용 같은 것이 된 것이다. 조금 되살펴보니, 그것은 아닌듯하다. 습관이기는 하지만, 약간 역설적이게도, 자동이니 반사니 하는 반응은 아니다. 나는 분명히 스스로가 의식하면서 이 질문을 떠올린다. 그리고 그 답에 대해서 골똘히 생각한다. 골몰히 집중한다. 몰두한다. 아쉬운 점은 정답을 찾은 적이 없다는 사실이다. 쾌도난마 하듯 단칼에 해결해주는 정답 말이다.

그렇다면, 내가 매일 동일한 질문을 되묻도록 만드는 사태는 나의 무능력 탓인가? 그럴 것이다. 아니, 그렇다. 하지만, 혹시, 원래 이 질문은 정답 같은 것이 발붙일 데가 없는 그런 난감한 문제는 아닐까? 세상에서 최고로 가치 있는 것들은 원래 정답의 굴레를 벗어던진 그런 것들이지 않는가? 사랑, 행복, 잘삶, 성공 등등. "잘 가르치는 것" 즉 교육도 가치 있는 것이며, 그에 따라서 정답의 울타리에 가둘 수 없는 것이지 않은가 말이다. 이렇게 생각하니 맞을 듯도 하다. 여기에 나의 무능력이 더해지니 사태는 설상가상으로 악화일로가 된 것이다.

그렇다고 내가 현재까지 아무런 답도 얻지 못한 것은 아니다. 지금까지 가까스로 찾아낸 답이 있기는 하지만, 나는 그것을 공개적으로 나눌 자신과 확신이 없는 것이다. 그리고 그 찾은 답이란 것이, 기대와 상식에 좀 어긋날 수도 있는데, 한 가지가 아닌, 여러 개의 답들인 사정이다. 결국 한 가지 정답이 없기 때문에, 여러 개의 정답을 찾을 수밖에 없었던 것일까? 그것은 잘 모르겠다. 아무튼, 다양한 상황과 경우와 대상에 모두 들어맞는 마스터키같은 교육방법, 교수방법은 한 가지가 아니고 여러 가지였다는 (작은? 큰?) 깨달음이 나의 현주소다.

내가 가까스로 찾아낸 답들은 4가지다. 영어로 표현하면 전달이 효과적일 듯하여, "콰트롤로지"라고 이름 붙여보았다. "Quatro"는 넷이라는 뜻이고, "—ology"는 "무슨무슨 설명체계"라는 뜻을 갖는 접미어다. 합쳐서 "Quatrology(또는 Quatrologies)"다. "스포츠교육 교수 전문성 사중론四重論"이라고 해야 할까? 사중주처럼, 스포츠교육자가 가르침의 명연주를 펼쳐내도록 하는 4가지 교육자질, 또는 교수방법론이다. 스포츠를 가르치는 이는, 학교체육, 생활체육, 전문체육 등 지도의 맥락에 관계없이 이 4가지 기본교수자질, 또는 방법적 역량을 지니고 있어야만 한다. 현대적 스포츠교육에서 이 4가지는 기본이면서 핵심이다.

그 4가지는 Methodology, Technology, Humanology, Personology다. 순서대로 교수기법, 과학기술, 인간이해, 개인심법이라는 우리말을 붙여주었다. 앞 두 개는 기존의 용어, 뒤 두 개는 만들어낸 용어다. 내가 중요시하는 교수방법적 자질들로서, 기존의 어휘들로는 제대로 표현해낼 수가 없어, 새로이 창작해내어야만 했다. 없던 용어를 지어낸 것이기는 하지만, 이 용어들로 표현하고자 한 내용은 이미 오랫동안 사람들에 의해서 인정받고 확인된 것이다. 나는 다만, 스포츠교육의 장면에서 이것을 드러내어 강조하기 위해서 이름을 붙여준 것이다(이 대목에서 김춘수 시인의 "꽃"이 생각나는 것은 우연인가?).

첫째, 메쏘돌로지는 "교수기법"이라고 불릴 수 있는 구체적 지도

모형 및 기법들이다. 과학적 연구들의 뒷받침을 받아 효과가 있다고 판명된 모델과 메쏘드들을 가르킨다. 효과적 설명 기법에서 전반적 프로그램 운영 체계까지, 우리는 이것들을 직전교육이나 직후교육에서 배우고 효과적으로 지도하기 위하여 활용한다. 우리 주변에는 온갖 교수기법들이 넘쳐나고 있다. 무엇을 기대하면서 어떤 절차와 어떤 행동으로 무슨 신체활동을 지도하는가에 대한 기술과 전략들이 쏟아져 나오고 있다. 많은 서적들이 이런 내용의 절차와 기법들을 제공해주고 있다.

둘째, 테크놀로지는 "과학기술"의 범주 내에 있는 모든 하드웨어와 소프트웨어를 망라한다. 컴퓨터, 교육용 소프트웨어, 전자칠판, 인터넷, 그리고 VR, AR, MR, XR의 가상세계 등등. 교수와 학습의 효과성과 효율성을 높이기 위한 기술공학적 응용의 산물이 폭발적으로 증가하고 있다. 최근에는 메타버스와 에듀테크가 교육의 일상이 되어가고 있으며, 특히 ChatGPT나 Bard같은 대화형 인공지능 챗봇의 등장으로 교육계는 충격과 설렘에 휘감겨있다. 이 모든 것은 제4차 산업혁명의 도래에 따른 변화이며, 테크놀로지는 이제 현 세대의 교육에 있어서 간과하거나 회피할 수 없는 기본, 기초가 된 것이다.

셋째, 휴머놀로지는 "인간이해"라고 부를 수 있다. 가르침의 대상, 즉 사람에 대한 총체적 이해, 그리고 그를 바탕으로 한 적절한 교육적 대인, 대응, 대면의 실행력을 말한다. 모든 사람은 해부학적, 생리학적, 또는 심리학적 존재에 그치지 않는다. 사람은 자유의지는 물론, 감성과 영성까지도 지닌 전인적 존재다. 오랜 공부와 체험을 통하여 나는 사람은 체성, 지성, 감성, 덕성, 영성의 다섯 성향을 타고남을 이해가게 되었다. 교육자는 인간을 이루는 차원들 전체에 대한 통합적 이해가 있어야만, 성숙한 응대, 즉 교육적 지혜와 판단을 발휘한 올바른 배움을 줄 수 있게 된다.

넷째, 퍼스놀로지는 "개인심법"이라고 부를 수 있다. 가르침을 구사하는 당사자, 즉 교육자 자신만의 개인적 스타일에 대한 이해와 그것을 교육적으로 발휘할 수 있는 실행력을 의미한다. 여기서 "퍼슨"은 가르치는 이, 본인을 의미한다. 나의 말하는 스타일, 나의 생활 스타일, 나의 대인 스타일, 나의 업무 스타일 등등 삶과 일의 전 영역에서 평상시에 보여주는 사고방식, 행동양식, 감정태도 등등이 교육과 교수의 전 실행 과정에서 묻어나오고, 배어나오고, 실려 나온다. 즉, 의식적이나 무의적으로 발현되고 발산된다. 이것들을 긍정적 방향으로 성장시켜 교육적이 되도록 해야 한다.

이 4가지는 자질들은 크게 묶어서 2종류로 나눌 수 있다. 처음 두 개와 나중 두 거로 묶어 분류할 수 있다. 메쏘돌로지와 테크놀로지는 교육방법에 관한 직접적 지식과 기능의 영역에 관계하는 전문역량에 관한 것이다. 반면에, 휴머놀로지와 퍼스놀로지는 교육방법에 관한 간접적 태도와 마음에 관련된 인성자질에 관한 것이다. 나는 전자를 전문능專門能, 후자를 전인성全人性이라고 부른다. 그리하여, 요약하여 말하면, 스포츠교육자는 잘 가르치기 위한 교육적 자질로서

전문능과 전인성을 "공히" 갖추어야 한다.

나는 전문능과 전인성, 이 두 종류(세부적으로 4가지)의 서로 구별되는 자질을 통합적으로 "교수전문성(앞에서 살짝 언급한 스포츠교육 교수전문성 사중론의 '교수전문성'을 떠올려보라)"이라 하고 싶다. 잘 가르치기를 갈망하는 스포츠 교육자로서, 나는 잘 가르치기에 핵심적으로 요청되는 교수전문성을 갈고 닦아야한다. 그것은 크게는 두 종류로서, 한 종류는 교수기법에 익숙하고 과학기술에 능숙한 전문적 지식과 기능이다. 다른 한 종류는, 배우는 이에 대한 몸과 마음과 영혼까지의 폭 넓은 이해와 행위, 그리고 교육자로서의 자기 자신의 몸과 마음과 영혼에 대한 속 깊은 이해와 행실이다.

내가 잘 가르치는 교육자가 되려면, 나는 이 교수전문성 전체를 균형 있게 골고루 어느 정도의 수준까지 높일 필요가 있다. 2가지 종류 전부, 4가지 자질 모두를 갖추는 것은 아무리 뛰어난 교육자라고 하더라도 쉽지 않다. 현실적으로, 자신이 강력히 원하고, 또 자신이 타고난 바 좀 더 잘 하는 자질을 우선적, 집중적으로 연마研磨하는 것이 필수적이다. 시간이 흐르고 경력이 쌓인다고 자동적으로 늘지 않기 때문이다. 더욱이, 안타까운 것은, 이 교수전문성이라는 것이 노력한다고 절대적으로, 반드시 기대하고 희망하는 만큼 향상하는 것이 아니라는 사실이다. 현실은 냉정하고, 교육 현실도 마찬가지다.

결국 우리의 해결책은 장기적이며 지속적인 것이어야 한다. 교육자로서 나는 평생에 걸쳐 쉬지 않고 끊임없이 "잘 가르치기를 희망하고, 탐구하고, 연마하여야 한다." 비유컨대, 스포츠 잘 가르치기는 가르치는 이가 자신이 지닌 이 4가지 자질들을 조화롭게 지휘하고 발휘하여 연주하는 스포츠교육의 사중주에 다름 아니다. 교수전문성의 4가지 자질들에 대한 명확하고도 체계적인 이해를 높여가며, 순서와 분량을 정하여 각자가 현재 가능하고 필요한 것들을 우선하면서, 메쏘돌로지, 테크놀로지, 휴머놀로지, 퍼스놀로지 각각을 조금씩 나아지도록 애써야만 한다. 모든 콰트롤로지는 그 어떤 것도 마스터란 것이 불가능한 어려운 자질들이다. 그러니, 평생 동안 절차탁마해야만 협주의 수준이 높아질 수 있다.

이런 상황이니, 나로서는 더욱 더 난감해진 꼴이다. 나는 이제 이순이고 은퇴가 코앞이다. 일모도원日暮途遠이라 했던가? 지난 삼십년으로도 이 정도이니, 잘 가르치기는 언감생심의 대난제다. 하지만, 내일이면 심기일전하여 잘 가르치기에 대한 고민을 다시 할 것이다. 이것도 하지 않는 나는, 스포츠교육자로서 하치 중의 하치로 전락해버릴 것이기 때문이다. 만사에 무능하고 게을러터진 나이지만, 그것만은 견딜 수가 없을 것 같다. 스포츠교육자로서의 자신의 존재를 스스로 부정하는, 최극의 우매함이기 때문이다. 그리하여, 나는 다시 자문한다 — "어떻게 해야 잘 가르칠 수 있는가?" (그리고 잘 가르친다는 것은 무엇인가?)

(2023. 6. 1.)

스포츠 세기의 스포츠 교육

1

이야기가 길었습니다. 300여 쪽에 걸쳐 40여 편의 조각 글을 이어 붙이다 보니, 매끈한 한 편의 논문이나 단정한 보고서와는 다른 결을 띠게 되었습니다. 그럼에도 이 긴 우회가 겨누고 있던 메시지는 분명합니다. 마지막 페이지에서 그 요지를 다시 한 번, "지금 우리가 어떤 시대를 살고 있는가"라는 물음과 함께 정리해 두고자 합니다.

2

최근 언론과 문화의 언어 속에서 빠르게 퍼진 신조어가 있습니다. "인류세Anthropocene(안스로포신)"입니다. 지질학적 구분으로 말하면 우리는 신생대—제4기—홀로세(충적세)에 놓여 있지만, 인류세는 홀로세 이후 인류가 지구의 지형과 지질에 직접적이고 거대한 흔적을 남기기 시작한 시기를 따로 부르자는 문제의식에서 출발했습니다.

인류세는 아직 학술적으로 완전히 공인된 시대명은 아니지만, 세계를 바라보는 감각과 언어로서는 이미 강한 설득력을 얻었습니다. 이 관점은 스포츠의 영역에도 적용될 수 있습니다. 오늘의 우리는 "스포츠세Sportocene(스포토신)"에 살고 있다고 말씀드릴 수 있습니다. 물론 이것은 지질학의 공식 명칭이 아니라, 인류세의 문제의식을 문화적 맥락에서 전유해 만든 개념입니다. 현대는 인류세이면서 동시에 스포츠세입니다.

스포츠세란 스포츠가 개인과 사회의 삶을 조직하고 운영하는 핵심 문화 기제이자 실천 체계, 곧 하나의 "운영체계"로 작동하는 시대를 뜻합니다. 정치·경제·교육·기술·산업·건강 등 사회의 전 영역에서 스포츠적 내용과 스포츠적 논리가 중요한 요소로 기능합니다. 스포츠는 사회를 조직하는 문법이 되고, 일상의 방향을 좌우하는 생활 장치가 됩니다. 삶의 리듬과 관계의 방식, 공동체의 소속감, 건강과 여가의 배치까지 스포츠적 논리로 재구성되는 장면이 곳곳에서 나타납니다.

따라서 스포츠세는 단지 스포츠가 유행하거나 인기가 높아졌다는 말로는 충분히 설명되지 않습니다. 스포츠는 사회의 언어와 제도, 경제와 기술, 나아가 개인의 정체성까지 재조직하는 힘으로 커졌습니다. 전지구적으로 확장·확산된 스포츠의 문법은 각기 다른 사회를 동시에 재편하고, 미디어·플랫폼·데이터·담론이 결합된 패키지는 새로운 문화적 경계와 구획을 그어 나갑니다.

출퇴근길의 러닝 크루, 주말마다 열리는 마라톤과 트레일, 동네 체육관의 종목 다양화, 경기 장면을 실시간으로 소비·해설·재편집하는 플랫폼 문화, 문화 공동체로 진화한 팬 커뮤니티, 학교와 직장의 "팀" 경험까지가 그렇습니다. 더 나아가 스포츠를 국민의 권리로 규정하는 스포츠기본법과, 복지와 건강의 이름으로 국가가 관심을 확장하는 다양한 스포츠정책들까지 포함됩니다. 스포츠는 더 이상 특정 장소의 이벤트가 아니라, 삶을 조직하는 기초 언어이자 기본 문법이 되었습니다.

이러한 스포츠세의 진입과 중흥의 시점에서 스포츠 리터러시가 더욱 중요해집니다. 스포츠세의 운영체계에 제대로 적응하지 못하시면, 그 안에서의 삶은 제자리걸음에 머물거나 밑으로 가라앉기 쉽습니다. 삶의 정상 궤도를 유지하거나 질을 높이는 데에 스포츠가 점점 더 결정적인 요소로 작동하기 때문입니다. 참여와 경험의 격차가 곧 건강 격차·관계 격차·문화 자본의 격차로 이어지는 구조가 만들어지면, 스포츠를 "모른다"는 사실은 단순한 취향의 문제가 아니라 삶의 안전망과 기회의 문제로 번져 갑니다. 스포츠세에서는 "스포츠를 어떻게 운용하느냐"가 삶의 방식 자체를 규정합니다.

최근 "AI 리터러시"가 급격히 부각되며 업무와 일상을 뒤흔드는 인공지능의 사례는 이를 직관적으로 보여 줍니다. 챗GPT로 대표되는 생성형 AI는 상상하기 어려운 분량과 속도로 지적 기능을 수행하며, 단순 작업에서 창작 작업까지 예측의 경계를 넘어선 실행력을 드러냅니다. 대학과 기업을 가리지 않고, AI 리터러시를 갖추지 못한 사람은 뒤처짐에 대한 불안을 일상적으로 감당하게 됩니다.

스포츠세계에서도 마찬가지입니다. 스포츠 리터러시를 갖추지 못한 "운동맹"은 불편하고 불안한 삶을 살 가능성이 커집니다. "스포츠를 잘 하고, 잘 알고, 잘 느낄 수 있는 기본 소양"을 갖추지 못한 채, 어떻게 스포츠세의 일상을 행복하게 누릴 수 있겠습니까? 스포츠 리터러시는 단지 운동 기능이 뛰어나다는 수준을 넘어, 스포츠를 이해하고 판단하며 올바른 방식과 방향으로 향유할 수 있는 능력입니다.

그러므로 스포츠 리터러시를 제대로 갖추는 일이 중요하며, 바로 그 때문에 스포츠교육이 더 중요해집니다. 스포츠세는 이미 도래했습니다. 이제 남은 과제는 "어떤 스포츠세로 만들 것인가"입니다. 스포츠 리터러시는 그 선택을 가능하게 하는 기본 소양이고, 스포츠교육은 그 소양을 사회적으로 보장하는 가장 정당한 길입니다. 스포츠가 개인의 취향을 넘어 공공의 문화가 된 시대에는, 교육 또한 개인의 선택을 넘어 공동의 책임이 되어야 합니다. 학교에서의 기초 경험, 지역사회에서의 확장 경험, 성인기와 노년기의 지속적 실천이 하나의 사다리로 연결될 때 비로소 "우리 모두의 스포츠세"가 가능해집니다.

요컨대 스포츠세의 도래는 스포츠 리터러시를 필수 소양으로 끌어올리고, 스포츠교육을 공공책임의 영역으로 확장시킵니다. 스포츠 리터러시는 스포츠를 좋아하는 사람만의 교양이 아니라, 모든 국민이 최소한으로 갖추어야 할 능력에서 출발해 평생에 걸쳐 최대한으로 길러야 할 역량입니다. 국민 모두가 운동소양을 삶 전체에 걸쳐 키우며, 운동향유력을 발휘해 자신의 삶을 풍요롭게 만들 수 있도록 돕는 일이 필요합니다.

3

저는 지난 15년 동안 지속적으로 이 주장을 특정한 관점과 원칙 위에서 전개해 왔습니다. 이 책에서 새로 한 일이 있다면, 흩어져 있던 문제의식과 단서를 한자리에 모아 "연결"의 형태로 제시한 것뿐입니다. 독자 여러분께 그것들이 조금 더 선명한 윤곽으로 다가가, 하나의 모자이크처럼 형상을 이루기를 바랍니다. 스포츠 파이데이아, 곧 문질빈빈의 아레테 스포츠교육을 말입니다.

그리고 그 교육은 기능의 숙련만이 아니라, 스포츠를 읽고·보고·듣고·말하고·쓰는 다양한 방식으로 이해하며 함께 향유하는 문화적 능력까지를 포괄해야 합니다. 그래야 스포츠세가 운동숙달자만의 축제가 아니라 애체자들 모두를 위한 공동행복의 기반이 됩니다. 부족한 점은 여전히 남아 있습니다. 다만 이 글들을 발판 삼아, 더 성숙한 사유와 더 설득력 있는 언어로 누군가가 이 논의를 이어 가시기를 바랄 뿐입니다.

독자 여러분이 살아가셔야 할 스포츠세에는 그러한 스포츠교육이 절대적으로 필요하기 때문입니다. 스포츠세에서는 스포츠 페다고그의 생각과 실천이 모두의 삶을 좌우합니다. 피지컬 에듀케이션을 넘어 스포츠 파이데이아가 필요한 이유이며, 체육교사와 스포츠지도사를 넘어 "스포츠교육자"가 반드시 요청되는 이유입니다.